对于平台、模式及规制的深入解读

内容消费

Content Consumption

宋丕丞　崔可◎著

图书在版编目（CIP）数据

内容消费 / 宋丕丞，崔可著. — 北京：北京联合出版公司，2021.11

ISBN 978-7-5596-5623-0

Ⅰ. ①内… Ⅱ. ①宋… ②崔… Ⅲ. ①经济管理—研究 Ⅳ. ①F2

中国版本图书馆CIP数据核字（2021）第209488号

内容消费

作　　者：宋丕丞　崔　可
出 品 人：赵红仕
责任编辑：管　文

北京联合出版公司出版
（北京市西城区德外大街83号楼9层　100088）
北京联合天畅文化传播公司发行
天津丰富彩艺印刷有限公司印刷　新华书店经销
字数 257千字　787毫米×1092毫米　1/16　16.5印张
2021年11月第1版　2021年11月第1次印刷
ISBN 978-7-5596-5623-0
定价：58.00元

序言

在大众消费升级的变革趋势下，内容消费已成为当代消费的重要组成部分，并在消费端引领数字产业的发展。内容消费给生活带来的影响是深刻的，既改变了人们获取信息的方式与习惯，也丰富了人们娱乐与社交的形式，为广大受众在数字平台营造了虚拟社会，乃至成为许多人的第二生存空间。作为现代社会中的群体，无论出于工作需要还是生活需求，几乎无法同内容消费隔离，“内容”已近乎成为生活必需品。因此，内容消费在近些年取得了蓬勃的发展，这种繁荣同时受到了供给侧与需求侧的影响。在供给方面，内容产业化使得相关数字产品的生产与分发链条更为系统化，行业的参与主体更为多样，整体的供给能力与效率稳步提升。在需求方面，受众群体的不断成熟提升了对内容的关注与认可，使得数字产品的转化成为现实，数字内容的价值得以体现。供需相互协调促进，使内容产业步入了良性发展循环，并形成了广泛的产业关联。内容消费已同传统内容生产、媒体传播、广告营销、电子商务、金融服务、网络服务等领域建立了多样的合作关系，带动了多产业的联动发展，共同为内容受众提供全方位的服务。内容产业是艺术、商业与技术的融合，如要取得竞争优势，这三项缺一不可。艺术代表着内容产品的品质，商业代表着内容的运营模式与策略，技术则对于生产分发全流程形成支持，并直接影响行业的运行效率。从我国内容产业多年的发展历程来看，市场化模式能够很好地保持三者之间的平衡与协调，并通过适当的规制与政策弥补内容产业存在的缺陷。

在需求变化及技术进步的推动下，内容消费的未来不可预估，有几个趋势值得关注。第一，内容消费的商业模式将更趋多样化。当前内容领域的市场细分格局已初步确立，但是子市场的细化过程仍在继续，不同领域必然存在各具特色的商业运行模式。例如，有些内容领域追求横向协作，通过流量共享获得利益分成，商业模式的设计围绕体量与规模展开。有些内容领域则倾向于垂直化发展，通过群体聚焦锁定忠实粉丝，追求线上线下的短通路衔接，注重商业价值的深度开发，商业模式的设计围绕精准与速度展开。第二，内容消费与社群之间的关系将更为紧密。社群模式逐渐成为互联网生态的重要特征，是内容生产、分发、发酵、再生产的重要土壤，忽视社群必然会丧失内容经营的重要领地。社群的发展代表了内容领域的垂直化与下沉趋势，内容经营方不仅需要关注头部资源，还需要对腰部资源进行充分的投入，有效挖掘出其长尾价值。在社群化时代，以往被市场所忽视的群体的价值将会显现出来，例如城镇及农村群体、中老年群体等，经营者需要重新对其进行定位，并为其开发出适宜的产品与商业模式，以较高的性价比赢得此类市场。第三，新技术应用将带来更为丰富的使用体验。我国正在步入5G时代，基建与硬件方面的优势将会极大地助力内容运营，全面提升内容呈现在终端的速度与品质，并将智能化要素与内容结合起来。大数据应用的泛化及应用成熟度的提升，将会使内容本身与围绕内容形成的服务体系更为完善，内容生产与内容消费之间的匹配将更为精准，受众的个性化需求会得到最大的满足。VR与AR技术成本的下降会带动新兴内容领域的崛起，可带来全方位体验感的数字内容产品将会占据一定比例的市场，该市场对于年轻消费群体有着极强的吸引力，其市场转化潜力需要经营者深耕。

基于内容消费的广阔前景，本书旨在构建内容消费活动的完整体系，对相关特点、趋势与案例进行介绍。第一章导入内容消费主题，主要介绍了内容消费市场的概况，包括内容消费活动的演化，以及内容供给侧与需求侧的基本特点，同时，对电子阅读消费、音频视频消费、知识内容消费等典型内容消费活动进行了讨论。第二章从需求端入手，介绍了内容受众的情况，包括总体信息消费的发展，内容消费群体的统计特征、行为特征与偏好特征，以及年轻群体、女性群体、农村群体等几类典型受众群。第三章从供给端入手，介绍内容生产的情况，包括PGC、UGC、PUGC三类内容生产模式，内容生产中的利益导向机制与用户导向机制，以及文本、图像、音频、视频与互动内容生产的技术特点与流程。第四章介绍了内容经营平台，包括内容消费平台的结构，社交平台、资讯平台、短视频平台、直播平台的特征与发展，并细致介绍了MCN机构的商业职能与运行特点。第五章主要介绍了内容分发过程，包括内容分发的匹配、内容分发的启动模式、社交型内容分发、内容分发的矩阵化，并讨论了具体的分发技术与优化方法。第六章介绍了内容变现的主要模式，既包括购买、订阅、打赏等直接变现模式，也包括广告与电商等间接变现模式。第七章以综合视角对内容运营进行讨论，涉及百度、阿里巴巴、腾讯、今日头条的运营生态模式，传播渠道、KOL、大V、网红、IP等运营关键点，以及大数据、云计算、AI等运营技术。第八章介绍了内容规制与政策，涉及内容版权的侵权保护、规制体系及版权技术控制，并比较分析了国内外的内容产业政策特征。

本书在撰写过程中得到了北京隆安律师事务所的大力支持，该团队在内容知识产权方面有着丰富的从业经验，承担并完成了业内众多典型案件及规划项目。陈瑾、张焕佳、李旭、石国全、叶静波等多人参与了本研究的数据调查与内容编写过程，在此向该团队表示衷心感谢！

宋丕丞　首都经济贸易大学经济学院

崔可　北京隆安律师事务所

2020年8月

目录

第一章　内容消费概况 1

1.1 内容消费的兴起 1
- 内容消费演化 1
- 内容供需的发展 5

1.2 典型内容消费领域 11
- 电子阅读 11
- 音频与视频消费 14
- 知识内容消费 18

第二章　内容受众 23

2.1 受众消费基础 23
- 信息消费的宏观增长 23
- 信息消费的特征 25
- 信息消费的过程 26

2.2 内容消费受众特征 28
- 内容消费受众的统计特征 29
- 内容消费受众的行为特征 29
- 内容消费受众的偏好特征 38

2.3 内容消费受众分类 43
- 年轻受众群体 43
- 女性受众群体 47
- 农村受众群体 50

第三章　内容生产 53

3.1 内容生产分类 53

PGC 模式 53

UGC 模式 56

PUGC 模式 60

3.2 内容生产机制 62

利益导向机制 62

用户导向机制 63

3.3 典型内容生产领域 65

文本内容生产 66

图像内容生产 70

音频内容生产 72

视频内容生产 76

互动内容生产 79

第四章　内容平台 81

4.1 内容平台类型 81

内容消费平台结构 81

社交平台 83

资讯平台 89

短视频平台 93

直播平台 95

4.2 MCN 100

MCN 机构的发展历程 101

MCN 机构的职能 103

MCN 机构的类型 104

典型的 MCN 机构 106

审慎看待 MCN 机构 109

第五章　内容分发 111

5.1 内容分发模式 111
内容分发匹配 111
内容分发启动模式 117
社交型内容分发 120
定位服务技术 122
内容分发矩阵化 126

5.2 内容分发相关技术 129
SEO 129
网络信息传输底层技术 134

第六章　内容变现 143

6.1 直接变现模式 143
直接变现的演进 143
用户付费接受度 149
内容定价 154
付费订阅 156
打赏 158

6.2 间接变现模式 160
内容广告变现 161
内容电商变现 169

第七章　内容运营 178

7.1 内容运营架构 178
内容运营生态 178
百度系 180
阿里系 181

腾讯系 182
今日头条系 184

7.2 内容运营的关键点 186
传播渠道管理 186
KOL 190
网络大 V 198
网红 198
IP 运营 204

7.3 内容运营的技术支持 209
大数据 + 209
云计算 + 212
AI+ 216

第八章 内容产业规制与政策 220

8.1 内容产业规制 220
内容版权与侵权 220
内容版权规制体系 226
内容版权的技术控制 236

8.2 内容产业政策 243
我国内容产业政策 244
内容产业政策的国际借鉴 247

结语 252

第一章
内容消费概况

1.1 内容消费的兴起

21世纪消费领域快速发展，不论是消费的总量、消费的增速、消费的范畴还是消费的结构均处于激烈的变化之中，变革成为消费的重要特征。综观各国消费市场，消费热点不断涌现，消费领域的竞争不断加剧，而消费者则拥有了更多的选择。伴随恩格尔系数的下降，消费者对于精神产品的追求越发多样化，对于内容商品愿意支付更高的价格，而第三产业比重的提升也在供给侧更好地迎合了这种趋势。内容类市场的繁荣，内容引致盈利能力的提升，以及消费者在内容中的沉浸与享受，使得内容研究更具实用价值。

内容消费的概念可分为传统与现代两种，这两种不同的界定或理解在本质上是一致的而非对立的。传统的内容消费泛指各类精神产品的消费，如文章、音乐、美术作品、表演作品等，而现代的内容消费主要指基于互联网进行的各类文字、图片、音频、视频、互动模式的消费。由此可见，现代内容消费可以借助新的载体与技术对传统的内容产品以及多种新形式的内容产品进行传播，在传播渠道、传播速度、传播广度方面有了显著的提升。同时，现代内容消费属于信息消费的范畴，主要用于满足消费者对各类信息产品的需要。信息产品也随着内容市场的发展不断丰富起来，涉及新闻资讯、网络文学、图像作品、影视作品、自制视频、卡通动漫、网络游戏、营销广告等诸多形式。

◆ 内容消费演化

内容消费的演化可划分为四个阶段。（1）传统内容消费时期，主要指未能借助互联网等信息化传播渠道进行内容分发的阶段。该阶段可用资源以纸质出版物、广播、电视等为主，传播模式以单项、线性、单一化为主要特征。传统内容消费传播成本普遍较高，传播中的扩散效能偏低，消费形式较为单一，消费者通常难以进行主动的信息搜寻。该阶段的受众普遍处于“哑”状态，内容发起者很难掌握受众对信息的评价及状态。（2）内容消费1.0时期，各类内容广泛借助互联网进行传播与分发，传播通路极大丰富，传播效率极大提升。该阶段内容的发布需要依托计算机与互联网技术，传播过程受到互联网载体、格式、速度等方面的影响。随着互联网技术的升级，如Web2.0等技术的应用，网络内容传播的形式逐渐丰富起来，消费者可以获得各类视听资源。同时，传统媒体也开始向互联网转化，如杂志、广播、电视等。内容消费1.0时期的内容传播主要呈现单向推送的特征，对于消费者也仅能做到泛化处理，即迎合大部分消费者的偏好，难以做到个性化与多元化。对于消费者来说，变化在于获得了一定的信息选择权，可以根据喜好点选相应的内容。（3）内容消费2.0时期，各类内容传播的优势资源逐渐向少数大型平台集中，平台化发展进一步提升了传播分发效率，使内容消费可以触及更多的受众。该阶段各型内容平台快速发展，形成了内容消费品牌化、集中化的特征。大型平台更是能够借助对某些资源的垄断而强化自身的盈利能力，并在上游控制内容的传播区域与渠道。内容消费2.0时期，消费者能够较为轻松、便捷地获得所需信息内容，许多平台能够为消费者提供70%至80%所需内容以及相关的导航服务。（4）内容消费3.0时期，内容生产与内容传播呈现出了多元化与分散化特征，任何类型的主体都可以成为内容的创造者与传播者。该阶段的主要特征便是打破了平台的垄断，虽然许多平台在行业中仍然具有明显优势，但是伴随自媒体与网络社群的兴起，互联网上的内容消费开始呈现出网格化的发展趋势。内容消费3.0仍然处于发展与变革之中，新兴技术与新兴观念带动了内容商业模式的革新，优化了内容消费环境，进而极大促进了内容消费的发展。本书所涉及的内容消费主要指现代内容消费，相关话题的讨论也将围绕现代内容消费活动展开。

推动内容消费演进的动力主要包括：（1）内容创作能力提升。优质内容作品的出现是推动内容消费进化的核心，在市场导向下有更多的角色参与到内容生产活动中，在供给规模扩大的基础上必然会涌现出更多的优质作品。从内容消费的趋势看，很多原创内容容易得到受众的认可，一些非主流内容也逐渐拥有了属于自己的市场。在数字经济时代，内容创作者可以充分发挥自己的优势，使之与潮流、技术相结合，引领内容消费市场的走向。内容领域的创作门槛越来越低，大众参与已成为内容供给的趋势，业界不乏草根群体的“爆红”案例。（2）受众消费需求升级。消费升级是经济发展的必然结果，内容（信息类）消费已成为许多国家新的消费增长点，在居民消费支出中的占比稳步提升。内容消费需求源自多个方面，包括娱乐、社交、资讯、知识、购物等。这些需求均可直接或间接地通过内容消费实现。内容消费需求的发展趋势是泛化与融合，受众不断出现对各类内容的衍生需求，引导内容创作的跟进。同时，许多需求会交互，如短视频及直播带来的“社交+娱乐+购物”模式。此外，受众付费意愿的提升是维持行业收益，促进行业健康发展的关键。各类内容经营活动的最终目的是实现转化，仅靠“砸钱”扩容的模式是不可持续的。（3）内容领域技术的发展。技术更新总是能够带动产业的创新，带来新的市场机会。近些年内容领域的发展主要受益于计算机技术与网络技术的发展，显著提升了代际更迭的速度，在十余年时间内涌现出诸多新内容领域及新的消费实现途径。技术升级本身能够改善内容消费体验，如终端设备升级、网络速度提升，以及VR/AR技术的接入，使许多内容欣赏具备了更强的沉浸感。技术介入有效开辟了新的市场空间，并带动了关联产业的发展，如硬件制造、网络服务、数据服务等。（4）内容产业政策的支持。产业政策能够从宏观层面对行业发展进行指引与帮助，使行业发展符合经济规律及市场需求。我国的内容产业政策起步较早，相关举措较为完善，使行业整体保持了稳健的增长。内容产业政策具体包含规范、指引、支持、协调功能。在规范功能方面，政策主要协助法律体系完善了对内容行业的规制，强化对版权的保护，优化了交易机制。相关政策维护了行业的公平竞争，保护了各类经营主体的权益。在指引功能方面，政策为企业指出了行业发展方向，通过鼓励列表引导内容投资的方向，并通过重点工程调动社会资源，进行行业发展的示范。同时，相关指导性政策还有效支持了我国内容产业的“走出去”战略，在近五年内取得了明显的效果。在支持功能方面，政策尽其所能为内容产业发展提供帮助，着力点主要表现为技术支持与金融支持。这些支持政策对中小型内容企业起到了显著的作用。在协调功能方面，政策能够通过居间连接提升行业内部的整合度，并促成行业之间的横向合作，使内容行业更好地融入数字经济发展。

表1–1 内容消费演化阶段

<table>
<tr><th colspan="2">阶段划分</th><th>阶段特征</th><th>关键词描述</th></tr>
<tr><td colspan="2">传统内容消费时期</td><td>互联网传播以前，传统媒介传播</td><td>线性传播；单向通路</td></tr>
<tr><td rowspan="3">现代内容消费时期</td><td>内容消费1.0时期</td><td>基于初代互联网的传播应用</td><td>效率提升；形式多样化</td></tr>
<tr><td>内容消费2.0时期</td><td>平台媒体的快速发展</td><td>中心化；集约化</td></tr>
<tr><td>内容消费3.0时期</td><td>自媒体涌现及泛化发展</td><td>多元化；分散化；
网格化；社会化</td></tr>
</table>

我国内容消费发展的简要历程

2011年腾讯公司推出了微信，迅速在移动互联产品领域站稳了脚跟。用户可以在微信平台上自由地发布文字、语音、图片、视频等丰富的内容，并以社群方式进行传播且成本低廉。2013年，微信与财付通合作，微信支付功能上线，为用户的移动支付带来了便利，开始培养初代的移动支付用户群。2014年，微信开发了红包功能，使用户个体之间能够快捷转账，受到了用户的极大欢迎，进而快速流行起来。同年，滴滴打车同微信平台联合，得到支付功能的加持，其业务取得快速增长。微信零钱灵活使用的特性使微信基础用户规模进一步扩大。2016年，微信支付逐渐被众多实体店铺接受，同期在各种网络平台消费也可以使用微信支付，以微信为平台的整合支付模式基本形成。除了网络商品消费，知识付费的兴起标志着内容消费的"常态化"，2016年以后，以喜马拉雅、知乎Live、分答、丁香医生等为代表的一批知识传播平台的盈利模式逐渐成熟，业务发展步入了快车道，内容付费模式逐渐得到受众的认可，进而带动了其他内容领域付费模式的发展。在利益驱动下，众多专业机构以及个人均加入了内容创作队伍，提升了内容供给的数量与质量，内容运营环境随之得到优化，内容消费市场整体上进入了快速增长期。

内容消费领域目前已形成较为成熟的运行框架，结构如图1–1所示。在核心业务方面，由内容生产开始，进入各型内容渠道，实现内容分发与转化，送达终端并引导用户对内容付费（包括直接付费与间接付费）。在该过程中涉及的角色包括内容生产主体、内容平台与运营方、内容转化主体，以及同内容产业形成关联或为其提供辅助的各类主体。围绕内容运营的核心业务，需要具备多层次的支持体系，包括基础业务层、关联业务层、配套服务层、技术支持层。基础业务层主要用于实现与内容制作、分发、使用密切相关的技术与体系，生产方及用户通常需要直接使用该层级的应用，对于用户界面友好度及体验效果有较高的要求。因此，该层级设计更新与升级较为频繁。关联业务层主要实现与内容转化相关的各类商业活动，通常需要涉及诸多第三方角色，如广告业务、电商业务、营销业务等。不过，对于一些大型内容平台，这些业务也可以自己承担。配套服务层的外沿更为宽泛，大多用于支持内容关联业务，如通信、金融、物流等服务。虽然属于非核心业务，但拥有优质的配套服务有时也会给内容经营企业带来独特的优势。例如，一些内容平台由于有自己的金融服务体系，从而实现了高于行业平均水平的内容转化率。技术支持层主要涉及维持内容运营的底层技术，对于用户及许多中小内容运营方，该层级的内容"不可见"，由专门的技术公司承担运维。技术层的质量会影响到业务整体运行的稳定性与可靠性，内容经营方在寻找代理时需要谨慎选择。最后，相关的法律与行政部门会对行业运行进行监督与规制，以保证行业的公平竞争以及各方的权益，并从建设性角度对行业发展提供必要的帮助与支持。

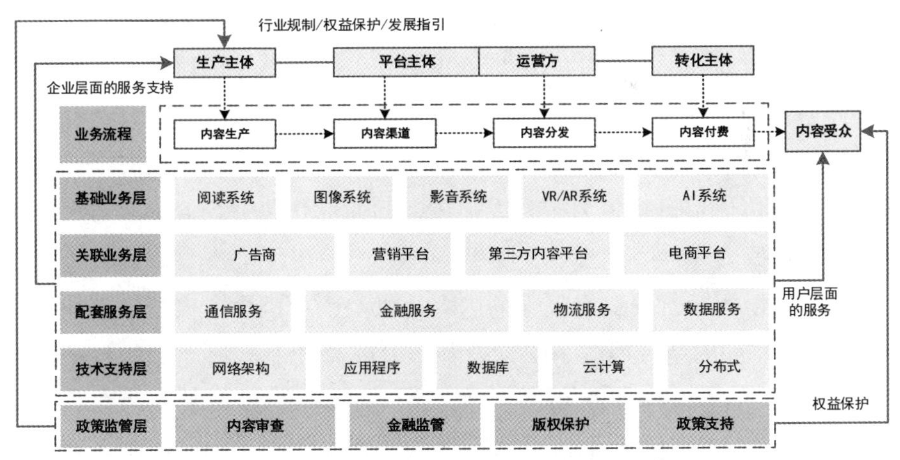

图 1-1　内容领域运行框架

◆ 内容供需的发展

随着内容消费趋于成熟，内容供给侧与需求侧的行为模式与特征也出现相应的变化。

从内容供给侧的发展与变革看，一直向着结构化、系统化、平台化的方向演变。在内容供给能力方面，早期的内容生产模式较为单一，生产方仅具备内容制作能力，产出内容并将其数字化。其后，供给活动中逐渐融入了分发能力、终端触达能力、软硬件技术整合能力，乃至全平台的运营能力。在这一能力演变的过程中，能够汇集资源并锁定资源的主体逐渐取得垄断优势，成为内容供给的枢纽。内容供给侧的演化最终能够带来用户体验的提升，当供给整合度极高时，用户仅需通过简单的“入口端”即可方便地进行各类内容消费活动，既节省时间，又节省额外的支付。当前，许多内容领域的竞争都是围绕平台与聚集能力展开，这也体现了内容供给的趋势。供给侧整合对于内容产业链前端也有诸多益处，可以为分散的内容生产者提供稳定的内容销售渠道，使他们能够专心于内容生产，并获得稳定的收益。同时，稳定的供给侧结构能够对内容进行预分拣，使内容的定位更为精准，并匹配到适宜的分发终点。一项基于内容供给方的调查显示，不同类别内容与各能力的关联度存在差别，具体如表1-2所示。可以看出，音频与视频内容同各项能力的关联度最高，表明此类内容领域的竞争最为激烈，任何供给环节能力的缺失都会带来竞争的劣势。市场上音频与视频的“头部”一般都是能力极为全面且整合度非常高的平台。文本与图像内容对能力的要求相对较低，前端能力需求要高于后端能力需求，呈现“重制作、轻运营”的特征。知识内容与自媒体的能力关联度最低，这两类内容主要依靠社群进行传播，受众会主动参与部分分发环节，因此无须进行大规模分发与精准定位。同时，此领域大部分内容以传递信息价值为主，无须过多的商业化包装与修饰，对于制作能力的需求较低。

内容供给侧运营需要有较强的内容提供及整合能力，典型实例如亚马逊的Kindle。Kindle是一种电子阅读设备，能够阅读亚马逊经营的各种电子资源，如书籍、杂志、报刊等电子文档。第一代Kindle发布于2007年，刚一推出便受到了热捧，目前Kindle已发布了十代产品，并根据不同的消费者定位提供了丰富的版本。2008年是亚马逊里程碑式的一年，这一年亚马逊零售净额达到了19.17亿美元，其中电子书的销售占比超过了10%，Kindle的销售量更是达到了70多万台。同时期类似的电子阅读器也很多，但Kindle由于定位独具特色，因此取得了商业上的成功。Kindle作为亚马逊旗下的硬件产品，在发布之时便立足于亚马逊的网络图书资源，软件设计与主平台形成了有机的整合。其他类似的阅读产品则大多依靠单一的硬件销售，缺乏充足的内容产品支持，因而缺乏持续获益的能力。亚马逊依托自己在图书渠道方面的优势，以及对诸多图书电子版权的控制，显著提升了Kindle的内容价值，许多消费者都是为了阅读亚马逊“独家”资源而购买Kindle的。同时，Kindle的用户也会不断发掘出新的使用价值，他们不用担心自己所喜欢内容的匮乏，也不用担心订阅与购买的价格，亚马逊的数字出版平台能够很好地识别并迎合他们的需求。亚马逊Kindle的商业成功在内容领域树立了标杆，传统产品设计与生产的优势不能简单移植至内容市场，企业需要将内容作为核心驱动力拓展业务，产品运营只能单次获利，而内容运营则可长期获利。

表1-2　内容供给侧能力关联度

内容分类	制作能力	分发能力	触达能力	整合能力	运营能力
文本类	★★	★★★	★★★	★★	★★
图像类	★★★	★★	★★	★★	★★
音频类	★★★	★★★	★★★	★★★	★★★
视频类	★★★	★★★	★★★	★★★	★★★
知识类	★	★★	★	★★	★
自媒体	★	★★	★	★	★★

（注：★的数量对应程度等级。）

自媒体

自媒体（We Media）是一种由普通大众参与的网络信息传播形式，具有个性化、普遍化、社群化、自由化等特征。狭义的自媒体仅指个人对于新闻类资讯的播报与评述，广义的自媒体则包含联合作者或群体创作，生产并传播广泛的内容题材。在内容消费领域，自媒体既扮演内容的供给者角色，也扮演内容的传播者角色，承载了大量碎片式内容信息的传播与转化。自媒体在我国的发展大致分为三个阶段：（1）2009年微博的兴起为自媒体发展提供了原始平台，自媒体概念进入了公众视野；（2）2012年微信平台的应用使自媒体走向了移动端，自媒体活动逐渐下沉；（3）2015年短视频与直播的流行使自媒体平台多元化发展，并具有了更好的交互方式。当代自媒体已经同内容领域广泛融合，与其关联的关键词包括网红、KOL（Key Opinion Leader，关键意见领袖）、大V（在各大自媒体平台上获得个人认证、拥有众多粉丝的用户）、IP（所有成名文创作品的统称）等。自媒体同电商及广告商的合作使其具备了转化优势，近几年广告商在自媒体上的投放金额连续增长，增长率达到了35%—40%。自媒体还有较好的衍生收费能力，如付费提供出版物、音频CD、咨询服务等。严格来说，自媒体是一种传播类型而非内容，自媒体可以借助图文、音频、视频等多种形式表达个人的观点。近些年自媒体发展迅猛，并受到广大受众的喜爱，已成为内容市场的重要组成部分。

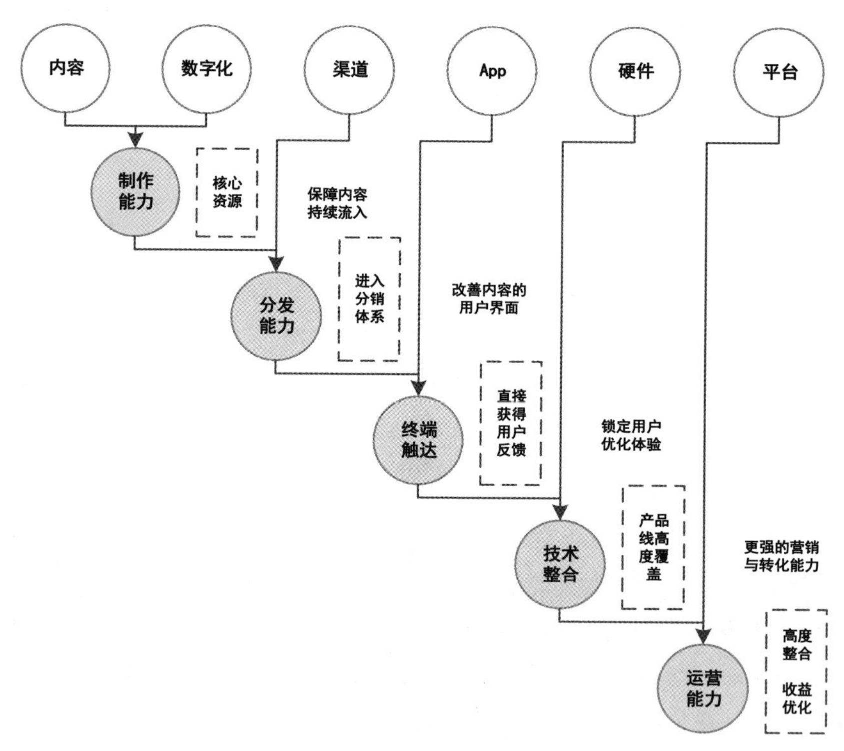

图1-2 内容供给侧能力递进

在现代互联网环境下，内容需求方行为呈现出了新的特征。互联网带来的信息爆炸式增长，以及移动互联在信息获取方面的便利性，使受众对获取内容及消费内容的流程变得简洁且多样化。在核心消费活动方面，受众基于兴趣进而搜索、关注、使用相关信息并付费，该过程的发生次序并非一成不变。对于不同用户来说，有可能是先支付后使用，也可能是先使用后支付，抑或是自己使用、他人支付。用户的核心消费活动通常还会形成诸多相关的行为，如对于内容的询问、查询、比较、试用（读）、学习、分享等。当普通用户成长为成熟用户后，还会参与到社群活动中，或转而从事内容创作。在网络环境下的内容消费者具有多重的角色，他们可以是内容的受众，可以是内容的传播者，可以是内容的支付方，也可以是内容的生产者，有些消费者还有可能成长为内容的运营主体。例如，许多主题型内容社群通过一段时间的运转，便可以成长为一个完整的内容生态圈，实现内容的自给自足，保持知识与信息的快速更新，并实现体系内信息同体系外的良性交互，具有极强的生态活力。

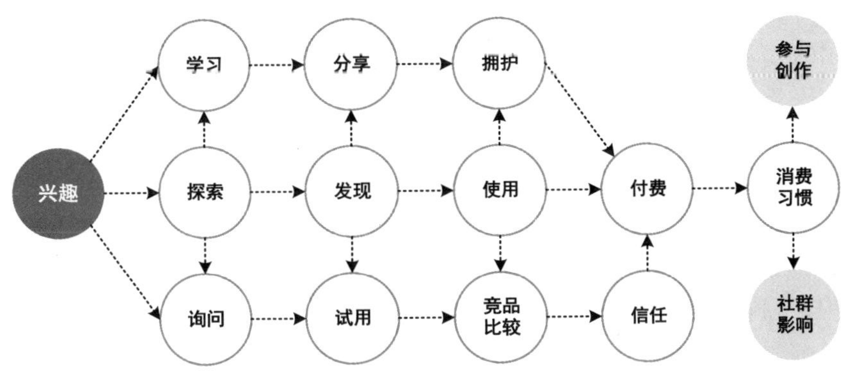

图1–3　内容需求方行为特征

结合内容分发渠道的转变，受众的内容获取模式也随之出现变化。（1）基于导航获取内容。受众主动在网络上搜寻内容，满足自己对各类信息的需求。在早期以网页为载体的传播模式下，许多内容需要通过主页进行分发，门户网站借助其信息丰富度以及整体的品牌优势尤其受到欢迎，导航是帮助用户获取信息的主要工具。此时的导航没有固定的模式，可以基于用户的搜索历史（如cookie记录）生成，也可以是初次使用时的随机推荐。一些网站还会使用穷举法将主流与非主流内容信息都放在一个页面上，以供用户选择。导航模式，严格来说，同广播模式相似，以信息的单向传播为主，以规模优势实现传播目标，但是在定位的精准度方面非常低，传播效率较差。（2）基于个性化推荐获取内容。随着用户内容消费的终端由电脑端转移至各类移动端，以及各种内容App的兴起，内容分发主体能够更好地识别并锁定用户，进而根据用户的消费习惯与偏好向其推荐内容。此时，用户在大部分时间内不再需要主动搜寻信息，可以“被动”地获取所需内容。个性化推荐的完善得益于大数据技术及AI（Artificial Intelligence，人工智能）技术的进步，内容平台可以通过“学习”与“模仿”方式全面描绘出用户的特征，使推荐内容很好地切合用户的兴趣点，而非简单地向用户推送高频内容。（2）基于社群获取内容。随着各类社交软件的兴起及用户基数的扩大，社群已成为内容消费的重要分发与发酵场所，许多内容的二次传播都是在社群实现。社群对于增强内容的社会影响力有着明显的作用，内容在社群内引发共鸣能够带动评论的增加，以及关联内容的生产。因此，许多用户喜欢从社群获取内容，这些信息大部分经过了其他用户的“过滤”，简化了对信息真伪、质量的分辨过程，在阅读主要内容的同时还能了解关联内容，信息获取效率非常高。

内容消费对受众行为的影响还体现在产业延伸方面。目前，内容消费已经同实体商品消费有机联结在一起，形成了以“内容+电商”为核心的典型商业模式。同传统电商模式不同，“内容+”模式能够以极高的效率打通线上与线下的通道，真正使线上与线下融为一体，营销、展示、示范、试用、购买等活动可以在线上线下交互实现，加之VR/AR技术赋能带来的虚拟体验，使用户在内容消费及延伸消费的过程中不再感受到割裂感，消费体验更为完整、流畅。从“内容+电商”模式在我国的实践来看，能够获得比传统电商更多的优势，主要体现在信息传递的丰富度、娱乐与广告信息的融合、同用户的互动过程以及交流的亲和力等方面。因此，许多在传统电商渠道不易销售的品类与品牌，在“内容+”平台可以取得不错的效果。例如，在淘宝、抖音等直播带货领域排位靠前的商品包括个人护理、时尚女装、家居日用、零食饮料、香水彩妆、3C配件等，其出货量大的品牌也与主流电商渠道不同，许多二、三线品牌能借助主播的营销影响力拿下不错的业绩。一项针对内容电商的调查显示，从此类渠道购买商品的用户对于内容的重视度甚至超越了商品本身，这种消费“移情”效果使其购买决策不再完全理性。从指标得分来看，除了商品类别中的价格，对其余指标的偏好整体弱于内容类别。许多消费者更愿意关注内容信息，或容易受到内容信息的影响，对商品类别信息的敏感度下降。基于这个特点，内容电商对于许多新兴小众品牌是一个不错的渠道选择，近几年许多国内音频设备与配件（如耳机、外置声卡、录音设备等）在内容平台的出货效果非常理想。

表1-3　消费者对“内容+电商”模式的偏好分布

类别	指标	个人护理	时尚女装	家居日用	零食饮料	香水彩妆	3C配件
商品	品牌	47%	33%	35%	38%	41%	46%
	性能	72%	45%	51%	43%	52%	55%
	价格	73%	85%	82%	64%	76%	78%
	配送	27%	35%	22%	28%	24%	31%
内容	主播形象	85%	82%	67%	58%	81%	46%
	演示效果	88%	92%	86%	73%	95%	71%
	节目内容	80%	78%	79%	68%	84%	85%
	活跃度	56%	58%	50%	55%	43%	32%

内容电商时代的消费行为迁移

内容电商的出现改变了诸多行业规则，也对消费者产生了微妙的影响。根据简书网文报道，其传播特点包括：第一，内容高度专一化，对用户的干扰信息骤减；第二，用户处于被动接收信息状态，易产生无意识驱动购买行为；第三，便于同用户建立信任关系，通过内容促进下单。因此，用户更加聚焦内容所传递的信息，对第三方测评、网红和KOL的信任度也在不断增强。很多产品可能在交易型电商时代的优势很小，但在内容电商时代有更多暴发的机会。因为有更多内容可以产生引导用户“偏好”的效果，在消费者面前放大产品优势，形成商品促销的效果。例如，内容电商时代的诸多二线产品比交易型电商时代发展得要好，如国产化妆品、运动品牌、手机与数码3C产品等，大多得益于内容的助力。这种变化体现出有相当比例的消费者倾向于从虚拟环境中获取信息，并对其产生某种依赖。

1.2 典型内容消费领域

内容消费分化为不同的具体领域，各领域市场均已发展成熟，并形成了特征鲜明的运营模式，很好地适应了受众对内容信息的需求。典型的内容消费领域包括电子阅读、音频与视频消费、知识类消费。

◆ 电子阅读

电子阅读是内容消费中最早兴起的领域，由于其使用的便利性、低成本，普适知识获取及娱乐需求，其受众基数快速增长。相关调查显示，2019年中国数字阅读市场规模已经超过了254亿，其中大众数字阅读占比超过九成，专业数字阅读市场规模达21亿，且该领域还处于稳步增长中，会有越来越多的受众加入数字阅读行列。从电子阅读的受众分布来看，年轻群体正加速成长为电子阅读市场的主要用户，其阅读频率、阅读时长、关注主题等指标均得分较高。主要原因包括，年轻群体中很多是原生电子阅读用户，阅读习惯的养成主要是在数字环境下实现的，对数字平台有较强的依赖。电子阅读作品的叙事方式、语言风格、观点及视角更为贴近年轻群体，许多原创作者的年龄也在45岁以下，易与年轻群体产生共鸣与交流。因此，针对年轻用户的细分更为精准，诸如“小学生”“青少年”“大学生”“职场新人”“自由职业”“上班族”“宅群体”等，相关作品的创作也会围绕不同群体进行定制。相比之下，对于中老年受众的细分则明显不够，有些类别区分也仅仅按照性别这一项指标，相关关键词也以“经典”“历史”为主。

表1–4　基于年龄段分布的受众数字阅读情况

年龄段	每日阅读（是）	阅读时长（>1小时）	近期阅读量增加	近期关注主题增加
20岁及以下	82.1%	50.8%	63.2%	37.6%
21—25岁	78.3%	46.1%	61.7%	38.8%
26—30岁	78.5%	42.0%	51.0%	41.3%
31—40岁	70.7%	39.6%	45.5%	35.7%
41—50岁	67.5%	28.0%	40.6%	38.2%
51—60岁	43.2%	20.4%	28.9%	26.3%
60岁以上(不含)	22.9%	9.7%	12.5%	25.8%

为满足电子阅读市场的需求，我国先后出现了众多有代表性的电子阅读平台，如由腾讯文学与原盛大文学整合而成的阅文集团、专注于移动阅读分发的掌阅科技、布局完整的阿里文学等。其中，阿里文学成立于2015年4月，旗下拥有书旗小说、UC小说、淘宝阅读等入口资源支持，业务以内容生产、合作引入以及版权产业链的双向衍生为主。阿里文学依托内容生产，从数字内容阅读、数字内容传播、版权衍生、粉丝经济等多个角度出发，建立起与文学产业相关的开放生态，在架构上实现了用户触达、商业变现、内容系统建设三方面的整合。阿里文学虽然起步较晚，但业务推进节奏很快，在成立后三年内开展了多项计划与社会活动，例如，实施开放版权战略，与合作方共享版权；推出“光合计划”，打造开放合作的IP衍生模式；参展中国“网络文学+”大会，借助南国书香节等活动推进IP衍生合作；召开作者年会，加强对作者、内容和衍生品的扶持力度，力求打造爆款IP；加盟“T计划”，与阿里游戏、阿里云、阿里影业等平台联手助力游戏开发。阿里文学

的明星产品包括：（1）书旗小说。书旗小说是阿里文学旗下的一款跨平台阅读类App产品，集合在线/离线阅读、自动书签、智能搜索、阅读设置、写小说等多项人性化功能。读者可以围绕内容与作者互动交流，无论在安卓（Android）平台还是苹果iOS平台，都是国内市场上深受用户喜爱的应用。（2）UC小说。UC小说是专为无线阅读爱好者量身设计打造的基于UC浏览器的专业阅读平台，拥有海量的优质、原创内容，可阅读文字书籍与漫画等作品。UC小说具备高智能精准搜索功能以及多种用户个性化自定义阅读功能，能够在海量书籍中快速检索到用户喜爱的内容，提供极为流畅的阅读体验。（3）淘宝阅读。淘宝阅读是阿里文学旗下的一款开放式阅读平台，一直致力于改善用户体验，其发展理念是力求还原读书的质感。淘宝阅读利用云端技术储备了大量的图书资源与资讯，专注于生活化、知识化阅读内容，并适应不同场景的阅读习惯，让读者能充分利用碎片时间获取知识。

疫情期间数字阅读逆袭

2020年初受到新冠肺炎疫情影响，居民居家生活时间占比明显提升，数字阅读成为许多人的休闲选项。据艾瑞咨询发布的《后疫情时代中国线上泛娱乐市场展望》研究报告中对在线阅读数据的分析，2020年春节假期移动阅读App日均使用设备数达1.3亿台，较2019年春节期间增幅明显。其中71.1%的用户表示在阅读上花费的时间高于平时，居家模式让更多用户愿意将静心阅读作为消遣。尽管有研究认为，疫情期间数字阅读的逆势增长属于短期现象，随着居家模式的结束，该市场占比将会出现大幅的下滑。但疫情期间培养起的电子阅读习惯则可能在部分消费者群体中沉淀，使"主动"消费成为常态，在远期也有可能持续带动此类市场的发展。2020年3月，国家工信部办公厅公布了《2020年大数据产业发展试点示范项目名单》，中国新闻出版传媒集团的全民阅读与融媒体项目入选，体现出国家政策层面对于数字化生活的重视与认可，对数字阅读将产生积极影响。

在全民阅读趋势的带动下，电子阅读消费将获得宽广的发展空间。供给端的内容生产将更为系统、细致，以精准的定位捕获消费者需求。在用户界面，得益于5G技术开始普及，将为受众带来更为优质的使用体验。加之VR与AR技术的大众化，场景化阅读正在成为新的潮流。场景化模式有可能再次引发阅读革命，使用户阅读环境由2D跃升至3D，虚拟阅读可以使用户置身于立体化阅读世界，调动多种感官获取信息，并有更多机会与内容进行互动。同时，一些传统书店也在此趋势下寻找进入线上市场的机会，有些商家使用“实体+云端”的模式，将线下体验优势与线上数字化优势结合起来，开辟了新的数字读书领域。可以预见，这种变化必然会带来阅读设备与周边硬件质量与技术水平的同步提升，能够对软硬件实现高度整合的运营商才能占据市场的头部。

◆ 音频与视频消费

音频与视频消费涉及面广泛，由于其综合视听体验感占优，一直都占据着内容消费领域的大部分市场。数字音频内容主要包括数字广播、音频小说、脱口秀、数字音乐等，视频内容则包含传统长视频、短视频及各类直播等。当代许多用户接触内容消费都是由数字音视频开始，其高度的娱乐性与内容丰富度能够形成极好的用户使用黏性。因此，音视频领域的发展势头一直被业内看好。基于网络的抽样调查如表1–5所示，显示出音频内容与视频内容整体上仍存在较好的发展前景，经营者普遍认为相关的市场容量、业务增速、转化能力等指标整体处于理想状态，投资评价等级在优良区间。在投资主体方面，虽然个人投资方仍然活跃在部分领域，但未来行业将以机构投资为主，形成头部资源的高度聚合。一些行业评论人士认为，音视频内容消费领域的细分过程仍在继续，新出现的细分市场有可能成为引爆点，并围绕该市场形成新的数字商业群落。

在音频内容领域，以数字音乐行业为例，其主要的发展方向包括：（1）付费数字音乐。付费模式代表了对音乐创作的认可，也是数字音乐转化的主要途径。按照国外数字音乐产业的发展路径来看，构建完善的付费机制是保持行业稳定发展的关键。随着我国对数字化版权保护的强化，以及各类音乐平台运营的规范化，数字音乐的付费使用将成为主流。在具体的付费模式方面，运营方须开发出不同的组合，并定位在受众可接受的范围，为用户创造适宜的性价比。（2）移动端商业开发。随着数字音乐的消费重心转向移动端，对于移动端的商业开发便显得非常重要。当前，数字音乐移动端的运作模式相对简单，以用户付费+商业广告为主，普遍欠缺延伸转化能力。未来移动端的发展将建立平台之间的横向联系，以流量优势促进跨平台合作，并从中创造更多的获益机会。例如，一些音乐平台已经尝试同视频平台、电商平台的水平合作，乃至同线下平台的垂直合作，借助流量分享实现了共赢。此外，移动端商业开发还须融入更多的技术元素，持续改善用户体验，并得到大数据、云存储、云计算等后台技术的加持。（3）强化原创性创新。我国数字音乐领域一直在模仿国外的运营风格与模式，以模仿创新为主。如要提升本领域的国际竞争力，必然需要在原创性创新方面有所突破。原创性能力应体现在全产业各环节上，包括音乐创作、制作模式、节目设计、转化模式等方面。近些年，我国一些音乐平台也在探索"出海"模式，开发出了具有中国元素的代表性产品，并从中积累了相关经验。（4）线上演艺活动。线上演艺是数字音乐的新领域，国外运营商（如日本、韩国）已经尝试了多种运作模式，并创新使用了虚拟角色，带来了新的商业机会。开发线上演艺活动的核心是创意，运营方需要将艺术与技术有机结合，为用户创造多维的体验。国内运营商可以结合本国受众的特点，设计出符合用户需求的产品，逐步实现创新与运营的平衡。例如，QQ音乐、唱吧等平台已多次尝试线上演唱会等商业活动，并取得了不错的市场反馈，相关经验的积累将会逐渐提升内容的品质并拓展市场。

表1–5 基于经营视角的音视频内容市场判断

领域		市场容量	业务增速	转化能力	投资主体	投资评价
音频内容	数字音乐	极高	高	高	机构	优
	数字小说	高	中	中	机构/个人	良
	数字广播	中	低	低	机构/个人	良
视频内容	电影/影片	高	高	极高	机构	优
	网剧	高	高	高	机构	优
	短视频	极高	极高	高	机构/个人	优
	直播	极高	极高	极高	机构/个人	优

Spotify数字音乐平台

Spotify是一个正版流媒体（Streaming Media）音乐服务平台，2008年10月在瑞典首都斯德哥尔摩正式上线，得到了华纳音乐、索尼、百代等全球多家大唱片公司的支持。Spotify提供免费和付费两种服务，免费用户在使用Spotify的服务时将被插播一定的广告，付费用户则没有广告干扰，且享受更好的音质。Spotify的客户端覆盖了手机与电脑系统，除了提供在线收听，还提供下载模式供离线收听。Spotify的主要特点有:(1)音乐曲库丰富。(欧美地区)用户可以搜寻到所有主流流行音乐以及部分稀有专辑,专辑与艺人的资料信息也很丰富,能够满足用户的"立体化"鉴赏需求。(2)高音质。据官方文档介绍,平台使用Ogg Vorbis q5 codec编码,音频流大约为160kb/s,可以保证在多类设备上的音质播放效果。(3)界面与优化。Spotify的设计与iTunes和Songbird的用户界面较为接近,同时,Spotify与Windows系统的适配相当出色,在低配个人电脑中的响应速度也非常快,用户体验极佳。(4)多平台化。Spotify不仅支持主流的Mac(苹果电脑)和Windows平台,也兼顾了Linux系统中的Ubuntu和Debian,具有较强的跨平台能力。(5)社会化属性。Spotify不仅可以将音乐收听记录提交给用户,允许用户创建与分享播放列表,还可以参与艺人电台、音乐推荐、流行榜单、风格电台等板块。

(资料来源:根据Spotify及网络搜索整理。)

视频内容消费是内容消费市场竞争最为激烈的战场,围绕各类型视频形成的商业模式也较为多样。视频内容市场总是保持着供需两旺的局面,一方面,内容供给方通过节目制作能够极大限度地曝光自己,并获得理想的传播效果与变现效果;另一方面,内容需求方最容易接受视频内容形式,视频内容市场基本上覆盖了所有属性的受众群体。基于该特点,视频内容消费领域的商业运作整体上看最为成功,其用户付费比率、商业广告植入、品牌商户赞助、电商平台衔接、线下导流通道以及各轮融资规模等指标均在内容消费领域领先。以快手短视频为例,其前身是GIF快手,成立于2011年,主要用于制作、分享各类图片,在第二年转型为视频社群应用。快手融资的历程包括:2012年获得晨兴资本A轮融资数百万美元;2015年获得了数千万美元B轮融资,由红杉资本和晨兴资本联合投资;2016年完成C轮融资,约为2.5亿元,由百度领投,红杉资本、晨兴资本等跟投,市场估值为20亿美元;2017年完成新一轮3.5亿美元的融资,由腾讯领投;2018年完成新一轮4亿美元的融资,由腾讯领投。2020年8月,在胡润研究院发布的《2020胡润全球独角兽榜》中,快手以1950亿元的估值排在第8位。

从视频内容的市场供需对接来看,各参与方基本上能够对内容属性达成一致。分类调查显示（如图1–4），关于内容的娱乐性、知识性、专业性、丰富性、健康性以及内容制作精良程度、内容终端使用便利程度、互动体验感等指标，内容供给方的认可度与内容需求方基本匹配。其中，内容供给方由视频生产者与视频平台组成，相互之间能够形成互补。例如，视频生产者不一定非常关注内容的丰富性与健康性，但帮助其进行商业运作的平台则需要进行内容资源整合，并对内容进行预先审查。而从消费者角度看，最为关注的还是内容的娱乐性以及终端使用便利度与互动体验。对于娱乐性，一项短视频网络调查将其分解为不同的表述（百分比为用户认可度），包括“缓解压力”（61.2%）、“趣味笑点”（60.3%）、“消磨时间”（58.7%）、“民间新闻”（46.3%）、“热点话题”（32.9%）、“贴近生活”（27.5%）、“情感抒发”（12.6%）等。可以看出，娱乐需求是引导视频内容发展的关键，理解娱乐需求才能把握行业的趋势。当然，各类视频的娱乐性并非狭隘的搞笑，而是需要在泛娱乐范畴实现雅俗共存，从而满足分类受众群体的需要。

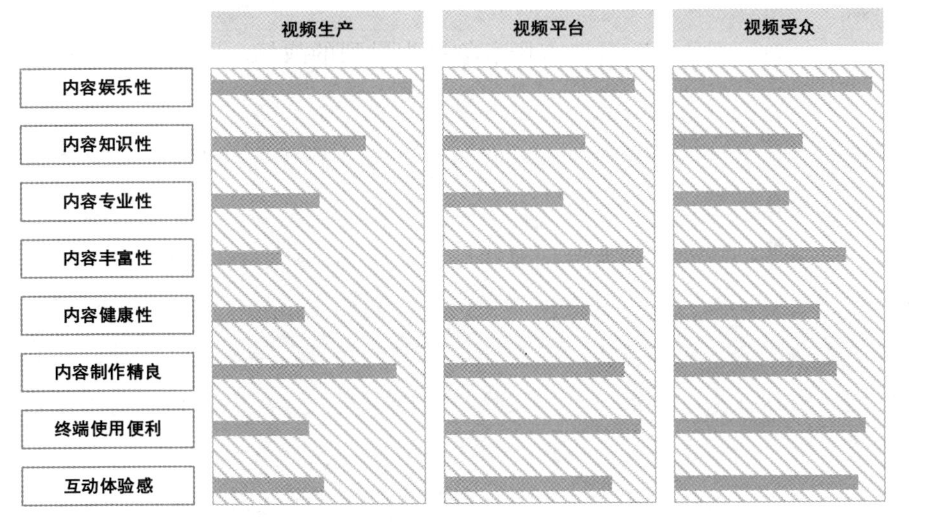

图1–4　视频内容指标认可度

音视频内容消费在未来还会长期保持增长的势头，并迎来诸多的变革。在投资方的转化压力下，音视频市场的垂直化细分将更为深化。以转化率较高的音频、视频直播为例，许多播主与品类建立起明确的关联，形成了不同的转化链条，当前较为热门的领域包括美妆、母婴、汽车、旅游、教育等。垂直化体现了专业性，能够与品类乃至品牌形成高黏度的对应关系，从而吸引并说服用户。同时，音视频领域的制作门槛越来越低，会有更多的用户转变为内容生产者，并基于个人兴趣、生活记录、意外创新为市场带来更多的原生内容。因此，多元化、碎片化、去中心化将成为本领域的关键词。最后，音视频内容还将引领网络社群的发展，用户的娱乐需求不再建立在个体基础上，而是转移至分享与交流过程中，音视频内容会成为连接并凝聚社群的纽带。

◆ 知识内容消费

知识经济时代提升了大众对知识的需求，这种需求可能来自工作需要、生活需要，也可能来自兴趣爱好。各种知识的普及化潜在要求知识信息能够以较高的效率分发出去，内容平台的特性恰好符合这种要求。基于此，知识内容消费越发成为受众关注的领域，并有越来越多的用户愿意为获取知识付费。知识内容的传播早在传统互联网时代就已开始，但是此类市场并没有严格的边界，许多知识信息的供需具有偶发性、非系统性的特点，因此平台与机构并未对此类市场产生兴趣。从全球发展历程来看，网络上的知识商品化在2005年之后开始步入正轨，2010年以后逐渐系统化，并呈现加速发展的趋势。目前，我国知识内容市场已形成规模，运营模式也日趋成熟。从网络调查情况看，在内容载体方面，音频与视频占据了近89%的份额，音视频中的各种课程与播客成为主要的知识传播方式，整体转化效果非常好。传统图文形式虽然占比较低，但却承载了众多碎片化知识的传播需求。在内容主题方面，受众对知识培训及各类生活常识的需求最为旺盛，许多受众善于通过分类列表及关键词等方式主动搜索知识内容。在知识市场细化过程中，其他主题领域也在跟进，医疗健康、时尚知识与财经在近些年发展态势良好，并拥有不错的转化效果。例如，受广大用户对健康关注度提升的影响，医疗健康知识成为受众消费的热门，进而出现了丁香医生这样的知识媒介。在内容平台方面，移动端市场份额加速上升，且拥有极高的转化率，在多个领域挤占了传统桌面端市场。随着5G技术的普及，未来移动端将成为知识消费的主要平台。在内容渠道方面，系统化的知识平台逐渐成为中高端知识用户的首选，社群论坛与网页搜索的占比已非常接近。专门平台与应用在转化方面比其他渠道具有显著优势，平台易于整合流量资源，并协同电商与广告机构显著地丰富了变现模式。

表1-6 知识内容消费市场概况

分类	细目	占比	转化效果
内容载体	图文	11.2%	★
	音频	50.7%	★★★
	视频	38.1%	★★★
内容主题	知识培训	32.2%	★★★
	生活常识	27.2%	★★
	时尚知识	9.8%	★★
	文学艺术	9.5%	★
	科技知识	8.7%	★
	医疗健康	5.9%	★★★
	心理情感	4.7%	★
	财经	1.4%	★★
	其他	0.6%	★
内容平台	移动端	67.5%	★★★
	桌面端	32.5%	★★
内容渠道	专门平台（应用）	37.6%	★★★
	网页搜索	24.1%	★★
	社群论坛	20.8%	★
	其他	17.5%	★

（注：★的数量对应程度等级。）

丁香医生健康知识平台

丁香医生是一款为大众提供泛健康服务的应用平台，旨在为大众提供专业、可信赖的多元化健康场景解决方案，包括健康科普内容、健康知识服务、健康商品以及在线问诊等。丁香医生聚焦于院外健康场景，致力于成为大众健康生活方式的向导。丁香医生旗下拥有丁香医生（新媒体）、丁香妈妈、丁香家等多个产品。丁香医生依托丁香园，覆盖全国大量的专业医疗资源，平台拥有超过5万家专业医院的团队，并签约了1000多位医生作者。医生和健康专家能够深度参与丁香医生的内容生产、产品审核、内容把关等各个环节，坚持“循证医学”理念，确保相关服务的专业性。丁香医生持续创造有影响力的优质内容，多次在重大公共卫生事件中发挥专业力量，成为权威机构和主流媒体的重要信息来源。网络健康报告显示，截至2020年5月，丁香医生全渠道累计覆盖健康敏感用户数超5000万（此数据不含在线问诊用户数），涉及年轻中产、母婴人群和关注健康的广大家庭用户。

（资料来源：根据网络搜索整理。）

当前知识内容运营体系的机构主要包括：（1）内容自运营机构，以自产自销为主要模式，具有代表性的供应商如科学队长，它拥有成熟的知识内容（课程）制作能力，也拥有庞大的自媒体矩阵及分发渠道；（2）内容策划机构，主要精力聚焦在方案策划与内容制作上，其产品需要借助大型平台的渠道进行分销，典型机构如博闻大家、时间知道、脉课等；（3）内容代运营机构，指通过内容版权方的授权，代理对相关资源进行日常管理、营销、推广、售后服务的公司。这些主体一般具有较为丰富的知识内容运作经验，熟悉具体的分销规则与方法，拥有完整的业务团队，运营托管的效率较高；（3）流量自运营机构，属于拥有流量优势的内容分销商，优势在于商业模式的多样性，以及较强的变现能力。流量型机构并不一定是单一的知识运营商，可以兼具社交、娱乐、电商、生活服务、金融服务等功能。只要能够将流量优势与转化有效衔接，就可以达到理想的运营效果。

从知识内容分发趋势看，平台化模式已经占据行业头部位置。例如，成立于2016年的小鹅通在资源衔接及分发方面有着明显优势，覆盖了众多一线教育品牌与知名机构，包括英孚青少儿英语、环球教育、高思教育、吴晓波频道、十点读书、张德芬空间、知乎、有书等。小鹅通在线教育能够在知识营销、教育场景及转化方面形成连贯的运转，充分挖掘知识内容与讲师IP的商业价值，并以“快捷”方式传播至受众，高效率地解决在线教育实施及教育管理问题。在前端营销环节，小鹅通设计了丰富的工具，如邀请码、好友助力、推广员、拼团、秒杀、链接分销、裂变海报等。多种工具的组合使用能够引发知识内容的二次传播，并爆发出惊人的扩散效能。在业务布局方面，小鹅通形成了三大支点：（1）基础技术服务，以SaaS模式为教育机构提供网校平台架构服务，便于用户快捷地建立自己的主页及客户端应用；（2）内容分发，与微信、抖音、百度、京东、优酷等平台合作，通过流量分发帮助商户获得更多的市场机会，并降低获客成本；（3）商业生态服务，为企业用户提供人才、培训、信息、教育资源等方面的立体化服务，为其构建优质的内容商业生态环境。

平台模式能够显著提升商户的竞争力，根据《小鹅通知识付费内容分销白皮书》介绍，书单课堂与小鹅通的合作非常成功。书单课堂是百万级粉丝的知识付费应用，在其业务开展初期，和多家优质内容方通过线下签署合约、联合制作、文件传课模式进行内容推广。后期考虑到相关成本的增加，便加入了小鹅通内容分销市场，通过分销品牌化内容实现快速的知识变现操作。自从与小鹅通开展合作以来，书单课堂多次登上分销榜首位，并打造出多个“爆款”。有越来越多案例征明，内容与渠道共享流量存在巨大的合作机遇，协作能够有效提升内容传播与商业变现，产业链条上的各个主体都能从中获益。

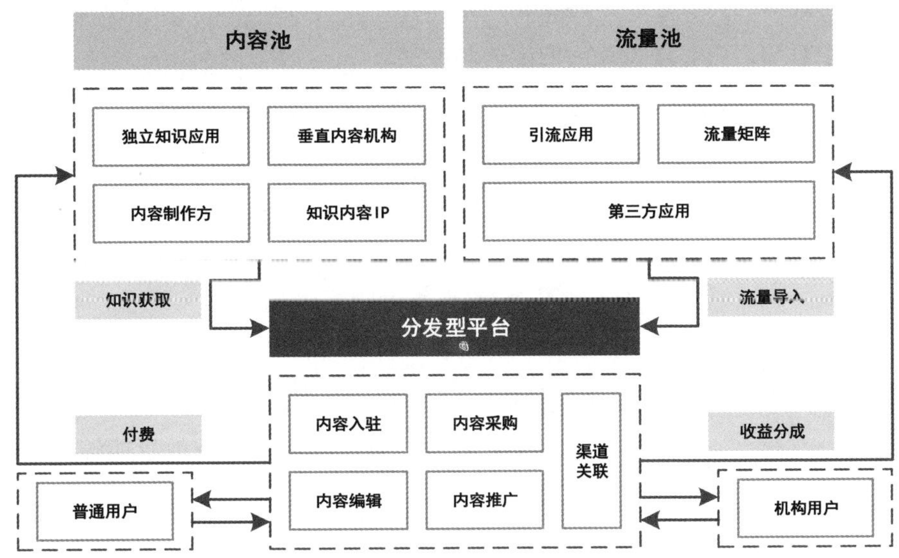

图1–5　知识内容分发平台

表1–7　典型知识内容平台

平　台	简　介	综合评分
喜马拉雅FM	以音频为媒介的付费知识平台	4.92
得到	知识网红打造的付费音频知识平台	4.87
知乎Live	超级会员制的知识付费平台	4.50
创客匠人	专注教育培训行业知识变现工具平台	4.37
腾讯课堂	品牌在线教育平台	4.11
网易云课堂	在线知识与技能学习平台	3.96
豆瓣时间	音频、文字等形式的付费专栏	3.90
蜻蜓FM	网络在线音频知识媒体平台	3.83
百度问咖	“百度知道”孵化的大咖知识服务平台	3.82
有书共读	为读书人设计成长的共读平台	3.78

（资料来源：www.1t2b.cn。）

目前知识内容的平均盈利水平要低于其他娱乐内容。因此，知识内容经营在今后将会更多地与生态环境中的商业角色开展合作，通过流量交换参与利益分配。电商、直播平台与自媒体是其主要的合作对象，这些主体能够有效利用流量资源，以垂直方式实现转化，且更易于吸引广告商的关注。知识分销的“轻量化+定制化”将成为发展趋势。轻量化主要指分销过程无须垫付资金或质押过多资产，整体分销环节简洁、直接，传播的知识内容呈现为更小的单位。定制化主要指针对不同用户群（乃至个体用户），对内容进行去系统化、去中心化的处理，知识内容的展示不再依据严格的次序与形式，而以更为灵活的方式呈现。轻量化与定制化更为符合知识碎片化消费的特征，也更利于对知识内容进行灵活的定价调整。

第二章
内容受众

2.1 受众消费基础

内容消费受众是指各类内容信息的接收者，是内容传播的终点。广义上的内容消费受众包括读者、听众、观众及相应活动的参与者等，涉及面非常广。内容消费受众的存在与发展是内容市场繁荣的基础，现代传媒技术的发展进一步强化了内容受众的中心地位。早在20世纪60年代，传播理论界就提出了由“传播者中心”向“受众中心”的转变，相关理论认为，受众不再扮演被动接收信息的角色，而是逐渐具备了信息搜寻与获取的能力。受众的本位意识特征以及“主动权”的掌握使其在消费市场上获得了较强的话语权，能够影响甚至主导供给方的行为方式。这种特征在网络时代体现得尤为明显，各类内容的生产与传播必然依照受众的需求偏好，否则很容易丢失市场，因此在西方社会也曾一度出现定制生产新闻等内容的现象，使内容市场出现了畸形化发展。对此问题，应保持谨慎、批判的态度。但毋庸置疑，以内容受众为核心的原则是正确的，内容市场的发展需要以服务内容受众为要务，培育出良好的受众基础群，进而获得持续盈利的能力。我国内容市场在发展中，供给方与传播方逐渐意识到了受众核心的价值，据此开展相关运营活动。

◆ 信息消费的宏观增长

内容消费的发展依赖居民信息类消费的增长。从社会消费发展的趋势来看，信息消费已经同多类消费领域深度融合，既涉及生产性消费，也涉及生活性消费。信息消费覆盖了消费者终端接入、硬件产品、系统服务、网络服务、应用服务等多个方面，具有全产业链的特征。根据我国工信部报告，2018年信息消费规模同比增加超过10%，占GDP比重达到6%，并超过同期GDP增速的2倍，成为消费领域的明星。当年（2018年）预期到2020年，我国市场上终端设备将超过500亿台，信息消费规模将达到6万亿元，并带动关联产业增值达15万亿元，目前看相关指标已基本实现。内容消费与相关产业的联动是未来消费升级乃至产业升级的重要推动力。内容消费的发展需要得到互联网、物联网、云计算、大数据、人工智能等多领域的支持，相关领域的技术提升能够使内容消费活动更为便利，并为消费者提供更好的消费体验。根据中国信息通信研究院研究显示，未来我国信息消费领域将呈现以下特征：信息消费需求持续强劲释放；创新生态日益成熟，线上线下融合成为主流消费方式；新兴信息消费群体加速崛起，尤其是“90后”年轻消费力将成为信息消费升级的重要驱动力；共享付费理念更加深入人心，共享经济更加规范有序发展，视频、音乐、游戏、教育等领域的付费模式将加速兴起。

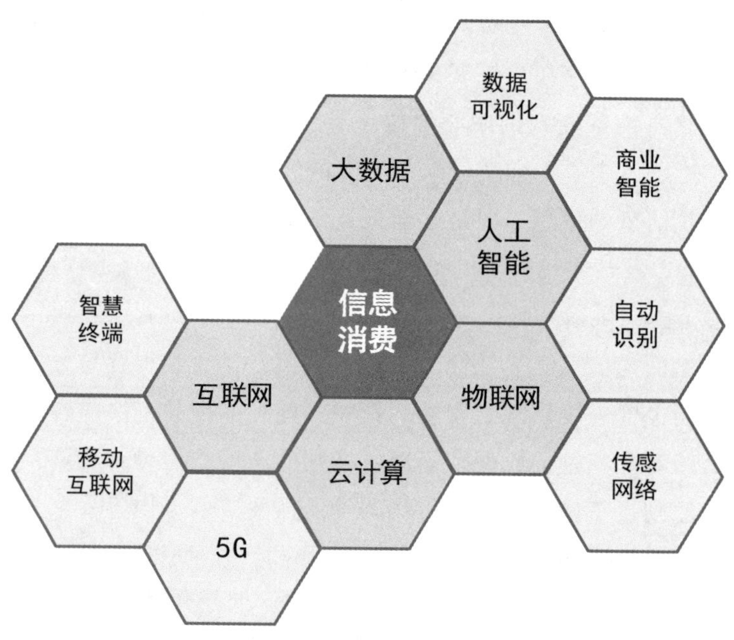

图2-1 信息消费与相关产业的关联

依据我国宏观经济统计方式，居民消费共分为八个部分，分别是食品烟酒消费支出、衣着消费支出、居住消费支出、生活用品及服务消费支出、交通和通信消费支出、教育文化和娱乐消费支出、医疗保健消费支出、其他用品及服务消费支出。其中，通信消费支出、教育文化和娱乐消费支出中包含信息消费的内容，可以作为相应的参照。例如，依据2019年统计年鉴，我国居民消费支出基本维持在年均7%—8%的增长。其中，我国居民交通和通信消费支出占总消费支出的比重由2013年的12.31%增长至2018年的13.47%，教育文化和娱乐消费支出占总消费支出的比重由2013年的10.57%增长至

2018年的11.21%，整体上体现了全体居民消费持续升级的态势，居民对于精神产品的需求能够逐步转化为实际的消费支出。如果对城乡居民进行横向比较，城镇居民交通和通信消费支出占比为13.30%，农村居民为13.92%；城镇居民教育文化和娱乐消费支出占比为11.39%，农村居民为10.74%。可大致看出城乡居民在信息类拓展消费方面存在一定差距。需要说明，从2013年起，国家统计局开展了城乡一体化住户收支与生活状况调查，2013年及以后数据来源于此项调查，与2013年前的分城镇和农村住户调查的调查范围、调查方法、指标口径有所不同。因此，如果将近些年数据同2013年以前的数据进行直接比较不太科学，但从数据的宏观走势可以看出，我国居民对于信息类内容的消费在稳健地增长。

居民信息消费的外延不断扩展，许多消费者不再仅限于对信息本身的占有与使用，而会将信息同其他消费活动或个人生活结合起来，如旅游、就餐、文化、健身、学习、养老、家庭服务等，内容本身的价值对于消费者的吸引力越来越强，信息消费与商品消费呈现出不同的消费组合。可以预见，信息消费领域将会进一步扩大与深化，其对于国民经济的影响也会随之提升。

◆ 信息消费的特征

根据国家信息中心的研究，信息消费主要特征包括三点：（1）共享性。一般的消费品通常具有边际效用递减的特征。而信息商品的边际效用也存在递减的趋势。不过，物质商品在使用和消费中是以自身的消耗和磨损为代价的，信息商品在使用和消费中则表现为信息内容从一种物质载体转移到另一种物质载体，但无论怎样转移，一般是不会失去使用价值或效用。（2）参与性。在信息社会里，由于信息网络的发达，厂商及消费者之间双向快捷的交流成为可能，厂商迅速掌握消费者的需求信息，就能按照定货生产适销的产品，减少存货积压。而且利用信息网络的数字经济领域，追加生产和销售成本几乎等于零，这样就可以使厂商大幅度地降低生产成本，提高收益，同时又能为消费者进行多样化选择提供极大的便利，使他们能获得最大限度的满足。消费的信息化使消费者与生产者之间的界限变得模糊，消费者可通过信息网络加入生产者的生产活动过程，参与商品的设计与质量监督。消费者与生产者共同创新，有利于增加信息和物质财富。（3）增值性。信息本身在使用过程中并不服从越用越少的规律，而是服从越用越多的规律。从总体上来说，随着消费的信息化，信息将不断增加。另一方面，在信息消费的过程中，消费者要将已有的信息投入其中作为消费的基础，把已有的信息与消费过程中获取的信息产品进行有机的结合与相互撞击，即进行知识处理与知识再生。而且，前面已提到了信息需求具有双重构建本质，信息需求与信息占有互为增长条件。因此信息消费的过程实质也是一个信息不断创新和增值的过程。

◆ 信息消费的过程

信息消费基于某种需求而产生，其消费的全过程包括信息占有、信息处理以及信息再生等步骤。（1）信息需求。根据需求满足论，信息需求包含于人的总体需求之中，即存在于生理、安全、社交、尊重、自我实现五个层次中。信息需求本身并非基本需求，而更多表现为一种衍生需求，即主体在获得信息之后可以帮助其实现相应的功能。如果从认知过程来看，信息需求产生于主体所拥有知识的不连续性和偏差性，需要通过外界进行信息弥补，从而使自己能够更好地适应社会生活。当代许多信息消费的主体都具有类似的特征，即如果连续一段时间不获取新的信息（也许是无用的信息），就会感觉与社会或周围的群体产生隔离感。社会化程度较高的个体如果长时间不获取信息，将会感到交流的困难或恐惧感，并会影响到他的工作或生活。（2）信息占有。信息占有是指主体获取信息物质载体形态而最终获取信息实质内容的环节。影响信息占有行为的不是客观信息需求，而是主观信息需求，即外在于认识和表达状态的信息需求。认识和表达不是事先确定的，而是在信息占有行为中动态形成的，取决于信息需求的双重构建本质。信息占有的逻辑是，信息占有越多，信息需求越明确；信息需求越明确，信息占有则越多。当代受众在工作及生活中对于信息的依赖度非常高，占有充足且准确的信息能够为其带来便利，帮助其做出正确的判断，既符合受众的经济利益，也符合相关的社会利益。（3）信息处理。信息消费活动的信息处理包括对信息内容的接收、解读、吸收和消化，是主体系统对信息的认知加工过程，涉及人脑认知与思维过程。信息处理的过程较为复杂，主体首先需要对信息本体内容进行分类与分解，依据信息的不同结构（如结构化信息、半结构化信息和非结构化信息）对其进行不同的解读，涉及对信息的感知、对信息的测量以及对信息的识别。信息处理通常还需要调动多方面的资源，包括主体掌握的知识、经验以及相应的参考素材，同时对信息的处理还可能依靠不同的设备或工具，从而提升信息处理的效率。（4）信息再生。信息再生属于创造客观知识的活动，是信息消费过程的终结，也是信息消费者所要追求的目标。信息再生通常是在信息消费者主观的知识结构中进行的。主观知识结构决定人的信息认知、加工能力，影响信息处理量以及信息再生量。信息再生量所代表的创造性知识是主观知识还是客观知识，取决于信息消费者发表成果的动机和行为。相对于消费者个体而言，信息再生量即使处于客观知识状态，也是消费者主观知识结构中的一部分，即知识创造者主观知识集合中的子集。信息再生这一阶段是保证信息消费可持续发展的关键，当代各类信息消费市场的发展很大程度上取决于新信息及有效信息的质量与更新速度，信息供给主体的泛化可以强化信息产出基础。

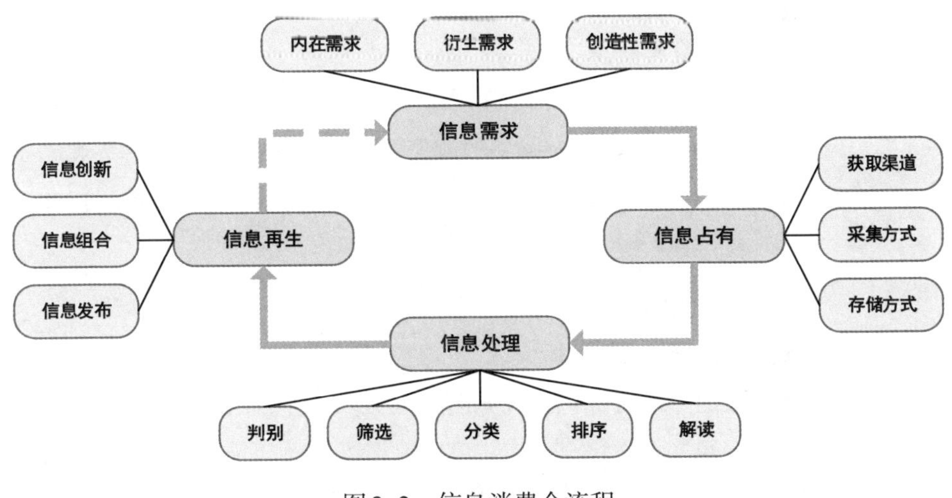

图2-2　信息消费全流程

政策层面对信息消费的引导

全球范围内信息技术创新不断加快，信息领域新产品、新服务、新业态大量涌现，不断激发新的消费需求，成为日益活跃的消费热点。我国市场规模庞大，正处于居民消费升级和信息化、工业化、城镇化、农业现代化加快融合发展的阶段，信息消费具有良好的发展基础和巨大的发展潜力。与此同时，我国信息消费面临基础设施支撑能力有待提升、产品和服务创新能力弱、市场准入门槛高、配套政策不健全、行业壁垒严重、体制机制不适应等问题，亟须采取措施予以解决。加快促进信息消费，能够有效拉动需求，催生新的经济增长点，促进消费升级、产业转型和民生改善，是一项既利当前又利长远、既稳增长又调结构的重要举措。其发展指导原则包括以下三个方面：

（一）市场导向，改革发展。加快政府职能转变和管理创新，充分发挥市场作用，打破行业进入壁垒，促进信息资源开放共享和企业公平竞争，在竞争性领域坚持市场化运行，在社会管理和公共服务领域积极引入市场机制，增强信息消费发展的内生动力。

（二）需求牵引，创新发展。引导企业立足内需市场，强化创新基础，提高创新层次，鼓励多元发展，加快关键核心信息技术和产品研发，鼓励业务模式创新，培育发展新型业态，提升信息产品、服务、内容的有效供给水平，挖掘和释放消费潜力。

（三）完善环境，有序发展。建立和完善有利于扩大信息消费的政策环境，综合利用有线、无线等技术适度超前部署宽带基础设施，运用信息平台改进公共服务，完善市场监管，规范产业发展秩序，加强个人信息保护和信息安全保障，建设安全诚信有序的信息消费市场环境。

（资料来源：《国务院关于促进信息消费扩大内需的若干意见》。）

2.2 内容消费受众特征

内容消费受众的一般特征包括五方面。（1）多样性。由于内容消费受众存在着生理、心理、经济、文化、民族、风俗习惯等方面的差异，因此消费需求也千差万别。不同类型的受众对于内容的主题、形式、平台等均有自己的偏好，量产的信息很难适应所有的群体。基于多样性特征，内容消费受众正在经历不断的分化以及特性“群落”的形成，内容供给方也随之向不同的专项领域发展，力求更好地适应这些消费者的口味。（2）选择性。内容受众在个人偏好的基础上如何进行消费选择，还须依据多类主客观因素，例如消费水平、消费经验、文化修养、信息渠道以及所属群体的影响等。消费者在进行具体选择过程中，有可能受到外部因素的影响，偏离原有的内在需求，因此许多内容供给方会通过综合的营销手段引导受众，从而有效地推销自己的商品。（3）时尚性。随着网络与信息平台的不断发展与完善，消费者获取信息的目的已不再基于单一的功能性，而是逐渐具备了时尚性的特征。同物质消费类似，信息消费也呈现了不同趋势与潮流，近似的信息内容也可以通过不同的形式或载体表现出来。（4）连续性。内容消费需求的连续性也称为周期性或无限性，是指消费需求不断地经历“出现→满足→再出现→再满足”周而复始的循环状态。由于信息内容世界的丰富多彩，人们的需求也永无止境，人们对信息内容的需要永远不会被完全满足。一旦旧的需求得到满足，受众就会产生更新的、更高级的需求，达到目标的消费者也会为自己确定更高的目标。（5）发展性。内容消费同其他消费类似，其需求的形成与发展与社会生产力的高低密切相关，与社会整体的发展水平密切相关。内容消费随着时代变化，正经历着由简单到复杂、由低级到高级的发展过程，其消费的外延、模式、途径必然随之发生变化，内容需求方与供给方都需要不断适应这一进程。

◆ 内容消费受众的统计特征

我国内容消费发展至今，受众范围已非常广泛，几乎覆盖了各类群体，下至四五岁的小孩，上至九十多岁的老人，都能够成为内容消费的受众。因此，要了解内容消费的发展，需要对内容受众有深刻的理解。本研究进行了一次网络问卷调查，以下分析的部分数据来自本次调查样本。本次调查的基本统计特征为：调查对象的性别占比，男性占40.7%，女性占59.3%；在年龄段方面，20岁及以下样本占8.1%，21—25岁占22.8%，26—30岁占11.4%，31—40岁占30.7%，41—50岁占11.4%，51—60岁占8.8%，60岁以上占6.8%；在学历方面，本科以下占21.9%，本科占49.7%，硕士占21.9%，博士占6.5%；在居住地区方面，一线城市占61.8%，二线城市占12.9%，中小城市及乡镇占25.3%。此外，本调查还涉及了受众样本的7类就业领域，详见表2–1所示。

表2–1　调查样本就业领域信息

编号	分类	百分比
1	政府机关	4.4%
2	事业单位	14.6%
3	国有企业	14.9%
4	外资企业	3.6%
5	民营企业	22.9%
6	在校学生	24.1%
7	其他	15.5%
总计		100.0%

◆ 内容消费受众的行为特征

内容消费者的行为特征主要表现在其如何使用各类设备进行网络信息浏

览。从其设备使用及时间消耗的统计情况，可以大致看出受众的行为模式。本调查主要关注了当前三类主要的上网设备：手机、平板电脑、笔记本或台式电脑。从样本统计数据来看，不可否认，手机已经成为当下网络信息获取的主要终端，智能手机几乎成为人手必备的消费品，其终端优势地位已经确立。从图2-3可以看出，大部分样本集中在1小时以上的范围。其中，3—5小时占比最高，为30.89%；5—8小时的占比为27.3%；1—3小时的占比为22.53%；8小时以上的占比为16.38%。另有研究根据消费者每日手机充电量进行了分析，显示大部分消费者的日均充电次数大于1，一些消费者每天可使用外接设备（如充电宝）充电3—4次。手机信息获取主要呈现碎片化、多样化特征，许多消费者在手机设备上持续关注单一主题的时间相对较短，大多为5—10分钟，阅读主题的切换较为频繁，且不同主题之间经常存在较大的跳跃，例如从时政新闻直接跳转至养生频道。造成这种跳跃的原因，一方面是受众本身具有较多的关注点，相关App会同时向其推送几类不同的信息；另一方面是受众所处的信息圈子经常有多类信息的汇集，许多受众倾向于逐个进行浏览。从不同年龄组别的情况来看，使用手机上网呈现了较高的一致性特征，如图2-4所示，调查中的7个年龄段组别均呈现出1小时以上的使用特征，可据此判断1小时已经成为当代信息受众的使用时长下限。从组别之间的差异来看，50岁是一道较为明显的分界岭，50岁以下的长时间（8小时以上）受众比例相对较多，而50岁以上的受众可能由于身体、精力等原因，大部分个案的手机上网时间可控制在8小时以内。

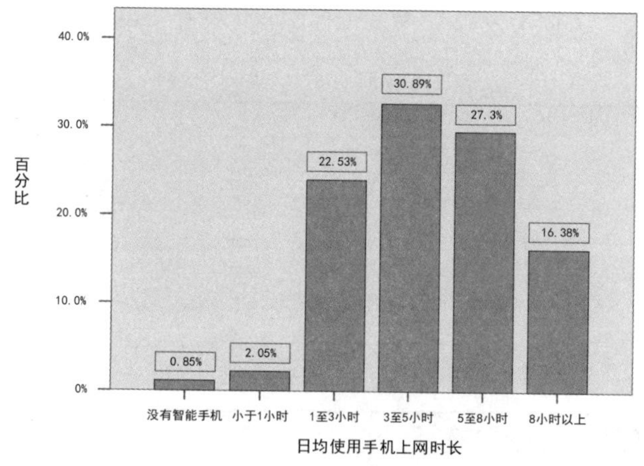

图2-3 消费者手机上网时间分布

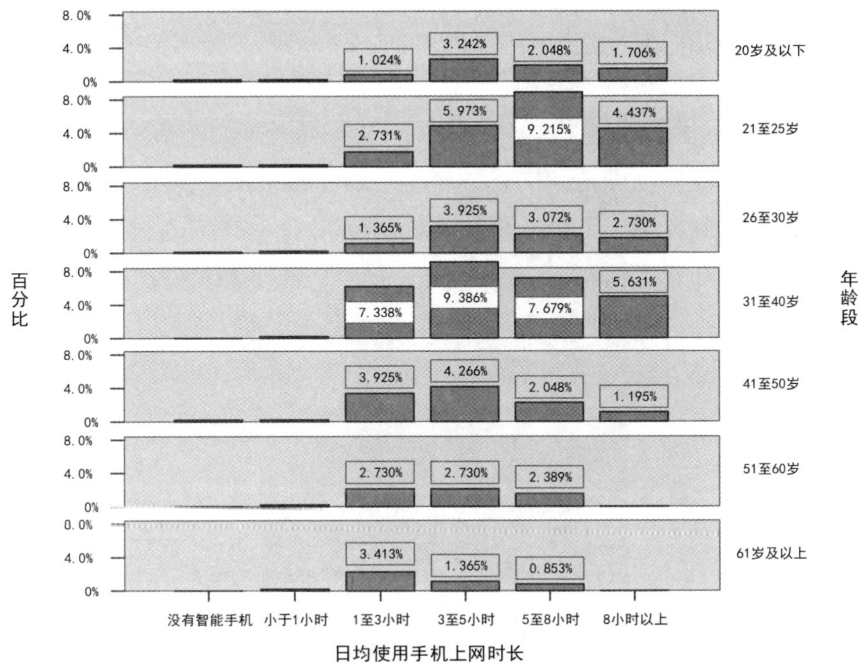

图2-4 基于年龄段组别的消费者使用手机上网时间分布

平板电脑作为信息获取终端有其自身的特点，早期的平板电脑在娱乐与商务应用方面占据了相当的市场份额，但是在近十年作为信息消费终端，其所处的市场位置略显尴尬。从市场调查情况看，有接近一半（45.73%）的个案没有平板电脑。在拥有平板电脑的用户中，使用其上网的时间比例依次下降，小于1小时的用户占32.25%，1—3小时的用户占15.53%，3—5小时的用户占4.096%，详细数据可参见图2-5。根据相关的间接市场访问得知，目前真正使用平板电脑的群体呈现了低龄化趋势，即16岁以下的少年儿童是平板电脑的主要用户。调查中，一些儿童家长认为，平板电脑比手机对儿童的视力损伤要轻，同时兼具轻度娱乐（避免造成沉迷）与学习的功能，因此更倾向于让儿童更早接触平板电脑而非手机等设备。同时，从不同年龄组别的情况来看，30岁及以上群体使用占比相对较高，其原因一方面是由于此类群体购买平板电脑设备相对较早，现有设备在性能上比手机更优（如处理速度快或显示效果好），因此在居家环境下会有一定概率用平板电脑替代手机；另一方面是由于一些高年龄段受众视力下降，认为平板电脑的显示内容更大、更清晰，如许多50岁以上用户都倾向于更大的字体显示。

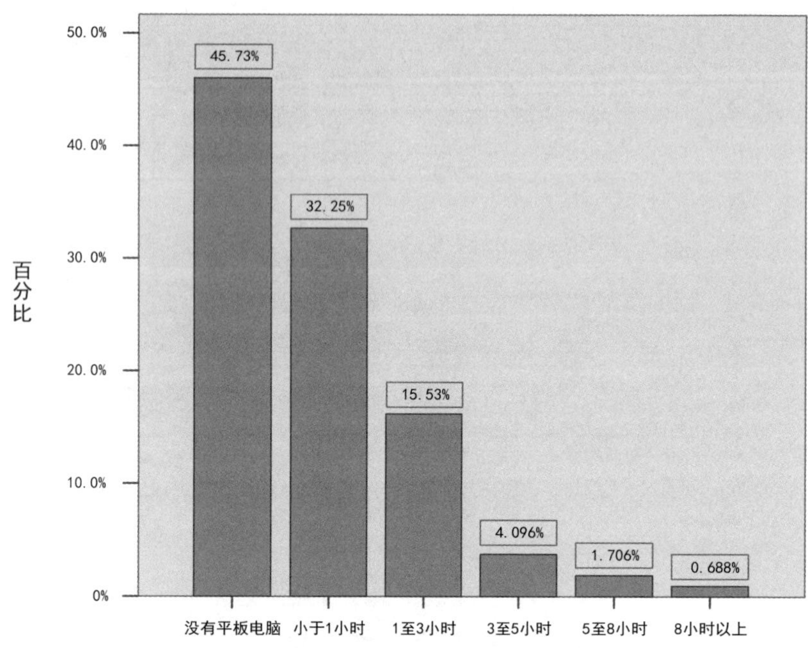

图2-5 消费者平板电脑上网时间分布

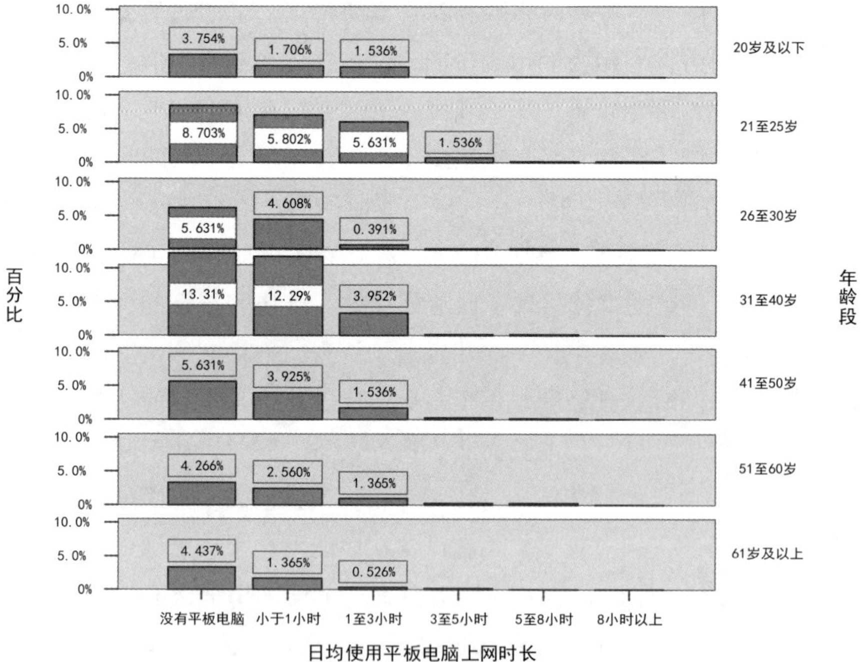

图2-6 基于年龄段组别的消费者使用平板电脑上网时间分布

电脑是传统的信息获取终端，电脑上网的处理速度与使用体验是手机与平板电脑无法比拟的，但是由于电脑设备的携带便利性偏低，其作为高频使用终端并不具有优势。此处需要指出，不同用户群体对电脑的使用偏好存在明显差别，一些以电脑作为主要工作平台或需要使用特定软件的用户，对于电脑有较强的偏好，其信息关注与信息使用领域也有明显的专业化特征。本调查将笔记本电脑与台式电脑合并在一起，调查显示，没有电脑设备的用户占14.33%，使用电脑上网小于1小时的用户占34.47%，其余使用时间段比例分布相对平均化，详细数据参见图2-7。从不同年龄组别的情况来看，电脑设备的使用在40岁以下年龄段群组内更为普遍，而组内差异则受到个体的学历、职业等因素的影响。而对于高年龄段群体，由于电脑的使用较手机或平板电脑更为烦琐，因此长时间使用电脑上网的比例较低，具体比例关系参见图2-8。

当前获取信息的软件端口存在分化的趋势，手机与平板电脑趋于一致，而电脑设备有自己的应用领域。许多信息端口或平台以App应用方式存在，发布在公共或专有平台上，如苹果系统的App Store和安卓系统的各类应用商店，用户只能在特定的设备上下载并使用这些应用，而台式电脑用户使用起来相对麻烦，需要安装虚拟环境或相应的模拟软件。而电脑用户在进行网络信息获取时，主要依赖不同类型的浏览器，在后台配置方面拥有极高的灵活性，如自定义安全级别，限定信息的留存时间或屏蔽某些信息等。因此，在考察信息受众的设备使用方面通常需要将两类终端结合起来分析。如图2-9所示，对用户的手机使用时间与电脑使用时间进行了对应关系分析，共包含四个典型群组：（1）轻度用户，手机上网时间在1—3小时，且电脑上网时间多集中在1—3小时或3—5小时；（2）均衡用户，手机上网时间在5—8小时，且电脑上网时间多集中在5—8小时，两类设备的使用相对均衡；（3）电脑偏好用户，电脑上网时间超过8小时，而手机上网时间小于1小时，此类特征较符合众多IT业界人员的上网模式；（4）手机依赖型用户，手机上网时间超过8小时，在日常生活中有较强的手机依赖性，从社交、娱乐活动到日常工作均需要使用手机，且多使用移动网络流量。

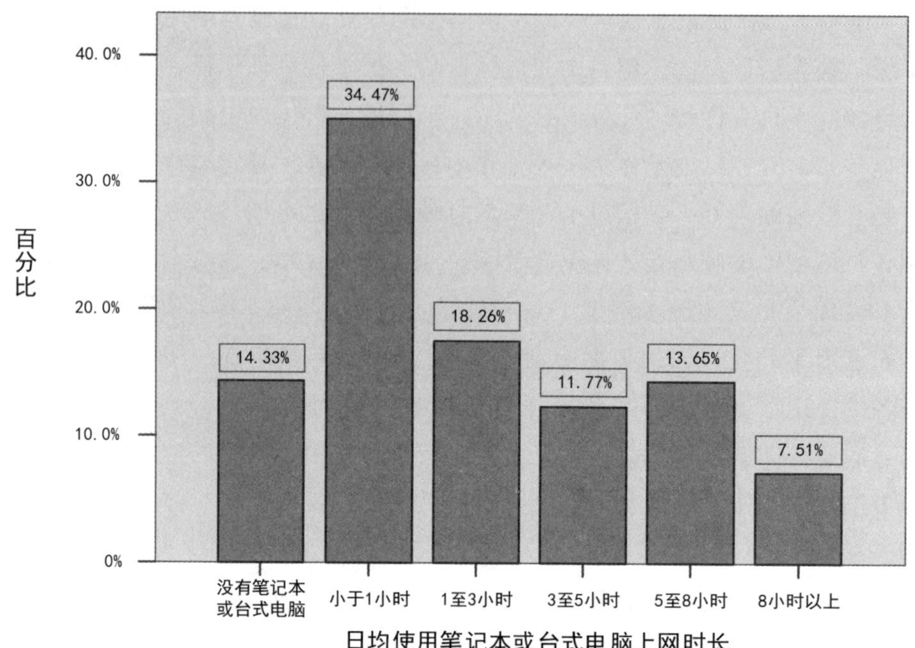

图2–7 消费者笔记本或台式电脑上网时间分布

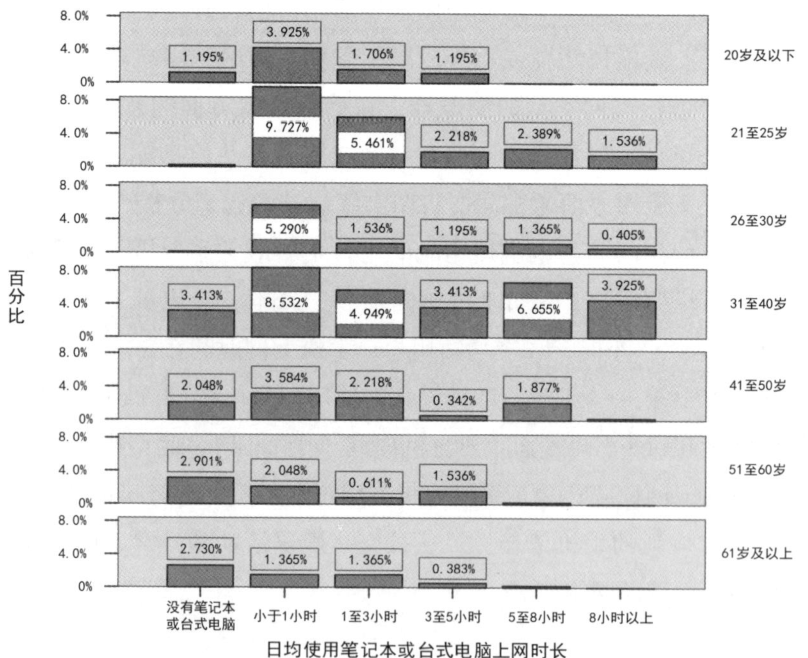

图2–8 基于年龄段组别的消费者使用笔记本或台式电脑上网时间分布

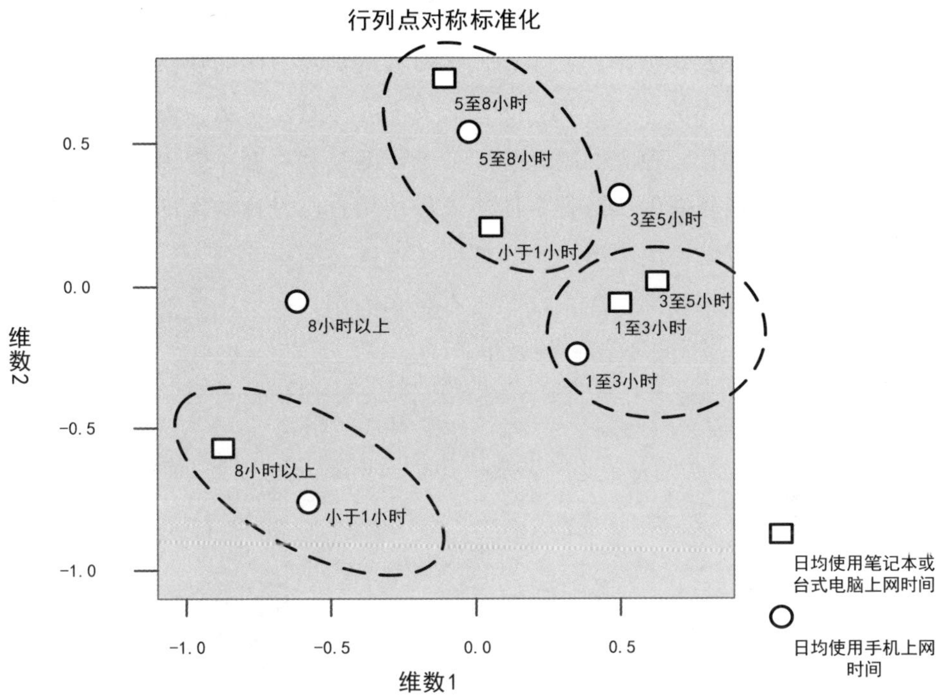

图2-9　手机与电脑使用时间对应关系图

从用户上网浏览信息的时间段分布看，一半以上用户（52.73%）集中在晚间时段，这些用户上网以休闲、娱乐、社交为主，信息关注的范围相对分散。此外，上午时段排位第二，占比13.31%，主要原因是每日的新闻等信息多集中于此时间段刷新，许多受众都倾向于第一时间获取这类消息，这一特征在许多平台型App的使用中较为明显，例如新闻平台、社媒平台、购物平台（购物促销信息的刷新）等。其余各时间段的比例分布参见图2-10。需要指出，本调查涉及的用户上网浏览信息时间主要指非工作属性的休闲目的，当代群体大部分在日常工作中同样需要使用网络及各类信息，一些人员的工作本身有可能同浏览信息结合在一起，因此很难区分清楚。但不论基于何种目的，接入互联网获取信息已成为诸多用户的日常化行为，日均上网时间不断增加，且上网时间逐渐趋于分散化，因此有人形容当代人无时无刻都需要互联网，缺少了网络，生活便会受阻。

由于网络技术的不断更新，以及信息采集的便利化与规模化，对用户上网的微观行为统计还使用诸多的方法与指标。例如，有些App能够全面采集用户接入网络以及在页面切换之前的数据，可以清晰地了解用户对于不同信息页面的关注程度及切换率，乃至不同App或浏览器之间的切换率。一些网络应用调查机构常用的用户上网行为统计指标如表2-2所示，包括页面浏览量、独立访问者信息、独立网络地址、一般访问量和页面（应用）滞留时间等。在具体的专项研究中，调查主体还可以使用自己设计的指标进行信息采样。如有的App使用关注了用户的周特征，发现一周中除周六、周日外，周一与周五的使用频率较高，周末这两天有更多的用户愿意刷新信息，因此在此时进行定制化推送能够取得较好效果。

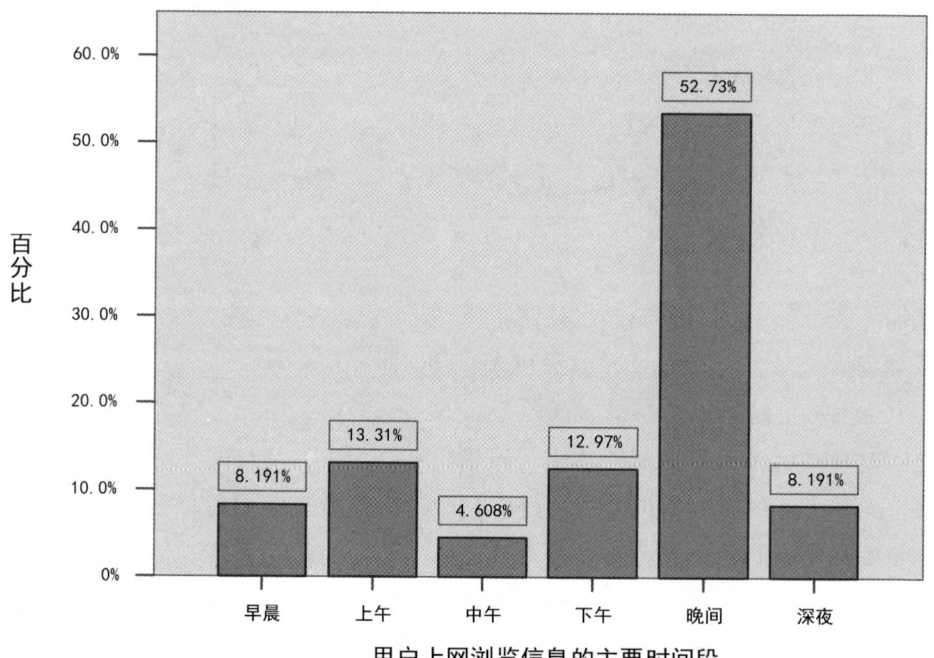

图2-10　用户上网时间段分布

表2-2　用户上网行为统计指标

编号	英文名称	中文名称	描述
1	PV（Page View）	页面浏览量	单一页面的浏览量与点击量
2	UV（Unique Visitor）	独立访问者	访问网站的独立客户端
3	U-IP（Unique IP address）	独立网络地址	访问端使用的接入地址
4	V（Visit）	一般访问量	单次页面查看数量
5	ATP（Average Time on Page）	滞留时间	用户在网站或网页的停留时间

当代用户上网行为偏好

（1）移动端上网成为主流。从网络IP统计指标来看，安卓系统用户所占比例最高，超过50%（国内外不同平台的统计略有差别），苹果的iOS系统用户所占比例位列其后。与之相比，传统的桌面系统Windows和Mac OS的市场占比则逐年下降。主要原因是，用户碎片化的信息活动更多需要依靠移动网络，加之智能手机技术革新加速，运算能力能够满足人们日常社交及部分办公需要，从而降低了对桌面设备的依赖。

（2）终端软件系统革新加速。谷歌的安卓系统与苹果的iOS系统根据技术应用趋势及需求标准提升，均保持着每年多版本的更新速度，其中既包括版本代际升级，也包括各类补丁程序的发布。从用户使用情况看，保持及时、高频更新的用户比例稳步提升，这些用户期望在第一时间尝试新的上网体验。同时，绝大多数用户会在新版本发布的1—3个月内进行升级，保证系统与各类App的适配。

（3）浏览器市场出现了格局分化。从全球市场来看，谷歌的Chrome浏览器占据50%以上的市场，包括桌面端与移动端，其平台化的应用管理、运行的稳定性以及应用商店的便利性是众多用户选用的主要原因。此外，微软的IE与Edge系列浏览器以及苹果的Safari浏览器仍然拥有部分忠实用户。从国内市场来看，基于本土化环境开发的浏览器越来越得到国内用户的认可，QQ浏览器与UC浏览器在移动端的使用规模逐渐扩大，相关设计与技术也随着应用量的提升而改善。

（4）百度占据搜索引擎榜首。在国内市场，百度由于其技术特点以及先入为主的优势，一直占据搜索引擎的绝大部分市场（2020年该指标达到82.9%）。360搜索、搜狗与Bing等引擎的占比均在10%以下。从网络调查来看，在桌面端有近75%的用户将百度设置为默认搜索工具或浏览器的进入页面。在移动端搜索引擎市场，百度的占比在近些年有小幅下滑，神马、搜狗和好搜等竞争趋于激烈。一些网站数据显示，用户在移动端使用搜索引擎的随机性要高于桌面端。

（资料来源：相关数据根据51LA、搜狐等资讯整理。）

◆ 内容消费受众的偏好特征

内容受众偏好是指用户在上网时对于浏览信息所做出的理性的、具有倾向性的选择，是用户基于认知、心理感受及理性的经济学权衡的综合结果。偏好是现代微观经济学价值理论及消费者行为理论中的一个基本概念，多具有主观性、差异性及易受群体影响等特征。偏好主要表现为具有倾向性的消费选择次序关系，即在众多的领域或主题中，用户会利用有限的时间优先浏览或关注哪些信息。这种关注的次序特征对于内容的提供方有重要的影响，涉及如何选择信息主题、如何发布消息并通过何种方式捕获目标受众。

本调查研究显示，我国用户对于网络信息的关注度排序如图2-11所示，其中各选项存在复选关系。从图示关注度可以看出，时政新闻与社会话题处于第一梯队，其关注度达到了300以上，具有极高的普遍性，绝大部分受众都会关注或查看此类主题的信息。时政新闻与社会话题之所以受到受众的青睐，主要原因是此类信息的阅读门槛较低，单篇的阅读信息量较少，无须过多的背景知识，有些内容仅阅读标题即可，且与广大受众的日常生活密切相关。由于此领域受众市场基数庞大，因此各类信息平台与入口的竞争非常激烈，大型平台往往能够获得显著的受众捕获优势。国际问题、财经新闻、娱乐与美食属于第二梯队，关注度水平在200以上，其中娱乐主题相较其他主题尤为突出。在此类主题中，除了娱乐主题，其他主题均有一定的专业化特征，需要有一定的知识基础或兴趣偏好，其受众群体逐渐呈现出一定的分化特点。第三梯队为关注度在100以上的主题，包括体育、时尚、旅游、健康养生、科技与八卦。这些主题具有细分化特征，即在每一个主题下都包含众多的专项领域，例如旅游可分为随团游、自驾游、美食游、文化游、深度游等不同的类型。第四梯队为关注度在100以下的主题，包括军事与其他类型。军事是相对小众化的主题领域，受众一般要有极强的兴趣与一定的知识积累，受众的信息卷入程度相对较高。而其他类型则覆盖了列表中未包含的主题内容。

从各类主题信息的受众关联来看，绝大部分用户都会同时关注多个主题，关联网状关系，如图2-12所示。以样本数据的频率特性进行统计，可分为五种情况。（1）情况A：以全频方式进行统计，14个主题相互之间均存在明显的关联特性，仅在相互间的关联强弱方面存在微小的差别，这一特征可以从连线粗细中看出。在对全部受众样本进行考察时通常会出现这种情况，而如果对样本进行群体划分，则会呈现不同的关联特征。（2）情况B：以较低频方式进行统计，绝大部分主题之间仍然存在较明显的关联，一个主题消失，少数主题之间显示出无关性，如军事—八卦、军事—健康养生、军事—体育、八卦—健康养生、八卦—体育等。（3）情况C：以中频方式进行统计，各类主题之间的联系较为松散，少数主题消失。如果应用此种统计方式对分类受众群体进行考察，则会呈现明显的主题关联。（4）情况D：以较高频方式进行统计，大部分主题词消失，仅剩时政新闻、国际问题、社会话题、娱乐、美食、财经新闻，相互之间的关联非常清晰。（5）情况E：以高频方式进行统计，仅保留了最强的关联关系，此类统计方式主要用于全样本范围。

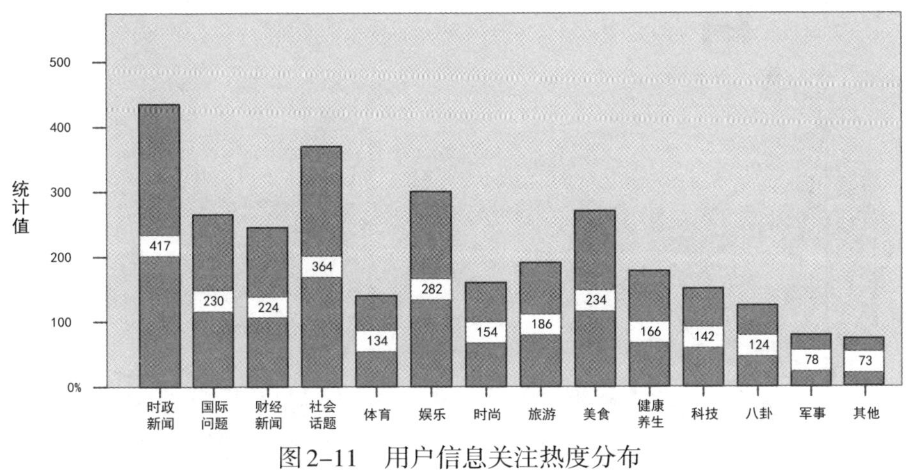

图2-11 用户信息关注热度分布

对于单个用户来说，同时关注的主题数量是一个重要统计信息，能够在一定程度上反映出其信息获取的承受水平以及闲暇时间的多少，一组分类统计数据如表2-3所示。对于全部样本，绝大部分用户同时关注的主题词主要分布在3—6个，统计占比在10%以上。关注数量超过10个的比例非常低，占比大多小于1%。在性别分组方面，男性受众的主题词关注量整体分布较为分散，而女性受众的分布多集中在10个以下。在年龄段分组方面，40岁以下群体与40岁以上群体呈现明显的分化，40岁以下群体的关注点较为分散，40岁以上群体在10个及以上主题词方面的占比极低。在学历分组方面，本科与硕士群体的关注点较为分散，而本科以下与博士群体关注点相对集中于10个以下。在区域特征分组方面，一线城市与中小城市及乡镇群体的分布特征较为近似，而二线城市群体的关注分布主要在10及以下。

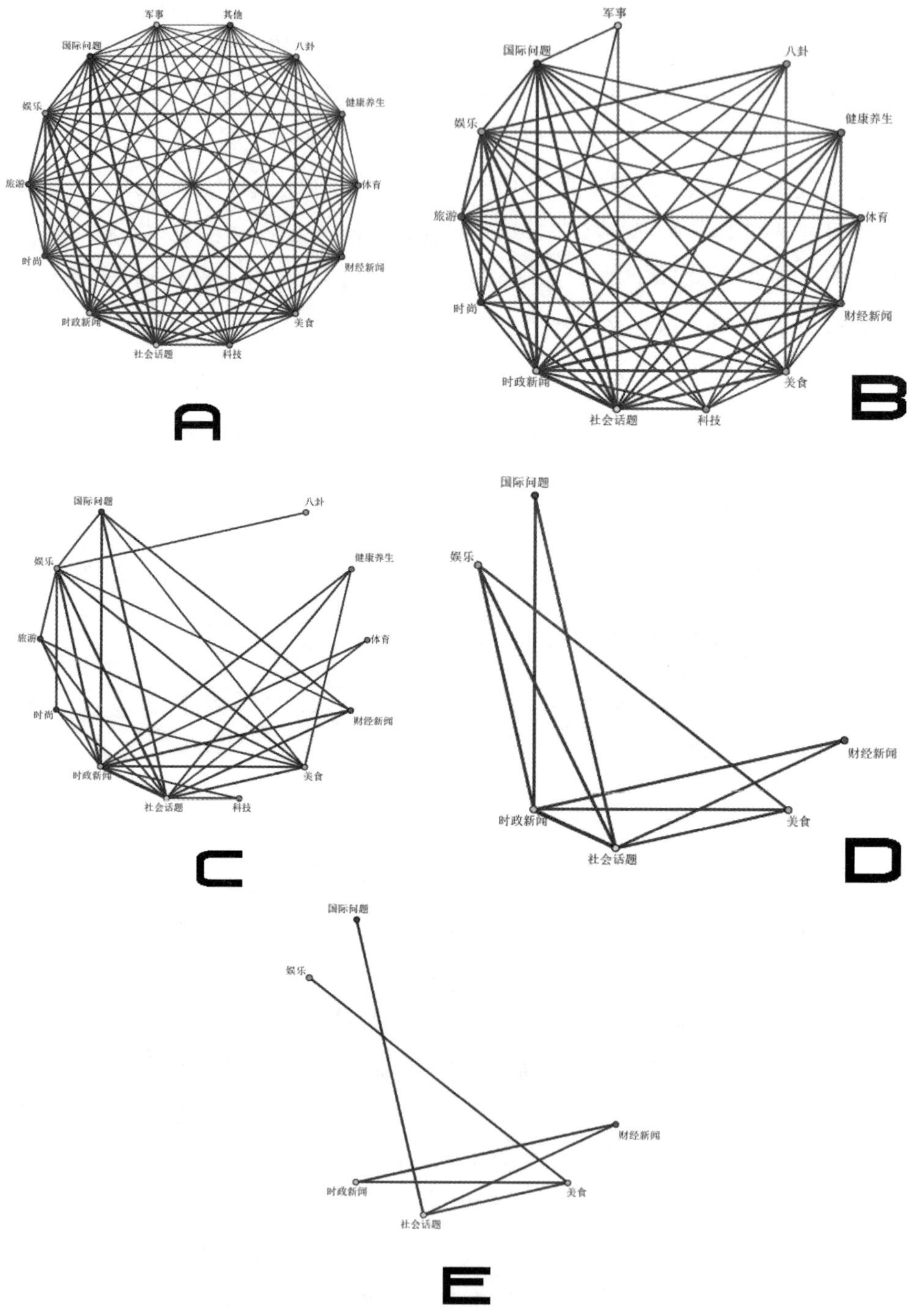

图2-12 用户关注信息的关联体系

对于某类主题的受众分布，可以通过对群体用户进行侧写分析，从而获得详细的内群偏好特征。例如，对于大众化主题时政新闻，基于全样本进行分类树分析，相应结果如图2–13所示。从图示可以看出，共分为三个分类层次，涉及的变量分别是性别、就职领域、学历及年龄段。在性别组方面，男性受众（83.8%）的选择偏好强于女性受众（62.5%）。在女性受众中，就职于国有企业、政府机关与事业单位的群体具有相对较强的选择偏好（73%）。在男性受众中，就职于政府机关、事业单位、民营企业及在校学生群体有相对较强的选择偏好（86.4%），其中部分年龄段的选择偏好更为明显，详细数据信息参见图中所示。

表2–3　用户关注主题词数量分类统计

分类方式		关注主题词数量占比（%）													
主题词数量（个）		1	2	3	4	5	6	7	8	9	10	11	12	13	14
全部样本		9.3	8.8	15.1	17.0	15.6	13.1	7.8	3.2	4.6	2.4	1.0	1.0	0.5	0.5
性别	男	11.3	9.2	17.1	17.5	13.3	10.0	7.5	2.9	4.2	2.5	1.7	1.7	0.4	0.8
	女	8.0	8.6	13.8	16.6	17.2	15.2	8.0	3.4	4.9	2.3	0.6	0.6	0.6	0.3
年龄段	20岁及以下	4.2	4.2	14.6	20.8	18.8	16.7	2.1	8.3	4.2	0.0	0.0	4.2	0.0	2.1
	21—25岁	3.7	10.4	12.7	20.9	17.9	11.2	9.0	3.0	6.7	1.5	1.5	0.7	0.7	0.0
	26—30岁	9.0	4.5	14.9	14.9	17.9	17.9	4.5	3.0	4.5	6.0	1.5	1.5	0.0	0.0
	31—40岁	8.8	8.8	18.2	12.2	15.5	13.8	11.0	2.2	3.9	2.8	1.1	0.6	1.1	0.0
	41—50岁	16.4	11.9	11.9	13.4	14.9	14.9	4.5	4.5	4.5	1.5	0.0	0.0	0.0	1.5
	51—60岁	13.5	11.5	11.5	25.0	7.7	9.6	9.6	0.0	3.8	1.9	1.9	1.9	0.0	1.9
	60岁以上（不含）	20.0	7.5	20.0	20.0	12.5	5.0	5.0	5.0	2.5	2.5	0.0	0.0	0.0	0.0
学历	本科以下	21.7	7.8	17.1	20.2	10.9	9.3	4.7	3.9	2.3	2.3	0.0	0.0	0.0	0.0
	本科	5.8	9.9	12.6	14.7	18.4	14.3	8.2	3.8	5.8	2.4	1.0	1.7	0.3	1.0
	硕士	5.4	7.8	17.8	18.6	15.5	13.2	9.3	0.8	5.4	3.1	2.3	0.0	0.8	0.0
	博士	7.9	7.9	18.4	18.4	10.5	15.8	10.5	5.3	0.0	0.0	0.0	2.6	2.6	0.0
区域特征	一线城市	9.1	9.6	16.5	15.7	14.8	12.4	8.5	2.7	4.9	2.5	1.1	1.1	0.5	0.5
	二线城市	7.9	7.9	13.2	22.4	21.1	13.2	3.9	5.3	1.3	3.9	0.0	0.0	0.0	0.0
	中小城市及乡镇	10.7	7.4	12.8	17.4	14.8	14.8	8.1	3.4	5.4	1.3	1.3	1.3	0.7	0.7

（注：占比数据四舍五入后存在微小偏差。）

又例如，对美食主题词进行全样本的分类树分析，相应结果如图2–14所示。从图示可以看出，男女性别组分类层次不一致，女性受众细分为三层，而男性受众细分为两层。在性别组差异方面，女性受众（48.7%）的选择偏好明显高于男性受众（27.5%）。在女性受众中，具有本科学历的群体偏好较高（54.2%），而在其他学历群体中，26至40岁、51至60岁的分组具有相对较强的选择偏好。对于男性受众，仅就职领域对其有分组影响，事业单位、外资企业与在校学生对美食主题的关注度相对较高。

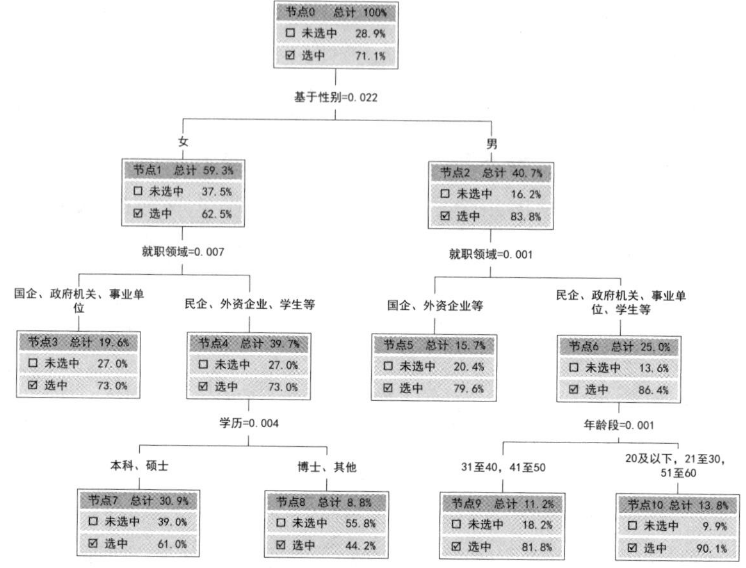

图2-13 时政新闻用户分类树结构

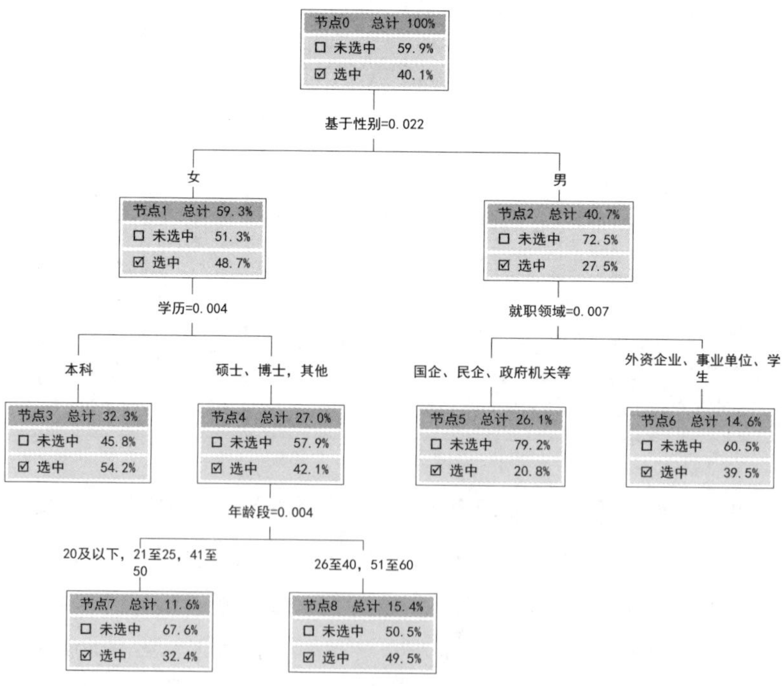

图2-14 美食信息用户分类树结构

2.3 内容消费受众分类

当代内容消费受众群体十分庞大且复杂，通常需要进行分类研究才能够得出更为有效的结论。消费群体可按多种角度与方式分类，如何划分应结合具体研究所需，常见分类方式可以基于受众的人口特征、行为特征与定位特征，一组分类示意如表2–4所示。这些分类方式在应用中通常可以相互交叉或组合，对某一类型群体进行精准的定位。在我国现有的内容受众群体中，有几个较为典型的类群，诸如年轻受众群体、女性受众群体、农村受众群体，在以下部分分别进行讨论。

表2–4　消费受众分类方式

编号	分组特征	分组方式	表述示例
1	人口特征	家庭结构	“小太阳” 自由者 中年三口 人家庭
		年龄结构	“90后”、“00”后 Z世代 生育高峰一代 空巢者
2	行为特征	使用者价值特征	忠实客户 易变客户 “旁观者” 无兴趣客户
		使用率特征	高频访问者 中频访问者 低频访问者
3	定位特征	情感定位	事业型 时尚型 稳健型 安逸型
		性格定位	关系融洽型 事务支配型 保守防御型 精力充沛型

（资料来源：根据网络搜索整理。）

◆ 年轻受众群体

年轻受众群体是内容消费的主力军，他们通常能够掌握较新的上网技术，具有前卫的消费与时尚观念，同时有很强的个性化表现欲望，并且在思想方面拥有充分的自我空间。“90后”是我国典型的年轻群体代名词，最早出现在社会各个领域的研究中，随后又出现了相关的亚群体“95后”及网络新生代“00后”。

“90后”受众:（1）较早开始接触各类信息产品。大部分“90后”在初中或高中时期开始接触并使用手机、电脑等电子设备，较早拥有对互联网的体验，许多人有自己的QQ号、电子邮箱、微博账号等，并将其应用于学习与个人社交活动。“90后”的成长伴随着网络技术的快速发展，见证了诸多信息消费模式的更新，一些“90后”已经进入工作领域成为专业工作人员或技术的创造者。“90后”对于各类网络游戏、网络视频、微信圈、移动支付等内容非常熟悉。（2）对于网络生存有较强的依赖。“90后”群体中有较高的比例依赖网络生存模式，他们大多善于在网络上获取所需信息，在网络上进行娱乐活动，并且依靠网络实现部分生活功能，如高频率的网络购物。网络与相关配套的便捷，使得“90后”可以在家中“坐享其成”，一些人可以“宅”家数周甚至更长时间，而并不影响其生活的质量。一些研究估算，此类“懒”生活模式在“90后”群体中的占比可能达到40%—50%。（3）敢于且善于接受新鲜事物。“90后”普遍具有较强的好奇心与求知欲望，善于了解并接触新鲜事物，一些新开发的App或商业模式总是最早被“90后”群体使用。当然，一些存在缺陷或缺乏实质内容的东西也很容易被“90后”抛弃。可以认为，“90后”在对各类信息的处理速度与处理能力方面具有明显优势。（4）乐于分享个人的信息。有相当比例的“90后”有较强的表现欲，并愿意把个人（或个人创造）的信息分享给他人，甚至是陌生人。他们通常愿意晒个人的照片、晒宠物、晒旅游、进行网络直播，从而获得在网络中的存在感。同时，“90后”愿意获得各种网络反馈，如点赞、评价，以及进行友善的PK。（5）个性化特征明显。“90后”在生活与工作的诸多领域追求鲜明的个性化特征，他们在信息搜寻中的关键词通常包含“个性化”“差异”“自我”“独立”“新品”“定制化”“个性签名”“拒绝模仿”等。许多“90后”排斥从众行为，他们通常拥有较强的自主意识，能够坚持自己的判断标准。（6）期望拥有自己的话语权。大部分“90后”（是独生子女）从小拥有较好的成长环境，拥有表达自己观点的机会，在其成长过程中一直如此。因此，不论在实际生活中还是虚拟环境中，他们总是愿意发表自己的看法，并且希望个人意见能够传播得更广泛。

“90后”的消费特征

（1）超前消费成为主流。“90后”偏好超前消费，储蓄偏好较低。有数据显示，约74%的“90后”根本没有存款，很多“90后”的存款甚至是负数。数据还表明“90后”用户选择分期消费的比例高达70.3%，分期最多选择是12期。分期消费主要集中在花呗、京东白条等借贷平台，这些平台将自己的主要目标人群定位在大学生以及收入水平有限的“90后”一代，甚至面向这一固定人群推出了更多借贷的专属福利，以及给他们提升更高的信用额度。在这样的特殊待遇下，“90后”群体的消费欲望越来越膨胀，消费水平也跟着水涨船高。

（2）拥有明显的个性化消费理念。“90后”比父辈们更注重个性的表现，主要体现在服装、饰品、鞋帽，以及各种社交娱乐方面。“90后”在消费方面总体上呈现开放化的特征，他们对新奇商品充满好奇心，并且敢于率先尝试，有极高的“新品”接受度。“90后”的个性化、多元化特征还体现在对于民族品牌、国潮以及新创品牌的认可方面，他们的追求并非单一方向，泛化及差别化也已成为个性的重要表现。

（3）便捷消费受到追捧。“90后”带动了“懒人经济”的发展，随着工作、生活节奏加快，他们倾向在诸多领域选择简单、便捷的消费模式，餐饮、购物等活动对于网络及快递的依赖度显著提升。网络调查数据显示，2018年中国人为“偷懒”花了160亿元，较上一年增长了70%，其中年轻群体的“懒需求”增长最快，增幅超过80%。许多“90后”为了获得“懒”体验，降低了对于价格的敏感度，他们愿意为这种体验支付更多的费用。

（资料来源：www.1data.info。）

“00后”受众：同“90后”受众相比，“00后”被称为互联网的原住民，具有极高的互联网“情商”，使用智能手机是其自带属性，对于互联网的理解与感知更胜“90后”群体。在家庭环境方面，“00后”大多生长于“4+2+1”的家庭模式下，除了受到家庭关怀，还能够获得极好的家庭教育，且父母辈的平均文化水平相对较高。对于“00后”来说，并没有线上与线下或虚拟与现实之分，网络已经同其生活融合在一起。许多“00后”会同时拥有2—3个网络连接设备（如智能手机、智能手表、平板电脑、笔记本电脑、游戏主机、电子阅读器等），日均累计上网时间大多在10小时以上。“00后”的网络行为以泛生活化与泛娱乐化为主，生活、社交与娱乐很难严格切分开来，且在网络应用中占据较高的比重。一个关于“00后”的网络信息定位如图2–15所示，图中显示了多类信息基于应用基数与增长率的定位。“00后”关注的主题词独具特色，包括“潮萌”“佛系”“魔性”“脑洞”“二次元”“嘻哈”等。“00后”的网络用语越发异化，比如“火星文”的流行。“火星文”起源于中国台湾地区，由符号、繁体字、日文、韩文、冷僻字或汉字拆分后的部分等非正规化文字符号组合而成，最初是上网族为了打字方便，很像乱码或打错的字，用法也不同于汉字那么规范，不熟悉的人很难从字面上了解其含义。“火星文”很早就作为一种游戏用语在泡泡堂流行，接着又通过QQ资料及聊天渠道快速传播，成为许多“00后”年轻人的共用语言。同时，“00后”的互联网参与度最高，他们不仅是网络的浏览者，也是网络内容的生产者与发布方，自制内容通常涉及短视频、录音、漫画、直播等，并喜欢以自己的关系（圈子）渠道在网络上传播。

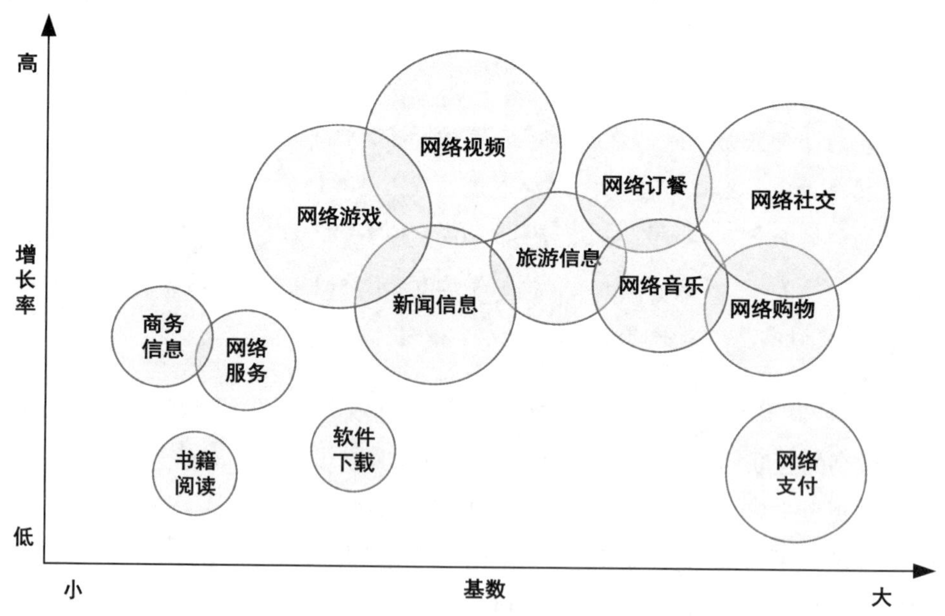

图2–15 “00后”网络信息应用定位

一些对于“00后”的描述

相对于“80后”“90后”，“00后”更愿为兴趣付费。在如今的娱乐行业，“00后”已经逐渐成为粉丝经济的中坚力量，可支配的零花钱也比以前的“90后”更充裕。他们喜欢向朋友分享自己的兴趣爱好，更敢于在公共场合直白地表达自己的观点。

“00后”生来便拥有电脑、智能手机，电子化的设备随他们成长，这种知识渠道的广阔是划时代的。在这种环境下，社交成为他们的强项，在不同的社交平台上，他们倾向于用不同的人格表达自己。在更加平等的家庭关系中，“00后”拥有更平等的话语权，能够在长辈面前表达自己真实的想法。“00后”更喜欢懂他们的人，他们对各种使用网红和KOL的营销手段其实非常理性。

KOL对于“00后”的影响力逐渐降低，内容是激发他们的工具，更是展示自身所长的方式。从品牌的数据来看，自产的、有独到见解、有参与互动的内容和活动，更受“00后”的欢迎。他们会了解品牌和偶像背后的理念和故事，喜欢深刻见解并通过创造来定义自我，愿意为兴趣投入时间和金钱，不只是要跟别人不一样。

（资料来源：根据网络搜索整理。）

◆ 女性受众群体

基于性别划分群体是一个传统的方法，女性群体一直是消费领域的重要力量，从传统零售时期开始，只要能够有效捕获女性消费群体，商业活动大多能够成功，那么这一特征在网络时代是否依然有效呢？这个问题值得深入思考。目前来看，许多网络内容供应商都把女性群体作为重要的研究对象，并且尝试通过各种方式锁定女性消费者，足见对该群体的重视程度。

我国女性受众群体的转变：（1）女性平均学历层次快速提升。随着基础教育以及中高等教育资源的持续投入，我国女性群体受教育的总量与比例稳步提升，且获得高等教育的群体规模不断扩大。据网络调查数据显示，2019年一、二线城市女性获得本科及以上学历人数比例为49.6%，已经同男性群体几乎一致，这一比例在2016年为46.6%。从横向层面看，不同年龄段女性群体获得高等教育的比例数分别为：25岁以下为51.2%，26—35岁为46.8%，

36—45岁为40.1%，46岁以上为37.1%。教育水平的接近使得女性群体整体的文化程度与思考水平同男性群体相差无几，甚至在诸多领域能够取得超越男性的成绩，这对于其信息需求与信息获取均会产生影响。（2）女性收入水平呈现明显的增长。受益于教育水平的提升，女性群体平均收入水平也在同步增长。据网络调查数据显示，自2015年至2019年，我国大中城市男性平均工资收入增加了29.3%，而同期女性群体平均工资收入增加了37.1%，在收入涨幅方面具有一定优势。此外，女性在资产性收益方面也较前些年有所改善。抽样统计数据显示，女性群体在35岁以下，其资产性收益较男性相差25%—30%，而在35岁以上这一差距缩小至20%以内。女性收入能力的提升意味着其在社会上的独立性更强，许多女性更加注重个体价值的实现，摆脱了世俗化的意识。例如在大中城市中，单身女性数量逐年增加，她们大多拥有自己的生活圈与工作圈，经济方面不受约束，拥有较多的自主时间。（3）女性的生活关注点趋于分散。相比于十多年前女性群体的信息关注点，当代女性的关注点更加多元化。根据网络调查，十多年前女性群体主要聚焦于化妆品、养生、美甲、电视剧、真人秀等主题，而现今女性群体的关注点更具社会化与时代性，她们对于经济与社会主题具有同样的兴趣。一个基于网页搜索的女性词云图如图2-16所示，从中可以看出女性对于自身社会地位、就业领域、独立特征、时尚倾向等均有所涉及。

图2-16　女性网络信息词云图

女性对于网络信息的需求较为分散，对于美容、养生、保健、健身、减肥、家居、饮食、烹饪、明星八卦、衣服搭配、打折信息、情感等无所不包，在网络社群中也逐渐形成了“吃货圈”“驴友圈”“美容圈”“发型圈”“电影圈”“健身圈”“烘焙圈”“亲子圈”等亚群体。可以看出，当代女性受众群体的分散化、群落化特征越发明显，女性受众价值有待深入开发与挖掘。作为内容的供给方，对于女性受众应保持高度的敏感，能够以女性视角理解其分散化需求之间的关联。例如，一个女性网络信息搜索关联如图2–17所示，该关联显示了大部分女性受众的优选信息特征，以一般女性主题为生长点，逐渐延伸至美容、瘦身、时尚、服装等分支。

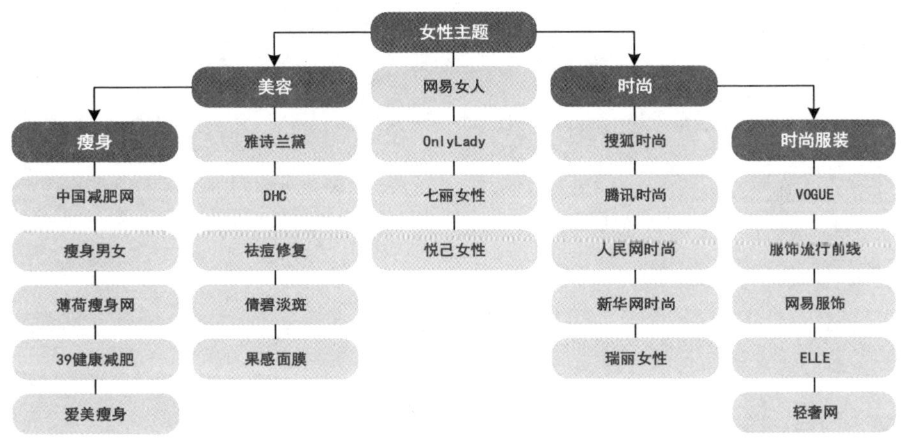

图2–17　女性网络信息搜索关联

北京女性受众“第二生存空间”特征

根据《中国妇女报》报道，北京市女性网民中经常上网的比重随年龄变化呈现U形态势。20岁以下的年轻女性和51岁以上的中老年女性经常上网的比重分别为89.5%和73.1%，上网时间与年龄阶段差异及拥有闲暇时间状况存在明显关联。女性上网目的首先聚焦在查找信息、学习知识、浏览新闻三项，三项的比例占50%左右。其次是网络购物、网络聊天、网络游戏、网上看小说电影等娱乐项目，占比在20%左右。

娱乐类、科技类和社会类新闻是最受女性受众追捧的内容。娱乐类新闻的关注度最高，占比为51.7%；科技类新闻的关注度其次，占比为42.7%；社会类新闻占比为35.6%；财经类新闻的关注度最低，仅占6.6%。女性受众对科技类信息的偏好主要受到北京作为科技创新中心的影响，以及女性群体平均学历与就业水平的提升。

女性对时政新闻的关注度逐渐提升，主要关键词涉及供给侧改革（占43.8%）、G20杭州峰会（占41.3%）、雄安新区建设（占65.4%）、京津冀一体化发展（占51%）、北京副中心建设（占43.9%）、首部反家暴法施行（占57.2%）、平等就业（占43.2%）、缓解如厕难（占42.5%）、产假政策调整（占37.8%）等内容。

女性的生活诉求集中在与个人切身利益紧密相关的领域。在最受关注的民生问题上，教育公平、就业发展、收入分配和医疗卫生这四类问题的选择率均超过10%。从汇总数据看，医疗卫生、教育公平、住房、社会保障、收入分配等与个人息息相关的问题关注度都在30%以上。另外，对于生活难题的调查数据显示，排名前三位的分别为自身及家人健康问题、住房问题和子女教育问题，比例分别为51.2%、45.2%和37.6%，该结果印证了健康、教育、住房是女性利益诉求的三个重要方面。

（资料来源：《中国妇女报》上关于女性网络生态观察与价值引领探索，基于北京市的最新调查数据。）

◆ 农村受众群体

新时代内容消费正在农村受众群体中扩散，该领域是一个长期被忽视的市场，其价值正随着农村经济的发展逐渐显现出来。在信息消费领域，随着我国各类农村发展政策的推动、多类基础设施的完善、家电下乡工程的实现，以及网络建设资源向农村的扩展，农村居民的信息市场逐渐成为新时期的蓝海，有待持续关注与开发。

农村受众近些年的相关特征：（1）农村居民收入稳步增长，逐渐具备了向更高消费等级迈进的基础。在政策指引以及农村投入的带动效应下，近些年农村居民的收入不断增加，许多地区的农村收入实现了“五连升”，消费的潜力初步显现。农村居民收入的增长主要由两个部分组成：一是农业下游渠道的丰富有效促进了农业产品的销售，使务农人员能够获得相对稳定、持续的收入；二是农村外出务工的规模化与多样化，极大地扩充了农业外收入来源，且其增长速度要高于务农收入，相关统计数据显示其增长率高于农业增长率3%—4%。收入增长成为消费升级的前提，农村居民在满足基本消费需求的同时也在向发展型消费转化，虽然其高等级消费涉及的品牌、质量、规模方面同城市居民尚存在差距，但是在消费的比例结构方面已经逐渐趋近。（2）农村信息消费的基础设施不断完善。信息消费需要庞大的设施与网络支持，基础建设先行是信息消费的必要保障。近些年，我国许多农村地区已经完成了基本的“村村通”工程，电话网与有线电视网达到了较好的覆盖，而网络覆盖也在持续地推进，一些通信公司还针对农村用户推出了多种优惠的资费标准。同时，许多农村地区采用政企合作模式建设了“三农”信息服务平台，涉及农产品生产、加工、经销以及农业科研、行业协会、农业合作组织等内容，能够为农户提供较为全面的信息服务。（3）农村地区逐渐成为信息服务拓展的新竞争领域。近些年随着智能移动设备成本的下降与农村手机保有量的增加，许多电信运营商、终端制造商以及电商平台都注意到了开拓农村市场的重要性。许多农村用户在网络活动中不仅扮演消费者角色，还会加入销售者行列，在“淘宝村”模式的带动下，许多农村居民成为网络上商品与信息的供给方。

伴随电商的流量下沉，内容消费领域的流量下沉必将成为今后的关键词。电商流量下沉培养了低线城市及农村地区的网络使用习惯，并借助示范效应在更为广泛的农村群体中扩散。从网络用户的增长率可以看出，目前一、二线城市的增长空间已经非常有限，而低线城市及农村地区还存在可观的市场空间。例如，农村地区用户的上网普及率不及45%，但使用手机上网则一直保持年均10%—20%的增长幅度。在关注流量下沉趋势时，应注意到农村青年群体与中老年群体的异化发展。其原因是，许多农村青年目前的居住与生活环境已非传统农村地区，该群体有较强的流动性，加之许多人进入各级城

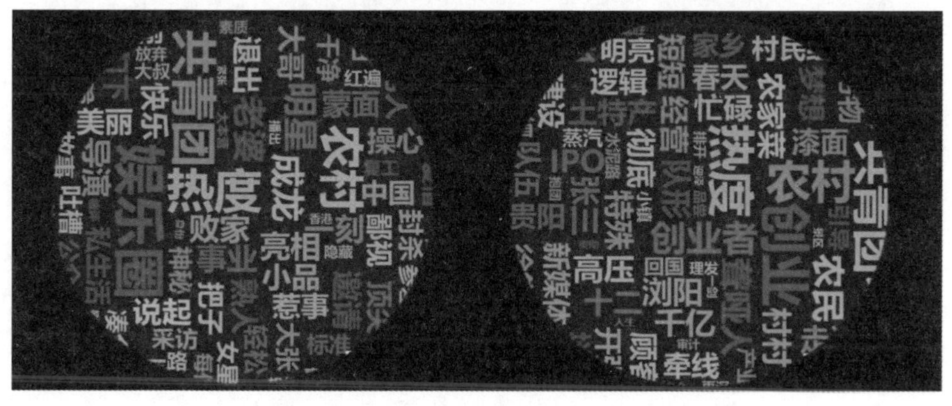

图2-18　农村青年群体网络信息词云图

市打工，在信息获取与关注方面已经逐渐形成了自己的特点，其关注的热点词如图2–18所示，涉及创业、娱乐、八卦、社会问题等多个领域，其信息覆盖面远超传统务农群体，尤其是农村的中老年人。因此，流量下沉过程中应该有效区别不同的亚群体，从而获得准确的受众定位。

关注我国农村受众群体

随着一、二线城市获取用户的成本越来越高，广大农村市场逐渐成为商户关注的新领域，成为以低成本获得大量用户的潜力市场，这种下沉开发需要精准把握农村受众的特点。

农村受众的受教育水平与网络技术水平虽然普遍较低，但这种差异存在代际特点。传统务农的中老年群体对于网络的接受度较低，但有过进城务工经历的年轻群体有相当比例熟悉网络生活。他们从事的诸多工作也与网络有关，如快递、物流、餐饮等服务行业，对于手机终端操作非常熟悉，闲暇时间的上网占比并不低于城市居民。同时，农村年轻群体还会形成属于自己的网络圈子，他们分享自己的工作与生活经历，有自己关注的“网红”与品牌，使用自己的沟通方式。

商户在同农村受众进行信息沟通时，应清晰了解其偏好。传统传播手段对于大部分年纪较大的农村居民仍然有明显的效果，如各种电视及平面广告，其形式越简单越能捕获受众的眼球，并取得理想的传播效果。但是，对于年轻一代的农村受众，传统传播模式的效果则会大打折扣，需要以更为贴近该群体的语言与形式向其传递信息。相关模式可以借鉴低线城市受众的传播策略。

在用户激励方面，农村受众由于收入所限，价格始终是最为敏感、有效的信号。以拼多多为代表的许多下沉电商，能够快速打入农村市场主要就在于其价格优势。同时，在营销策略方面，可以充分利用农村受众的从众行为以及基于亲缘的社群特点，以简洁的形式提升相关业务在农村受众的渗透率。

第三章
内容生产

3.1 内容生产分类

内容生产是内容消费的上游环节，内容生产的品质优劣直接影响着内容消费市场的发展，高质量内容总是得到受众认可并受到追捧的对象。内容生产的模式与流程有很多种，可以有原创内容，也可以有改编内容，并且当下有些内容生产可以结合AI技术，无须人工的介入。无论何种形式的内容生产，只要其内容拥有足够的受众群体便可以获得流量与盈利。本部分主要以内容生产主体进行分类，讨论三种经典的内容生产模式，即PGC模式、UGC模式以及兼具两者特征的PUGC模式。

◆ PGC模式

PGC（Professionally Generated Content）的含义是专业生产内容，也称为PPC（Professionally Produced Content），是一种在互联网环境下较为传统的内容生产模式。PGC模式下，内容生产方或提供方大多具有专业的背景与素质，能够系统化、持续化地生产高品质内容，具有极高的供给稳定性。PGC模式一般要求拥有专业化的工作团队，以企业化模式运作，标准化水平较高，内容以原创为主，多具有网络首发的权限。许多基于传统媒体转型的网络媒体大多具有PGC模式的特征，例如在新闻采编撰写方面，这些媒体有自己的记者团队与主播团队，能够对新闻内容实现从获取、筛选、编写、编辑、成稿、成片至发布（可同步在电视渠道与网络渠道推出）的全流程管理。PGC模式的优点是，各类内容均经过专业人员的把关，能够保证内容质量，内容产出有较强的可控性。对于广大受众来说，PGC通常意味着“专业”与“权威”，在网络信息搜索中多出现在排序靠前的位置。PGC模式的缺点是，内容生产的平均成本较高，产出方需要向团队或外部专家支付酬劳，并且需要经过专业编辑环节的处理，进而增加了相应的时间成本。

PGC模式具有高度的标准化特征，其一般流程如图3-1所示，共分为四大阶段，包括选题阶段、资料处理阶段、生产加工阶段以及内容发布阶段。（1）选题阶段。PGC模式的选题工作较为谨慎，通常需要考虑受众的基数以及预期的市场收益，以符合大众化需求偏好为主，需要经过选题策划、方案讨论、方案确认几个步骤。（2）资料处理阶段。PGC模式生产虽然多以原创为主，但也会用到相关资料，涉及资料的采集、资料的整理、资料的汇编几个步骤。PGC模式在资料处理阶段通常也会保持高度的专业化水准，需要辨别资料的质量、真伪，并考虑资料在版权方面的问题。（3）生产加工阶段。PGC模式内容的生产加工通常需要遵循严格的过程，包括内容的撰写（或其他内容生成方式）、内容的编辑、内容的校对这三个步骤。内容生产加工需要由专业人员或团队完成，可以由PGC模式自有团队承担，也可以外包给第三方团队。（4）内容发布阶段。PGC的内容发布需要对内容的格式、内容的载体及内容的渠道进行全面的设计，并配合适宜的营销手段，从而达到理想的市场扩散效果。

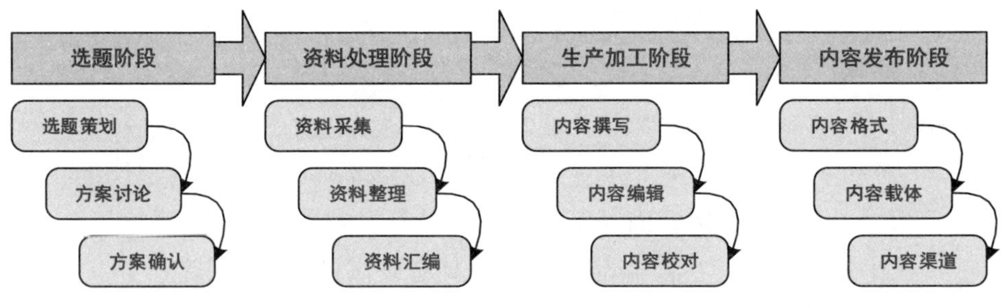

图3-1 PGC模式的标准生产流程

国际上PGC模式应用较好的企业是美国的网飞（Netflix），该公司成立于1997年，主要为在线客户提供超大规模的各类电影、电视剧以及视频作品，主要通过个人电脑、电视、苹果iPad及苹果手机平台发布。据彭博资讯报道称，IHS公司研究显示2011年网飞网络电影销量占据美国用户在线电影总销量的45%，同年网飞网络电影营收超过苹果公司，这主要得益于网络用户对在线视频的强大需求。近些年网飞的业绩更是可圈可点，2018年在世界品牌实验室编制的“世界品牌500强”中排名第88，2019年在“福布斯全球数字经济100强”中位列第46，2020年初在《财富》全球最受赞赏公司榜单排第16。

随着现金流的改善，网飞近些年也在不断扩展PGC模式内容的生产，在电影、电视剧及短片方面全线开花。例如2013年投资拍摄电视剧《纸牌屋》，由大卫·芬奇指导。随后，网飞又在2014年拍摄了《马可波罗》，2015年拍摄了《超胆侠》。网飞在电影领域同样斩获了不少的成绩，近年一些代表性电影作品如表3-1所示。同时，网飞又在积极挖掘游戏玩家与电影爱好者的交集，如网飞计划拍摄育碧游戏《全境封锁》(该游戏改编自军事作家汤姆·克兰西的小说)电影版，影片将由《极寒之城》《死侍2：我爱我家》《疾速追杀》的导演大卫·雷奇执导。网飞还与知名游戏公司暴雪合作，准备将暴雪旗下著名游戏《暗黑破坏神》改编为动画电影。可见，网飞的市场拓展是与其内容生产同步展开的，在优化分销的基础上提升内容的数量与质量。

表3-1　网飞的一些自产电影作品

编号	名称		导演	类型
	中文	英文		
1	杰罗德游戏	Gerald' s Game	麦可 · 弗拉纳根	惊悚/恐怖/奇幻
2	1922	1922	扎克 · 希尔迪奇	奇幻/犯罪/剧情
3	奇机少年	iBoy	亚当 · 兰道	动作/科幻/惊悚/犯罪
4	亲吻亭	The Kissing Booth	文斯 · 马塞洛	喜剧/爱情
5	致所有我曾爱过的男孩	To All the Boys I' ve Loved Before	苏珊 · 约翰逊	爱情
6	辣手保姆	The Babysitter	约瑟夫 · 麦克金提 · 尼彻	喜剧/恐怖
7	迈耶罗维茨的故事	The Meyerowitz Stories	诺亚 · 鲍姆巴赫	剧情/喜剧/家庭
8	无处为家	I Don' t Feel at Home in This World Anymore	梅肯 · 布莱尔	剧情/喜剧/犯罪

(资料来源：根据网络搜索整理。)

PGC内容一直占据着内容生产领域的高地，对于典型领域的内容制作起着引领作用。从内容题材看，PGC内容能够较为容易地形成自己的IP风格，社群价值较高，在商业开发方面有较强的延伸性与可持续性。PGC内容多由专业团队制作，制作流程规范、严谨，品控能力极强，内容精品率很高。在传播方面，PGC既可以进行事前主动编辑分类，也可以依托流量算法推荐，比其他类型内容有更高的触达率。PGC内容在头部的流量贡献显著，根据搜狐新闻调查，PGC内容贡献了腾讯10%、爱奇艺30%的流量。对于一些小型平台，PGC内容的流量贡献比例更高。在变现方面，PGC内容由于有受众聚焦优势，更容易让用户为内容埋单，在许多平台上，头部10%的PGC内容变现转化率通常能够达到50%—60%。从当前发展趋势看，PGC内容将继续扮演内容平台的主角，在诸多传统内容领域尤其如此。我国在发展内容市场时，应充分重视PGC内容的价值，提升PGC的内容品质可以实现以点带面的效果。

PGC模式的一个短板是成本高昂，有人将其比喻为“烧钱游戏”，只有少数大公司才能够参与。许多领域的PGC模式需要取得行业前10%甚至5%的位置才能够生存下去，这种竞争的激烈程度可想而知。许多PGC内容大平台为了争取在行业取得优异成绩，经常需要投入动辄百万甚至千万元的资金，以“重金”打造PGC内容，并且用“输血”方式保证其网络寿命。例如，在我国网络市场，当流量中存在持续的人口红利时，这种游戏模式可以持续下去，但近些年随着人口红利触顶，“烧钱”模式需要被重新审视，PGC模式也需要探索新的发展路径。

◆ UGC模式

UGC（User Generated Content）的含义是用户生成内容，即由网络用户原创内容并发布出来。UGC也称为UCC（User Created Content），主要受益于Web2.0技术的发展，以及网络用户自我表现意识的增强。UGC模式的主要特点包括：（1）较低的准入门槛。UGC内容的创作主要由大量的网络用户完成，他们既是内容的消费方，也是内容的供给方，通常不需要依据专业的、标准化的生产流程，许多内容创作可以即兴完成，因此UGC模式的参与门槛极低，谁都可以进行尝试。从成本方面来看，UGC内容大多属于“小制作”，以视频创作来看，不需要专业的（片场）场景、专业设备以及完整的工作团队，一部手机即可完成创作工作。（2）内容创作更加下沉。UGC内容创作者通常能够以用户的视角清晰了解用户的需求或偏好，其创作的目的性更为直接，也更善于与用户进行“简捷”的交流，产品具有明显的“接地气”特征。以短文评论创作为例，UGC内容作者能够基于所在社群了解到当下的热点话题或与群内受众密切相关的“小事”，以及受众主要的立场与观点，从而便于写出能够激发共鸣或争论的作品，并获得大量用户的关注与留言。（3）有效填补小众市场的空白。不同于PGC内容需要迎合大众口味，UGC模式借助自身低成本优势能够很好地弥补PGC内容所无法涉及的领域，即通常所说的“小众”市场。许多UGC内容有明确的受众定位，不用过多考虑分发渠道，仅在有限范围内发送并获得反馈。例如在一些专业技术话题板块（如音响技术、摄影、极限运动等），受众数量有限，主题专业性较强，相关内容的交流无须借助丰富的渠道，仅在“圈”内就有足够的市场。一些常见领域的UGC内容分类如表3–2所示，涉及知识分享类、图片分享类、视频分享类、社区论坛及各类微博信息。

表3–2　UGC内容的类型分类

编号	类型	典型示例	主要特征
1	知识分享	百度百科、百度知道、维基百科	提问、解答及一般信息搜索
2	图片分享	Flickr、又拍网、图钉	基于关键词或好友关系形成的图片（照片）分享
3	视频分享	优酷、YouTube、搜狐视频、哔哩哔哩（bilibili，B站）、抖音	基于关键词或好友关系形成的视频分享
4	社区论坛	天涯社区、知乎	基于关键词形成的社群
5	微博信息	新浪微博	信息广泛发布与意见交流

UGC的模式一般生产流程：第一步，内容初始化。新开发的UGC内容领域是一片空白，这种状态是不会有任何吸引力的，需要“抛砖引玉”，从而启动该领域（或模块）。UGC平台的管理者首先需要进行“灌水”操作，通过一些原始素材吸引关注并聚集人气。UGC平台的原始启动内容可以是示例性的资料，也可以是带有一定宣传性的资料，总之，需要使目标受众产生兴趣。第二步，基础用户加入。UGC平台基础用户群的构建可以在内容初始化后开展，此时的主要工作是“拉”人入群。许多成功的UGC内容开发都非常注意基础用户群的质量，尤其是圈内知名角色或意见领袖等，他们的加入能够快速提升UGC平台的档次，并有可能带来更多的基础用户。第三步，激励内容生产者。对基础内容生产用户进行激励，提升其创作兴趣，并使该群体不断扩大。此环节对于刚刚建立基础用户的UGC平台来说至关重要，一个控制得当的UGC平台能够快速生长，反之则会走向衰亡。激励可以有多种方式，常见的方式是增加互动、点赞与评论，使UGC平台作者找到存在感，并热衷于“群”内的各类活动。此外，对于UGC平台作者进行适当的物质激励也很重要，有时甚至需要UGC平台管理者自掏腰包。但是，对于一些名气很大的UGC平台作者来说，获得赞许与认可则显得更有吸引力。第四步，用户范围扩大化。在稳固了核心用户及主要生产群体后，UGC平台需要不断扩大用户群体，力求使外延尽可能拓展。UGC平台运营方可以通过将代表性内容或优质内容的外向输出，从而扩大在网络市场上的影响力，使更多受众浏览本社区，并引导其成为稳定的用户。扩大用户群体的关键在于充分利用社群之间的关系，以及用户个体之间的联系，使传播效果能够呈现指数级别的增长。第五步，鼓励并引导用户加入生产环节。至此，需要通过综合手段促使

受众转化为UGC平台生产者，培育出能够自我生长的UGC生态环境。此阶段最为关键的是要让UGC平台受众提升参与感，使其在“榜样”效应的刺激下投入UGC内容生产，这种产出不仅体现在数量上，还要体现在质量上。

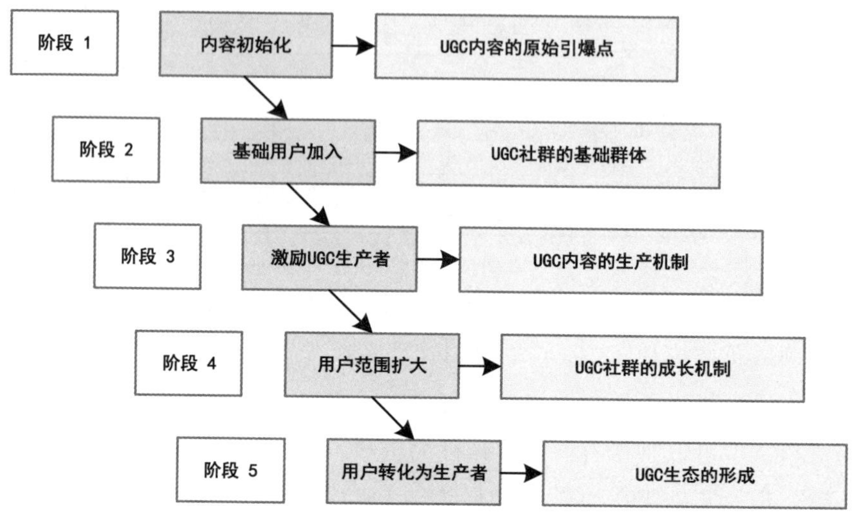

图3-2 UGC模式的一般生产流程

网络视频分享平台YouTube为UGC模式树立了标杆。YouTube成立于2005年，其创意是为了便于好友在互联网存储并分享各自的视频资料，第一部影片的长度不足20秒，但却成为一颗种子，促成了视频UGC平台的成长。至2006年，YouTube已有4000万条短片，每天能够吸引600万人浏览。在成立后的短短15个月内，YouTube已超越MSN Video与谷歌Video等竞争对手，成为21世纪浏览人气最高的网站。2006年10月，谷歌以16.5亿美元收购了YouTube网站，并与环球唱片、SONY BMG、华纳音乐、哥伦比亚广播公司达成内容授权及相关保护协议。2007年6月，YouTube于巴黎宣布开始拓展全球本地化服务，第一批首先推出9种语言版本，网站界面可供选取多国语言，并根据地区特征与当地民众的搜寻习惯进行资源推荐。在原创节目发展方面，2016年YouTube的第一批原创节目首次在其高端服务平台上亮相，置顶的是该平台最受欢迎的一些视频创作者的系列。2018年7月，YouTube为法国、德国、日本、墨西哥和印度等国际市场开发了剧本系列和其他原创节目，这些节目以多种形式出现，包括音乐纪录片、真人秀、脱口秀等。近些年，YouTube在BrandZ“最具价值全球品牌100强”中的排位持续攀升。YouTube的影片上传支持大多数常见的视频文件格式，包括AVI、MKV、MOV、MP4、DIVX、FLV、THEORA、MPEG-4、MPEG和WMV等格式。此外，随着移动互联网的发展，也很好地支持了3GP格式，创作者可使用智能手机随时随地上传影片。YouTube目前已发展为视频领域最受用户喜爱的UGC平台，可以容纳类型丰富的创作内容，如时政、时尚、科技、人文、历史等领域的内容，以及各种自媒体与主播转载，任何语言或文化背景的作品均可上传，视频内容可长可短，平台包容性极强。

UGC如何发展天使用户？

根据对专业音频UGC制作人的采访，了解到几种常用的发展天使用户的方法。

（1）重视身边人脉资源。被访者谈到，在业务拓展的初始阶段，应关注启动期的内容生产品质。在音频领域，优秀DJ及主播的加盟非常重要。该阶段发展的关键不是数量，而是质量，可以充分挖掘身边的人脉资源，并通过内测等方式检验其效果。

（2）通过SNS渠道挖掘资源。当资源匮乏时，可以探索社交平台与自媒体资源，以点对点的方式邀请用户加入。虽然该方法的转化率不一定很高，但在某些内容领域值得尝试。被访者以邀请电台DJ为例，他们先通过微博、公众号广泛搜索信息，然后以私信、留言等形式发出邀请。一般来说，回复信息的人不会超过50%，而真正能实现转化的也就在10%—20%。该方法适用于名气不大或缺乏背景的产品。

（3）挖竞品的墙脚。依靠同类产品的成熟资源是最为快捷的发展模式，毕竟可以极大地缩短相应的培育周期，业界许多知名品牌在崛起时都使用了该策略。在挖墙脚时应注意到，有些对手的忠实粉丝可能意志坚定，很难“撼动”他们的偏好，同时也应防范被对手反挖资源。

（4）通过用户相互推荐。当拥有一定的种子用户资源后，平台可以进入滚动发展周期。此时，充分调动已有的用户资源非常重要，可以利用他们的社群与聚类特点，通过推荐，不断扩大用户网络。推荐的优势在于，人们更愿意信任来自社群朋友的信息，对于推荐内容的尝试及反馈也更为积极。

（资料来源：根据www.woshipm.com资料整理。）

◆ PUGC模式

PUGC（Professional User Generated Content）是指专业用户生产内容，其特征介于PGC与UGC之间，也有人将其称为两者的结合。PUGC模式有效结合了PGC模式与UGC模式各自的优势，既拥有PGC的专业水准，又拥有UGC的广度与自由度。PUGC模式通常是以UGC的方式产出接近PGC的内容，属于相对高端的内容孵化载体。此类型内容生产在近些年更容易得到受众的认可，并能够在相关领域做出较好的口碑。典型的PUGC模式生态如图3-3所示。（1）PUGC模式在内容生产方面，可以由用户注入与灌水，可以通过相对专业的团队进行制作，也可以结合外部资源联合生产或开发，生产形式更为多样化。（2）PUGC模式在群落定位方面，主要以信息分享为主，照顾广泛的受众需求，兼顾部分中高端用户，需要为其提供更为专业化的内容产品。同时，还需要通过互动等方式提供完善的社群服务，主要是对于各类开放式问题的解答。（3）PUGC模式在付费机制方面，主要包括基础订阅、内容转载及打赏等常见方式，并通过提升平台影响力获得流量广告的收入。（4）PUGC模式在受众规模方面，包含核心名人入驻、基础受众以及借由网红进行的外部推广，呈现出多层次的特点。

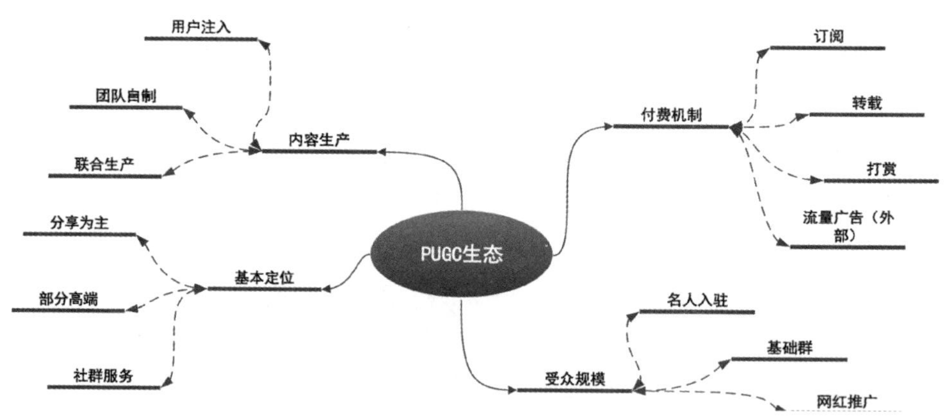

图3-3 PUGC模式的生态特征

业界普遍将蜻蜓FM作为PUGC平台的典范。根据网络资料搜索，蜻蜓FM在2011年9月正式上线，获评2011年App Store最佳收听广播电台的工具。2013年蜻蜓FM加入了点播内容，除了广播电台、高校电台，还新增了主播电台、有声读物、各类播客等内容。2015年，蜻蜓FM在行业首次提出

PUGC战略，大规模邀请传统电视、广播的主持人和时事、军事、财经、商业、人文历史等领域有专业建树的意见领袖和自媒体人入驻，制作并发布相关主题的音频节目。2016年，蜻蜓FM开始了“音频+商业生态”的模式探索。2017年，蜻蜓FM正式布局知识付费市场，接连推出了《蒋勋细说红楼梦》、高晓松的《矮大紧指北》、张召忠的《局座讲风云人物》、梁宏达的《老梁的四大名著情商课》等一系列独家付费音频内容，受到了听众的广泛好评。2018年蜻蜓FM推出了全新内容矩阵，构建全新的品质和品类格局，这一体系包括文化名家、女性、新青年、财经、儿童成长、原创自制、超级广播剧、影视IP等内容矩阵，这也成为蜻蜓FM为满足不同场景下用户的差异化需求所做的全场景生态内容部署，其包含的主要内容参见表3-3。2019年蜻蜓FM已完成了音频全场景生态1.0布局，全场景生态的渠道布局包含移动互联网生态和物联网生态。在移动互联网生态中，蜻蜓FM与华为、vivo、小米、百度、今日头条等企业开展合作；在物联网生态中，蜻蜓FM逐渐内置于智能家居及可穿戴设备。

表3-3 蜻蜓FM的主要内容分类

编号	类别	具体分类	内容示例
1	广播电台	国家级	中国之声、中国交通广播、经济之声、音乐之声……
		地、市级	北京体育广播、上海东广新闻台、河北音乐广播、河北交通广播、江苏经典流行音乐、江苏交通广播、江苏新闻广播、浙江交通广播、浙江之声……
2	版权音频	有声小说	《鬼吹灯》《盗墓笔记》《斗罗大陆》《九州缥缈录》《茅山后裔》……
		畅销文学	《人类简史》《未来简史》《梦游者》《简易经》《我们仨》《预约死亡》《骆驼祥子》《正红旗下》……
		曲艺作品	单田芳、刘兰芳、张金山……
3	主播内容	新闻	邱震海新闻透视、鸿七点、吕宁思时间、胡言不乱语……
		音乐	蜻蜓空中音乐榜、海雷音乐时间、怀旧FM、经典总流行……
		历史	芝麻撩三国、老沈一说、清朝那些事儿……
		军事	张召忠开讲、书房点兵、文龙阅武、军情观察……
		情感	峰人学院、凡人故事、叶文有话要说、听青音……
		财经	大霄说市、老马日日评、功夫财经、湖说、长盛说房、水皮杂谈、周知财经……
		儿童	凯叔讲故事、小雪老师讲故事、睡前童话、贝瓦儿歌……
		脱口秀	罗辑思维、晓说2017、观复嘟嘟、今晚80脱口秀、见字如面……

（资料来源：根据网络搜索整理。）

PUGC内容的发展趋势普遍被业界看好，根据《2019中国网络视听发展研究报告》，截至2018年12月底，国内短视频、直播行业发展迅速，网络视频用户达到7.25亿，其中短视频用户达到6.48亿。其中，抖音、快手在短视频领域的业务快速增长，加之各类直播内容（如电竞）的增加，全面带动了教育、综艺等内容的发展，并促进了电商与内容的结合。在此背景下，受众对于内容的数量及品质有了全面的要求，PUGC内容恰好符合这种需求。PUGC内容的生产更多依靠年轻、精力充沛、有创造力的“90后”与“00后”，他们善于把握内容创作的表达方式，拥有较高的内容制作技术，能够将内容与形式有机结合起来。在PUGC内容创作群体中，不乏借此获得知名度与物质利益的个体，这进一步激发大众参与。同时，PUGC内容创作还吸引了部分原采用PGC模式的机构，当他们看到市场潜力后，也选择了下沉式发展，以“低”成本参与PUGC内容的竞争。PUGC平台在发展中逐渐出现了群落化的特点，除了知识性、娱乐性，还融入了较多的社交元素，内容生产者与内容消费者之间的边界已不再清晰，受众既可以“关注”他人，也可以获得“被关注”的荣耀感。

3.2 内容生产机制

内容生产的模式多样且主体丰富，内容创作既要符合生产者利益，也要符合市场需求，因此需要借助网络平台的相应机制，使其促进内容的产出。以下分别对内容生产的利益导向机制与用户导向机制进行讨论。

◆ 利益导向机制

利益导向机制能够依据市场供需情况，有效引导并激发内容生产方的管理方式。利益导向机制体现为生产方行为同各类网络经济变量之间的影响、依存、制约的耦合关系，通常具有直接且显著的影响效果。内容生产的利益导向机制有多种表现形式，包括变现机制、奖励机制、网红机制与社交机制。（1）变现机制。变现机制是利益机制中最为直接的激励形式，主要指内容被受众浏览后可以转化为现金形式，这种转化可以由用户直接支付（如订阅或打赏），也可以由第三方（如广告商）支付，使生产方取得相应的回报。变现机制的关键在于能够保证变现的程度，需要使生产方得到高效用的现金而非仅能够在部分网络平台上使用的代币。内容生产者可以通过高质量的内容产出获得成比例的收入，从而将内容生产活动工作化、职业化。（2）奖励机制。奖励机制是指一般性综合奖励措施，主要在各个网络平台上实现。例如，一些平台或商户会向撰写评论、提交反馈的用户发送打折券、体验券、虚拟货币的奖励，或给予身份升级等虚拟奖励。奖励机制类型多样，需要平台管理方结合内容类别、形式、社群特征等信息进行设计，完善的奖励机制通常能够达到事半功倍的效果。（3）网红机制。网红机制是指内容生产者借由内容创作活动而成为网络名人的效应，这对于许多生产者都具有极大的吸引力。许多普通内容生产者可以通过一个作品、一个话题或一个评论而快速成为网红，例如在快手、抖音上经常可以见到此类型的成功案例。网红机制对于激励受众向生产者转换有着至关重要的作用，许多普通用户并不期望通过生产内容获得物质利益，而这种声望与地位提升却有着神奇的功效。（4）社交机制。社交机制是一种被动产出机制，主要指存在网络社交活动便会自动生产效应的内容。例如，在一个话题讨论小组里，每个人的发言与争论，以及最终观点的形成，全部信息加总便是一个完整的专题内容，内容平台需要关注的就是收集并整理相关的信息。有时，社交机制生成的内容会呈现分散的特征，需要进行筛选与再编辑。

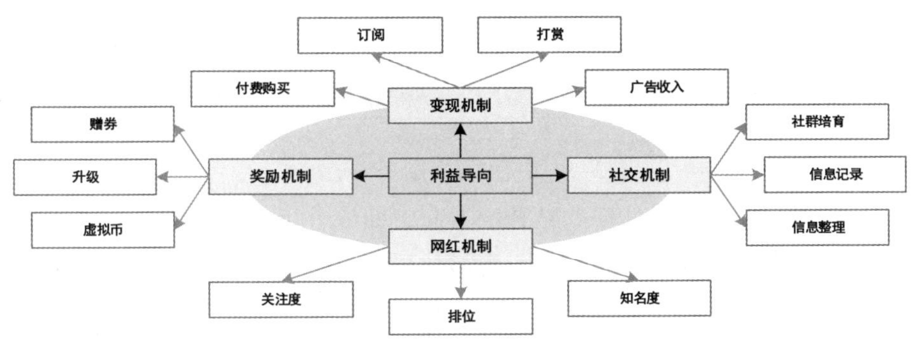

图3–4　内容生产的利益机制

◆ 用户导向机制

基于用户导向进行内容创作同样是取得成功的关键，在网络经济时代谁的内容不能够吸引受众，很快便会丢掉市场。所谓用户导向就是要以用户的关注点为出发点，在内容、形式、渠道各方面迎合用户需求。例如，如图3–5所示，对于社会话题的内容生产，可以包含多个导向步骤，涉及用户喜欢什么主题的内容、用户喜欢何种呈现形式、用户喜欢何种播报形式、用户倾向于接受多大的信息量（表现为文字量或音视频时长）、用户喜欢哪种发布渠道、用户喜欢何种互动形式。内容生产方需要结合具体领域的受众偏好，选择适宜的内容创作形式，从而有效把握受众特征。以视频时长为例，有些大众化主题内容不宜时间过长，从市场调查情况看，一般应控制在15分钟以内，短于10分钟的内容完整（大于90%）收看比率较高。而对于一些专业性话题，如探讨某个新技术的应用，短于10分钟通常会给受众留下“不够专业”的感受，因此需要适当增加时长，并配合专业的技术或图表展示。

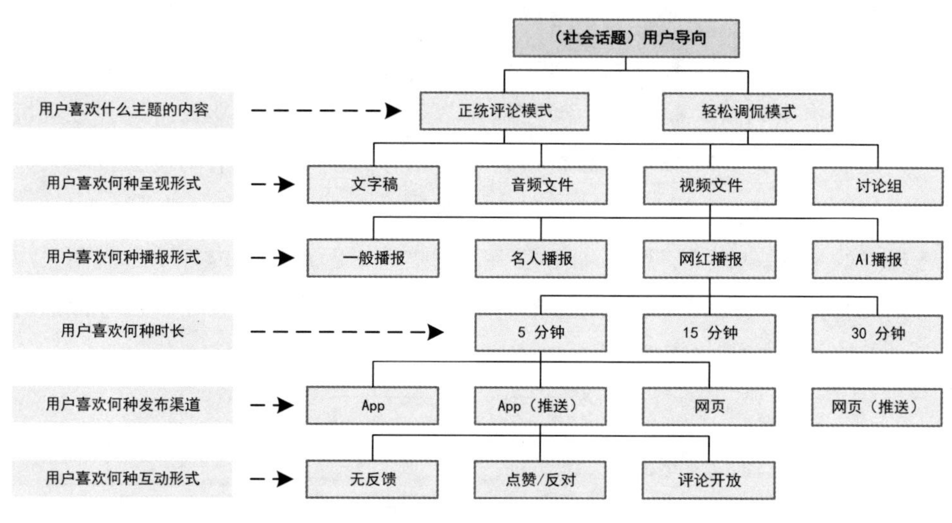

图3–5 内容生产用户导向示例

内容生产需要同立体形式结合在一起，即综合用户的视觉、听觉与互动体验。（1）视觉导向。视觉是最为直接的信息接收方式，且在网络浏览中信息获取比例最高，一个好的内容设计需要给用户提供优质的视觉体验。视觉设计包含线条、图形、色彩、明暗、对比、动态特征等诸多要素。内容生产者需要对其进行综合的考虑与权衡。当然，对于视觉特征的理解见仁见智，有时越简单的设计反而越能取得理想的效果。现代内容设计对于文字也有特殊的要求，需要考虑到字体、字号、粗细、间距、主色与背景色等诸多变量，并要结合发布平台（网页/App）进行考虑。（2）听觉导向。听觉通常可以为视觉补充信息，当然在某些场景下也可以成为核心信息。听觉设计需要考虑到内容中的语音、声音（如反馈音或提示音）、音乐（如BGM）等类型。听觉设计包含声音的音色、音量、品质等技术指标，相关技术的使用有时要视终端平台的属性而进行调整。（3）互动导向。互动主要涉及用户是否拥有足够的参与权限，能否在内容浏览过程中获得优质的内容体验。互动形式包括用户对内容的喜好表示、评论与留言，甚至对内容的修改等。

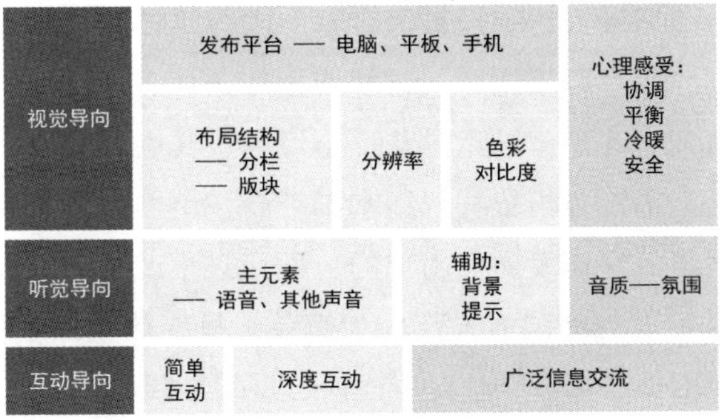

视觉导向
发布平台 —— 电脑、平板、手机
心理感受：
协调
平衡
冷暖
安全
布局结构
—— 分栏
—— 版块
分辨率
色彩
对比度
听觉导向
主元素
—— 语音、其他声音
辅助：
背景
提示
音质——氛围
互动导向
简单
互动
深度互动
广泛信息交流

图3–6　用户导向要素

3.3 典型内容生产领域

典型的内容生产领域包括文本、图像、音频与视频，在网络传输速度快速提升以及存储成本大幅下降的趋势下，这些内容的传播已经几乎不受到任何技术层面的限制。这些形式的内容能够承载各类主题的信息，但是在具体承载量方面有所差别。目前对主要内容领域的载体来说（参见图3–7），视频占据了绝对的优势，且在社会话题、体育、娱乐等领域领先较多；图像排在第二位，在新闻类资讯方面有一定的优势；文本是最为传统的载体，在媒体形式多样化的时代，其地位有所下降，但仍然拥有一定比例的忠实受众；音频的地位相对尴尬，在综合信息承载方面显示较弱，仅在少数领域能够同其他形式相比。以下分别对典型内容生产领域的这些生产特征进行讨论。

时政新闻
国际问题
财经新闻
社会话题
体育
娱乐
时尚
军事
旅游
美食
健康养生
科技
八卦
16
14
12
10
8
6
4
2
0
文本
图像
音频
视频

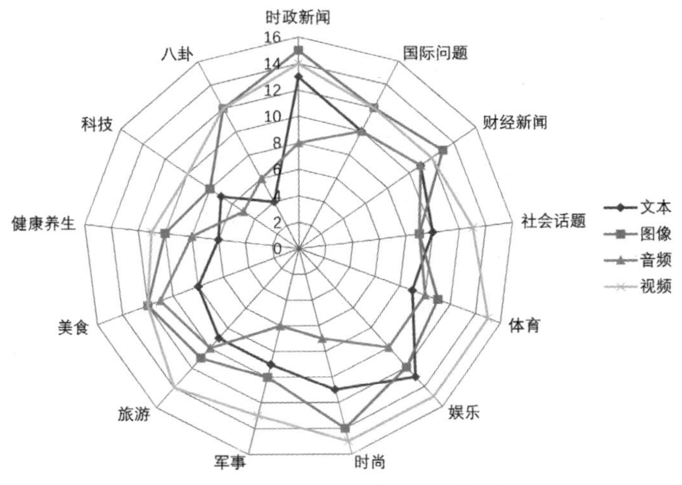

图3–7　典型内容形式信息承载雷达图

◆ 文本内容生产

文本内容生产是最为传统且最为容易的内容生产，其体裁、长短、格式等不受任何限制，作者可根据个人喜好及发布条件自由选择。文本内容包括多种形式，如新闻、评论、知识科普、小说等。其中，网络小说是文本内容的典型代表。网络小说是指依托网络基础平台，由网络作家发表的小说。网络小说是随着网络的快速发展而出现的一种新兴小说类型。网络小说风格自由、题材不限，发表与阅读方式都较为简单，早期体裁以玄幻和言情居多，后来逐渐泛化至历史、都市、悬疑、武侠、科幻等领域，具体如图3–8所示。网络小说的语法会更接近口语，并充分利用网络流行语，能够使网络受众产生更强的亲和感。此外，除了文字内容，网络小说在发布时还可以利用各类符号、图案进行排版修饰，增添了阅读的趣味感。

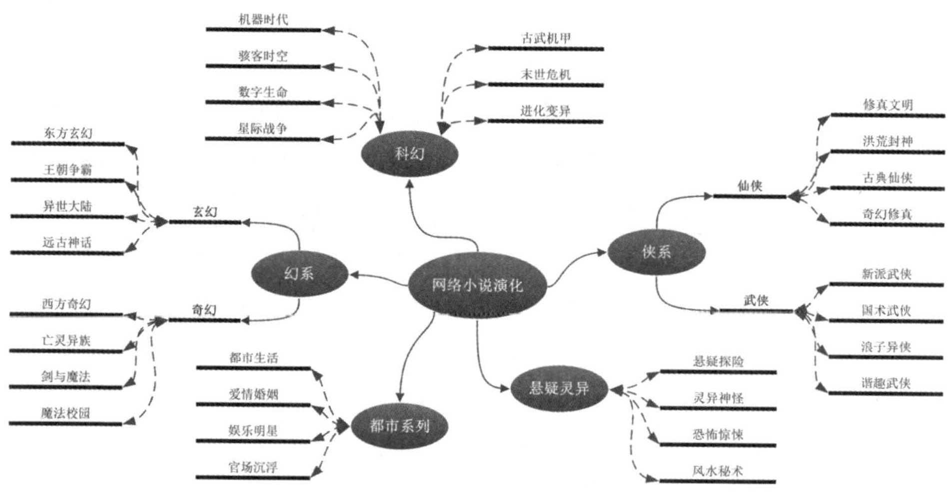

图3–8 网络小说类型演化

网络小说在当下的发展中逐渐呈现了一些新特征。（1）迎合阅读节奏加快的需求。当代阅读受众很少有整块的时间进行阅读，主要利用碎片化的时间，通勤、窗口等待、工作间隙等时间都被充分利用。在这些零散时间内，必然要求阅读的节奏有所提升，读者需要在较短时间内看到小说情节的推进，缓慢节奏是不能接受的。许多网络小说在这种需求下，通过各种方式划分出更多的章节回目，使读者能够随时“切入”，随时“存档”。需要注意到，快节奏并不意味着小说体量的减少，反而一些长小说更容易受到关注和追捧，一些网文平台也将文章长度作为推荐指标之一。（2）新的审美趋势促使小说结构创新。生活压力与节奏的变化使得现代受众在阅读审美方面呈现出了多样化的趋势，“新”“奇”“异”成为许多读者追求的目标，该特征尤其体现在年轻受众群体上。新的阅读美学特征主要表现为结构的反形式化，不再循规蹈矩或参照经典，而是从自我出发进行探索式的创造。当然，有些创新成果能够被受众接受，有些则并未取得成功。一些常见的结构创新技巧包括错乱规则、游戏模式、刻意缺失、反解释、平行结构、开放式等，这些技巧都在网络写作中进行着实验与融合。同时，网络小说还不断地从其他文艺领域吸收创新成果，如图形学、符号学及影视理论。（3）超文本等新形式的繁荣。超文本小说（Hypertext fiction）也称超文本文学或超链接小说，是20世纪90年代后期美国先锋小说提出的一个概念，其特征是将文字、图片、影音片段等多种要素综合在一起组成电子文本。同传统的印刷小说文本概念相比，超文本小说事实上已超出了一般文学范畴，而是一种集文学、视觉艺术、音乐、电子媒体和互联网络于一体的新媒体艺术。在这个系统中，不同的路径纵横交错，读者可自由选择路径进入文本。超文本文学将传统文学静态的、封闭的线性结构，转化为富有弹性的、开放的网状非线性结构。非线性的书写系统代替传统的线性叙事，情节的原因和结果不再是严密的对应关系，文本内部结构松散、语意断裂，但又呈现相互关联和串通的特征，能够留给读者丰富的自我构建空间。（4）基于软件进行文章创作。传统写作方式不再适应现代文本的生产需求，进而出现了支持网络文章写作的各种软件。运用电脑软件来自动创作文学作品是一个极为复杂却前景诱人的领域。该模式对传统文学创作提出了挑战，需要多学科领域进行合作，并充分挖掘人工智能的潜力。根据百度搜索，在网络上可查找或使用的写作辅助软件包括HT计算机写作小说软件、计算机作家GS短信自动写手、英文文学创作构思软件包、英文文学创作实践软件、梦幻诗星GSV7.50系列、GS综合版GsSoft SA等。又如，美国开发出的一款写作软件只须把作家想象情节梗概及要求输入计算机，系统便会拟出上百个小说开头供选用。开头所用文字、描述、句式等都是早已存储在计算机中的各种数据，但却让人看不出抄袭痕迹。利用同样的方法，故事的情节发展和结尾都可用计算机继续创作下去。这种软件不仅需要掌握名词、主语和动词之类的简单问题，还必须处理好角色的身份、性格、情绪，甚至场景真实程度等更为复杂的问题。

“大作家”自动写作软件

“大作家”自动写作软件充分结合了文艺学、心理学、美学、经济学、军事学、信息学、脑科学等多学科理论，不仅可以帮助作者完成写作内容，甚至可以代替作者设计情节，真正实现了智能化写作。“大作家”系统采用了智能联想和自动生成技术，能够根据用户设定形成思路，快速自动生成内容。软件设置了人名、地名、美女、帅哥、职业、语言、服装、爱好、特长、道具、兵器、经历、秘密、个性、恋人、恋爱、伤病、情感、思想、愿望、误会、对手、配角、场景、巧合、习惯、打斗、死亡、景观等三十余个全自动按钮，以及武侠、科幻、悬疑、言情、商战、复仇等九种梗概自动生成模板，通过点击就可得到一个相对完整的故事梗概，使用户写作效率倍增。“大作家”能够对生成内容中不合理的文字进行优化，软件提供了快速定位、替换和修改等功能。同时，“大作家”软文生成系统是快速写作新闻稿件的利器，在设置专用模板的情况下，能以每秒钟一篇（约3000字）的速度进行新闻软文写作，生成的作品数以亿计，且篇篇都有区别。使用“大作家”可以使“作家编辑化”“作家经理化”，网络作者无须埋头烦琐的文字工作，而能够留出更多时间与精力专注市场需求，找到合适的选题与方案，并快速地推出成品，从而占据阅读市场的先机。

（资料来源：根据大作家主页及网络搜索整理。）

网络小说最早作为一种文化快餐模式兴起，在品质方面没有过高的标准，选题大多覆盖主流小说不涉及的领域，主要以情节新奇、生产快速、成本低廉为特点，能够充实众多网络读者的碎片时间。因此，一些评论家认为，早期网络小说大多情节冗长，设计缺乏严密的逻辑，“废话”偏多，语法使用混乱，主要迎合了低文化水平受众的口味。但是，随着网络小说竞争的加剧，以及受众品味的分化，一些高水平的写手或作家也随之加入了网络小说创作的队伍，整体提升了网络小说的档次。近些年，也涌现出了不少优质的网络小说作品，诸如《无限恐怖》《盗墓笔记》《诛仙》等（一项网络热度调查结果见表3-4），许多小说还进行了IP的延伸，被改编为网络游戏或影视剧，取得了不错的市场效果。根据网络文学研究报告，在网文质量提升基础上，我国网文受众基数明显扩大，例如在“95后”群体中的提升比率超过了20%，同时愿意付费的用户比重也在攀升。用户在网文消费过程中，也不再仅仅扮演信息接收者的角色，许多用户开始同作者互动甚至参与创作活动，从中找到存在感与体验感。我国网文在满足国内受众的同时，也逐渐探索出了网文的“出口”模式，将优秀作品通过翻译、出版等渠道输出海外市场，近几年我国多部网文作品在东南亚市场得到了不错的反馈。

表3-4　网络小说热度评分

编号	书籍名称	热度评分	编号	书籍名称	热度评分
1	无限恐怖	5270.63	11	死人经	2760.06
2	诛仙	4667.01	12	逍遥游	2729.16
3	雪中悍刀行	4459.06	13	从零开始	2712.31
4	史上第一混乱	4301.84	14	龙族	2711.01
5	全职高手	4193.84	15	儒道至圣	2710.33
6	临高启明	4165.63	16	是神	2697.65
7	盗墓笔记	2902.99	17	琅琊榜	2693.64
8	狼群	2886.89	18	网游之纵横天下	2689.72
9	修真门派掌门路	2875.52	19	神游	2687.98
10	人欲	2815.24	20	寂静王冠	2671.94

（资料来源：知乎2019年资料。）

我国网文创作品质在近些年快速提升，并探索出一条“走出去”的模式。根据人民网报道，我国已步入“网文出海”的3.0阶段，主要特点包括：（1）从内容到模式。早期的网文输出多采用传统的、与纸质图书相似的授权模式，内容也多为经典作品。当前，更多的公司选择率先输出商业模式，在成形平台上进行持续化的运作，并基于市场当地的特点推出更多的原创作品。（2）从区域化到全球化。东南亚地区是我国网文的传统阵地，受众多具有与我们近似的文化背景，许多经典作品在该地区热销，如《琅琊榜》《扶摇》等，许多作品还借助IP衍生取得了不错的经济回报。在基础资源方面，东南亚分布着近万名原创作家，并拥有多语种翻译的优势，网文译者占全球70%以上。我国借助东南亚市场，逐渐输出到更多的地区，如日韩、北美与欧洲市场份额逐渐成长，一些机构甚至开发了非洲市场。（3）从输出到联动。按部就班的单一输出模式已不再适应当代网文的传播特点，机构需要充分与东道国的企业开展全面合作，共同制作、开发网文内容及相关IP，并有效利用当地的传播网络以及各种线下资源进行商业推广，如展示会、见面会、宣传周等活动。

◆ 图像内容生产

图像内容在网络中的应用非常广泛，图像可以独立承载内容信息（如图片新闻），也可以作为其他载体形式的补充（如封面、配图等）。在网络上可以搜索到的图像内容产品与服务包括照片设计处理、背板/背景设计处理、插画设计处理、GIF动图设计、免抠元素、logo设计、图片设计模板等。图片销售排位靠前的主要有高清图片、基础素材图片、原创版权图片等。

图像内容生产主要分为两种渠道，一是通过拍摄方式取材，二是通过电脑制作获取。对于第一种方式，当前手机拍摄效果不断提升，许多手机拍摄的照片都可以达到三四千万像素甚至更高，配合后期制作能够满足绝大部分应用的要求。对于第二种方式，制作人员可以在终端设备上直接绘制，或通过计算机运算进行合成，图像生产效率同样很高。总体看来，设备类型的丰富以及价格的下降，加之许多简捷图像处理软件的出现，使得许多非专业人员可以轻松上手图像处理工作。图像内容生产以图片处理为主，以数码照片处理过程为例，主要包括照片的导入及照片后期处理两个部分，现代数码照片60%以上的处理工作集中在后期，一个流程示例如图3-9所示。前期部分（不包括拍摄）的工作基本上能够在相机端完成，如果进行了相关预设，还能够节省很多时间。后期的技术环节主要由构图修改、光线调整、色彩调整以及局部优化组成。其中，光线与色彩处理方面的软件开发较多，许多封装包能够给用户提供简单的操作选项。而局部优化由于定制性较强，且需要占用较多的时间，通常需要相对复杂的操作步骤，如抠图、磨皮、锐化处理、模糊处理、局部上色等，对于相关处理步骤，一般用户如有高品质要求可以从网上购买服务。在完成处理过程后，用户可以添加注释或水印，将内容转换为目标格式并在网络发布。

图像内容有繁多的存储格式，不同格式都有自己的特点，并有适宜的应用领域，一些常见的格式分类如表3-5所示。有些图像格式适用于相对专业的领域，例如使用专业照相设备，进行高清晰度图片制作的人员。这些图片需要完整地保留所有图像的细节信息，并且在色彩呈现方面有较高的要求。此类型图片一般要占据大量的存储空间，不适宜在网络上进行广泛传播与使用，因此一些公司与机构进而开发出了新的图像格式标准，能够对原始图像进行压缩处理，在保留主要图像信息的同时有效节省存储空间，并适宜在网络快速传输。图像格式的丰富便利了各个领域的使用，但是不同格式的图像之间如何转化与通用成了问题，这与图片内容快速生产并发布的要求相悖。针对该问题，网络上也出现了很多在线格式转换工具，使用非常方便，而且一些网站还能够提供收费的图像处理服务。

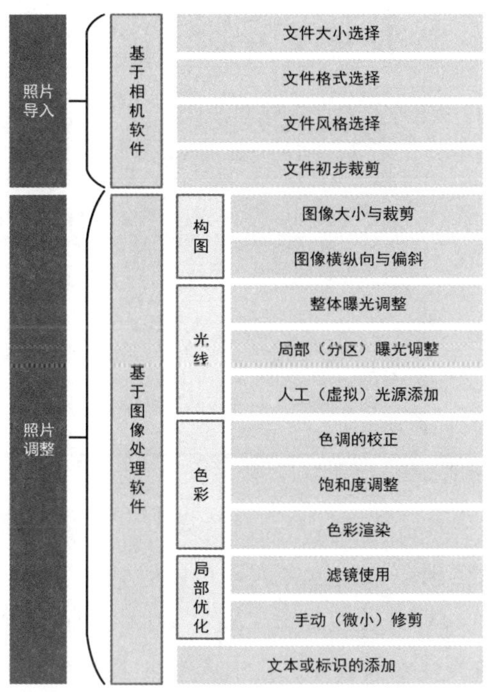

图3–9 数码照片的处理流程

表3–5 常见图片格式分类与特征

图片格式		技术指标与使用特征
缩写	全称	
JPEG	Joint Photographic Experts Group	JPEG格式压缩的主要是高频信息，对色彩的信息保留较好，适合应用于互联网，可减少图像的传输时间，可以支持24bit真彩色，也普遍应用于需要连续色调的图像。
BMP	Bit Map	BMP是一种与硬件设备无关的图像文件格式，使用非常广泛。BMP采用位映射存储格式，除了图像深度可选以外，不采用其他任何压缩，因此BMP文件所占用的空间很大。BMP文件的图像深度可选择1bit、4bit、8bit或24bit。
PCX	Personal Computer Exchange	PCX是最早支持彩色图像的一种文件格式，现在最高可以支持256种彩色。PCX设计者很有眼光地超前引入了彩色图像文件格式，使之成为非常流行的图像文件格式。PCX图像文件由文件头和实际图像数据构成，文件头由128字节组成，用于描述版本信息和图像显示设备的横向与纵向分辨率，以及调色板等信息；实际图像数据用于表示图像数据类型和色彩类型。

图片格式		技术指标与使用特征
缩写	全称	
GIF	Graphics Interchange Format	GIF文件是一种基于LZW算法的连续色调的无损压缩格式，其压缩率一般在50%左右。GIF文件能够同大部分软件相容，公共网络上有大量的软件在使用GIF格式的图像文件。GIF格式的另一个特点是，能够在一个GIF文件中存储多幅彩色图像，并将多幅图像数据逐幅读出并显示，可构成一种最简单的网络动图。
PNG	Portable Network Graphics	PNG能够提供长度比GIF小30%的无损压缩图像文件，同时提供24bit和48bit真彩色图像支持，以及其他诸多网络应用技术性支持，能够很好地融入Web浏览器生态。
EXIF	Exchangeable Image file Format	富士公司倡导的数码相机图像文件格式，本质与JPEG格式相同，区别是除了保存图像数据，还能够存储摄影日期、使用光圈、快门、闪光灯数据等曝光资料和附带信息以及小尺寸图像。
FPX	Kodak Flash Pix	FPX是一个拥有多重分辨率的影像格式，即影像以一系列高低不同的分辨率储存，这种格式的好处是当影像被放大时仍可维持影像的质素。当修饰FPX影像时，只会处理被修饰的部分，不会把整幅影像一并处理，从而减小处理器及记忆体的负担，使影像处理时间减少。

（资料来源：根据网络搜索整理。）

◆ 音频内容生产

音频内容涉及范围广泛，包含人耳可以听到的各种声音，声波频率覆盖20赫兹至20千赫。早期计算机领域的研究者们一直低估了声音对人类在信息处理中的作用。随着技术的进步，尤其是虚拟技术的不断发展，人们已不再满足单调的平面声音，而更倾向于具有空间感的三维声音效果。听觉通道可以与视觉通道同时工作，所以声音的三维化处理不仅可以表达出声音的空间信息，而且与视觉信息的多通道结合可以创造出极为逼真的虚拟空间，这在今后的多媒体系统（如与VR系统的结合）中将显得极为重要。从受众角度看，对于音频质量的关注也在不断地提升，许多消费者会购买高品质的音频设备，同时购买高品质的音频资料，如在网络上消费高采样率的MP3歌曲。

虽然前面提及音频在多项内容承载方面略逊于其他内容形式，但音频的实际需求量并不亚于其他形式。许多音频内容通常与其他媒体形式结合在一起使用，例如文字信息的背景音乐、图像展示的氛围音乐等。此外，还有诸如手机铃声、设备操作声音、各种提示音等分散的需求。因此，许多音频网专注于各类音频制作及相关服务，能够为广大受众及多媒体从业者提供全方位、一站式专业录音配音等音频制作服务，其制作内容分类如表3-6所示。此类网站的主要音频服务类型包括音频录制、音频剪辑、音频加工、音频合成、人声消除、音频提取、音频校对、音频提取、后期处理、音效合成、配乐服务、企业歌曲创作、音乐后期等。

表3-6　网络音频制作分类

编号	类别	细目	示例
1	音频广告类	一般广告	××地产音频广告 ××建材城广告 广播公益广告
		促销宣传	××户外清仓促销 ××店铺开业酬宾 ××有奖销售宣传
2	视频配音	专题片	地区历史纪录片 知名人物纪录片
		宣传片	企业形象宣传 家电下乡宣传
3	音频模仿	名人模仿	《西游记》角色声音模仿 赵本山声音模仿
		方言模仿	四川话、粤语……
		童声模仿	儿童故事旁白 网络儿童剧配音
4	外语类	英语	企业英文宣传
		小语种	短句问候、场景应用

现代音频内容制作在工序上有着更为细致的划分，作者可以通过各种专业音频软件进行操作，从而提升音频产品的综合质量。以网络小说音频录制为例，其主要声音内容可分解为主体声音与辅助声音两个部分，主体声音主要指小说朗读部分，辅助声音则包括场景声音（如关门声或咳嗽声）与背景音乐（如过场背景音乐）等。主体声音可以由作者朗读录制，也可以借助软件根据文字内容合成，后者的朗诵感相对单调。如果采用录制方式，对于声音需要经过采样、过滤、降噪等处理。对于一些UGC平台来说，辅助声音无须通过自制方式获取，可以从网络免费资源库中获取，也可以使用音频软件生成。当所有音频内容完备后，需要对音频内容进行叠加与合成，涉及对整体的混音处理、均衡的调整、过渡延迟等方面的修正等。完成后的音频还需要根据发布要求存储为适宜的文件格式，并进行适当的压缩。在互联网时代，音频制作的整体效率已经大幅提升，从消耗时间来看，大致可压缩30%—50%不等，在制作成本方面，更是明显地下降，这为众多中小用户参与音频生产提供了便利。

常见的音频技术指标

（1）声道数。声道数是音频传输的重要指标之一，现在主要有单声道和双声道之分。双声道又称为立体声，在硬件中要占两条线路，音质与音色好。

（2）量化位数。量化位是对模拟音频信号的幅度轴进行数字化，它决定了模拟信号数字化以后的动态范围。由于计算机按字节运算，一般的量化位数为8位和16位。量化位数越高，信号的动态范围越大，数字化后的音频信号就越可能接近原始信号，但所需要的存贮空间也越大。

（3）采样频率。采样频率是指一秒钟内采样的次数，采样频率的选择应该遵循奈奎斯特采样理论。根据该采样理论，采样频率越高，音质与原始声音越接近，但其占据的存储空间也会增加。

（4）编码算法。在流媒体应用中，音频编码算法是非常重要的，编码的作用其一是采用一定的格式来记录数字数据，其二是采用一定的算法来压缩数字数据以减少存贮空间和提高传输效率。压缩算法包括有损压缩和无损压缩;有损压缩指解压后数据不能完全复原，要丢失一部分信息。压缩编码的基本指标之一就是压缩比，它通常小于1。

（5）数据传输速率及数据文件格式。信号速率以每秒多少比特（bit）数计，它与信息实时传输有直接关系，而其总数据量又与存储空间有直接关系。

（资料来源：根据网络搜索整理。）

现代音频内容生产的专业性与系统性越来越强，优质的作品能够得到受众及业界的认可。例如，根据游研社网文介绍，英国权威音乐杂志*Q*中文版资料显示，《动物森友会》是一个在听觉上极具辨识度的游戏，熟悉这个游戏的玩家可以快速辨认出它，其所含的音乐类型如表3–7所示。《动物森友会》的音乐总监名叫户高一生，是任天堂资深的游戏音乐作曲。他在为《动物森友会》作曲时，就为这个游戏的音乐定下了平和、放松的基调。基于这种设计，《动物森友会》的音乐旋律不会有激烈的冲突，始终保持在相对平和的状态。起初，为了达到自然平和的效果，户高一生几乎不使用插电音乐，即不借助任何合成器和电子音。但经过尝试，该模式很难适应游戏场景需要，无法“拉”住玩家。于是他转而使用传统的游戏电子音乐模式，提升了游戏的节奏感与体验感。同时，《动物森友会》中各类角色声音的设计也独具特色，有极强的原创性，使玩家非常容易辨认。《动物森友会》的开放端口还使许多资深玩家探索出了新的玩法，如编辑音乐合集、自编曲段等。

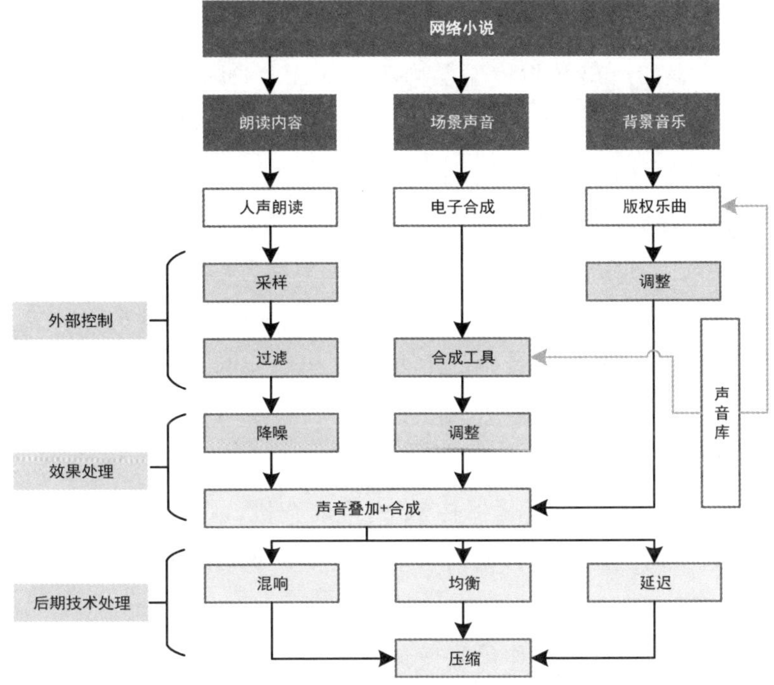

图3–10　网络小说音频录制流程

表3–7 《动物森友会》音乐创作分类

<table>
<tr><th>音乐分类</th><th colspan="2">特征</th><th>描述</th></tr>
<tr><td>主题音乐</td><td colspan="2">F调的“Title Theme”，音乐主题部分由小号和尤克里里演奏。</td><td>不插电乐器为主；布鲁斯（Blues）曲风；节奏舒缓；配器简洁；音区居中；主观听感可爱、温馨。</td></tr>
<tr><td rowspan="2">地图音乐</td><td rowspan="2">“Prologue Phase”</td><td>类型1：时间长（2分40秒左右），演奏主旋律声部，有3种演奏版本。</td><td>sunny、rainy、snowy的编曲版本。</td></tr>
<tr><td>类型2：时间短（1分10秒左右），没有主旋律声部，有4种演奏版本。</td><td>曲风以布鲁斯、爵士（Jazz）、老式摇滚（Old Rock）、节奏蓝调（R&B）等为主。</td></tr>
<tr><td>时间音乐</td><td colspan="2">同音乐主题反复在不同曲目出现，配器与乐器统一性很高。</td><td>在音乐设计方面，秉承一个理念就是“保持沉浸感，不打扰玩家”，比如乐器演奏的音区大部分在中声区，速度以慢速为主，乐器数量少。</td></tr>
<tr><td>环境声音</td><td colspan="2">游戏全程会有海岛、森林、海风等环境声音。</td><td>在游戏音频设计中被视为打破声音分类界限的整体声音设计。</td></tr>
<tr><td>其他声音</td><td colspan="2">涉及常规游戏的各类音乐。</td><td>完成任务、篝火晚会、机场登记处、节日音乐（新年）、K.K音乐会等。</td></tr>
</table>

（资料来源：根据游研社网文资料整理。）

◆ 视频内容生产

视频内容是当前互联网上最受欢迎的内容形式，能够承载的内容类型最为丰富，受众的信息获取过程较之文字与音频更为轻松。因此，近些年各型视频在网络上的产出量与传播量均快速增长。业内人士预测，从5G元年（2019年）开始，移动端互联网的下沉将变得更为普及，“低延时”与“万物互联”成为热点词，受众能够随时随地上网且无须考虑速度问题。“渠道”资源变得相对过剩，需要更多的资源填充进去，此时视频资源将是承载这一使命的重要角色。据互联网研究机构预测，未来5年内移动端视频需求量会增长12倍以上，而手机流量的80%甚至更高会用在视频播放上。未来的视频生产将是各行业、各领域竞争的重点。自2017年起，许多传统媒体（包括许多美国及欧洲的主流媒体）在转型过程中，就专门组织了编辑人员学习短视频制作，以及如何将其加工成适用于移动互联网的模式。面对这一趋势，我国媒体从业者认为，应紧紧抓住5G商用的契机，在硬件成本优势的基础上不断改善软件的质量，提升向终端的渗透率，使我国视频内容取得更好的市场优势。

非专业化的网络视频制作已经变得简单、方便，只需经过简单的软件学习就能掌握基本的技巧方法。简单视频的制作过程可包括素材获取、素材编辑、视频合成以及格式转换等几个主要步骤（参见图3-11），当然根据需求也可省略一些，许多“素颜”视频在网络上也很受欢迎。可以从网络上下载到许多免费视频编辑软件，根据华军软件搜索，排位靠前的几款视频软件有爱拍、喵影工厂、拍大师、金州视频分割合并软件、蜜蜂剪辑等。对于一些视频编辑水平要求较高的用户，还可以购买到更为专业的视频编辑软件。当前，非专业化网络视频主要表现为各种短视频内容：（1）短纪录片。早期出现的类型，以呈现记录内容为主要诉求。（2）网红类型。以网红为主要角色，有较强的粉丝基础与商业黏性。（3）情景短剧。以休闲、搞笑为目的的视频小品，多由非专业演员参演，其中也不乏恶搞作品，供碎片时间观看。（4）技能分享。以讲授技巧、方法为目标的演示内容，能够帮助受众解决具体的问题，涉及领域广泛。（5）创意作品。展示内容或剪辑技巧的作品，具有一定的网络艺术性且形式多样。

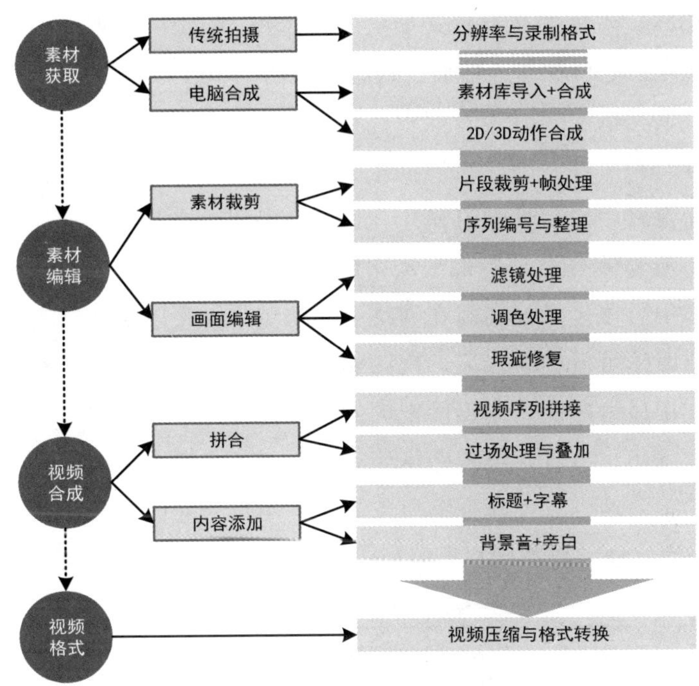

图3–11 简单视频制作流程

网络视频创作领域非常宽泛，经百度浏览器搜索可列出几十项，主要关键词涉及网红、美女、搞笑、情感、职场、剧情、时尚、美食、美妆、创意、旅行、体育、养生、游戏、娱乐圈、汽车、家居、教育、亲子等。在视频内容竞争如此激烈的背景下，策划一个好的视频选题非常重要，这也是视频制作取得成功的关键。在许多视频平台上，可以看到很多高点击量的“火爆”视频，其制作水准并不精良，但内容有较强的吸引力。视频内容在策划时需要注重几个关联点：（1）内容主题与内容表现形式的关联。好的选题需要通过适宜的表现形式呈现出来，一般来说选题数量较少而表现形式多样，同样的选题在不同作者手中会呈现出不同的效果。（2）内容主题与热点的关联。蹭热点无疑是一种快捷的成功方式，网络上不乏典型的案例。但是蹭不好热点，也很容易失败。例如，蹭到了过期的热点，蹭到了不适宜的多热点组合，以及蹭到了敏感热点等，这些问题都需避免。（3）内容主题与互动性的关联。当前许多受众在欣赏作品的同时还有较强的互动需求，哪种主题能够满足互动需求且适宜互动，这对于视频内容得到受众认可非常关键。

网络视频制作需要综合考虑发布平台与渠道，不同传播途径需要选择适宜的视频格式，常见的视频格式如表3-8所示。传统网络视频的观看需要下载完整的影片，然后在本地播放，视频格式的大小仅影响传输或等待的时间。而现代受众通常需要实时观看网络视频，需要在有限带宽范围内保证视频传输的连续性与稳定性，因此出现了各类流媒体技术，对图像与音频进行优化压缩，从而保障用户观看的流畅性。当前许多视频格式均能够较好地支持流媒体播放。流媒体技术是指将一连串的媒体数据压缩后，以流（Stream）的方式在网络中分段传送，实现在网络上实时传输影音以供连续实时观赏的一种技术。流媒体可传输声音流、视频流、文本流、图像流等多种形式，其中视频流的应用最为广泛。流媒体视频的特征包括：（1）采用不转换或低转换模式的传输算法，节省系统与网络的算力；（2）对客户端缓存容量的要求大大降低；（3）启动延时大幅度缩短，缩短了用户的等待时间；（4）具有较好的实时性与交互性，例如用户可以实时添加评论或弹幕。

表3-8　常见视频格式分类

格式与细分		特征
动态图像专家组（MPEG，即Moving Picture Experts Group）	MPEG-1	制定于1992年，是针对1.5Mb/s以下数据传输率的数字存储媒体活动图像及其伴音编码而设计的国际标准。MPEG-1视频采用YCbCr色彩空间，4：2：0采样，仅仅支持逐行图像。
	MPEG-2	制定于1994年，是针对3~10Mb/s的影音的视频数据编码标准。这种视频格式的文件扩展名包括.MPG、.MPE、.MPEG、.M2V、.VOB等。
	MPEG-4	制定于1998年，是面向低传输速率的影音编码标准，它可利用很窄的带度，通过帧重建技术压缩和传输数据，以求使用最少的数据获得最佳的图像质量。这种视频格式的文件扩展名包括.ASF、.MOV和.DIVX、.AVI等。
	MPEG-7	MPEG-7并不是一种压缩编码方法，而是一个多媒体内容描述接口标准，主要用于对庞大的图像、声音信息的管理和迅速搜索。
	MPEG-21	MPEG-21标准称为多媒体框架，是一些关键技术的集成，能够实现内容描述、创建、发布、使用、识别、收费、产权保护、终端和网络资源抽取、事件报告等功能。
音频视频交错格式（Audio Video Interleaved）	AVI	1992年由微软公司推出的音频视频交错文件，将视频和音频包含在一个文件里，且允许音频与视频同步播放，在电脑端应用非常广泛。
	nAVI（NewAVI）	由微软ASF压缩算法修改而来的，视频格式追求的是压缩率和图像质量。nAVI为了追求这个目标，改善了原始格式的一些不足，让nAVI可以拥有更高的帧率。

（续表）

格式与细分		特征
Real Networks	RM	全称为Real Media，Real Media可以根据不同的网络传输速率制定出不同的压缩比率，从而实现在低速率的网络上进行影像数据实时传送和播放，资源占用相对较少。
	RMVB	由RM视频格式升级而来的视频格式，特点在于打破了原先RM格式平均压缩采样的方式，在保证平均压缩比的基础上合理利用比特率资源，从而使图像质量和文件大小之间达到微妙的平衡。
流媒体格式（Flash Video）	FLV	一种视频流媒体格式，特点是文件体积较小、加载速度快，使得网络观看视频文件成为可能，应用较为广泛。
	F4V	F4V支持高清晰视频编码，不需要通过转换等复杂的方式，已兼容大多数主流播放器。F4V文件更小，清晰度更高，更利于网络传播，已逐渐取代FLV。

（资料来源：根据网络搜索整理。）

◆ 互动内容生产

互动是一种建立在其他内容形式上的应用模式，主要指受众能够与内容进行交互，不同的交互选择能够带来不同的内容体验，且能够充分发挥网络动态优势的消费形式。互动内容的概念由来已久，可追溯至20世纪七八十年代，主要作品是一些选择性小说，但受限于当时的技术与成本问题而未能很好地发展起来。直到近些年，随着技术发展及某些领域对互动形式的尝试取得成功，互动内容才逐渐进入众多生产方的视野。以互动电影《黑镜：潘达斯奈基》为例，这是一款由网飞推出的交互式单元节目，观众在收看电影的同时需要把握遥控器并准备时刻做出选择，带来不同的剧情发展路径，并导致不同的结局，其本质同选择类角色扮演游戏（RPG）类似。同游戏的结构相比，这种互动内容具有非“硬核”特征，操作简单且轻松，使所有参与者都能够完成一个结局，因此得到了许多非游戏玩家及轻度玩家的喜好。同期，网飞还推出了一些面向儿童的作品，这些小观众可以在观看节目的过程中学到知识并获得虚拟娱乐道具，参与的热情快速提升并超越了传统儿童节目。国外的相似作品还包括*The Complex*、*Late Shift*、*The Bunker*等，虽然发布在游戏平台，但却属于互动内容类型。又例如我国开发商New One Studio在2019年推出的《隐形守护者》，以近些年热度极高的谍战为题材，采用全程真人拍摄，以定格图像辅之影视化剪辑手法，是一部在剧本、表演、剪辑、后期方面均质量上乘的作品。《隐形守护者》的受众参与度较高，故事包含多条主线及众多不同的结局，在影视爱好者聚集的豆瓣得到了9.6分，在Steam平台上赢得了91%的好评率，并获得了“特别好评”的综合评价。一些欧美评论家将此游戏称为影视娱乐的革命，这类游戏有可能成为未来一段时期内的娱乐节目趋势。

互动内容的兴起吸引了诸多跨行业主体的参与，其中以影视剧制作方为主。例如，东欧的波兰与俄罗斯的许多二、三线制作方难以在主流剧集或电视频道获得资源，或者受限于制作成本，难以维持经营，可以依靠接单或独立制作互动内容。这些内容可以在网络电视频道发布，也可以打包为游戏在游戏平台发布，依靠销量获得收益。近些年东欧地区的非主流制作方参与了许多小成本互动游戏及互动内容的创作，他们提供片场、导演及演员，产品在许多平台（如Steam）受到用户的好评。

表3-9 互动内容平台

公司	产品名称	内容	定位
网易	易次元	AVG游戏/动态图片	互动化阅读平台
腾讯	一零零一	互动视觉小说/互动真人剧	互动叙事App
天桐互动	快点阅读	互动小说（文字+语音）	年轻人的对话小说
星河互动	恋世界	互动（图片+文字+音效）	恋爱故事合集
中文在线	Chapters	AVG游戏	外文视觉小说
厦门礼之家	闪艺	互动文字游戏	互动化阅读平台

（资料来源：user.guancha.cn。）

在互动内容的生产方面，并非需要动辄百万元乃至千万元的投入，如今普通用户或爱好者也能够轻松上手。例如，网易易次元不仅是一个互动阅读平台，还为作者提供了开放的创作空间，题材涉及二次元、日系、玄幻等原创内容。新用户注册账号或用QQ、微信等第三方平台登录后，便能够选择创作模板进入制作后台。用户可以直接从后台添加人物、图片、视频等主体内容，以及添加特效、音乐等辅助内容。同时，易次元为了降低创作门槛并节省时间，编辑器后台还开设了素材商店，创作者可以直接购买使用。为了便于用户掌握开发方式，网易易次元提供了丰富的教程内容，从入门级到进阶级，覆盖非常全面，其教程涉及基本界面指南、编辑器使用、剧情设计与执行、素材使用方式、UI设计与组装、事件流、全局配置等。

第四章
内容平台

4.1 内容平台类型

当代内容消费不再是简单、分散的供需模式，而是需要持续通道的支持，进而催生了内容消费平台。内容消费平台凭借其居间运作模式，可以有效连接上游的内容生产方与下游的内容消费方，并充分发挥对于内容传递的效率优势。内容平台的发展不仅需要各类平台机构明确自身的职能与定位，还需要营造适宜的内容生态环境，使内容产业链可以持续稳定地生产并输出产品。

◆ 内容消费平台结构

内容消费平台的主要功能是有效连接内容消费的上下游节点，使供给侧内容能够以低成本传递至终端用户，其基本结构如图4-1所示。从图中可以看出，内容消费平台处于内容分发环节，内部包含了MCN（多渠道互联网络）机构以及多类网络服务平台，两者共同构成了内容消费平台的前端与后端。一般来说，MCN机构有较强的内容汇集与整理能力，而网络服务平台有较强的内容分发能力。此外，内容供给侧、终端受众以及相关的金融与广告服务共同构成了内容消费的生态圈。内容供给侧主要是前一部分介绍的PGC、UGC及PUGC等模式的内容生产方。金融平台能够为内容生产与消费提供各类支持，包括生产方与平台的投融资以及受众消费的支付结算等。广告平台则能够为内容渠道带来大量的收益，这种收益能够惠及内容生产者、内容渠道方乃至内容用户（部分免费内容相当于由广告方支付）。

内容消费平台的发展在于营造优质内容生态，内容生态对于完善内容消费市场有着至关重要的作用，近些年许多内容领域的知名企业均意识到了内容生态的重要性。以著名资讯平台今日头条为例，根据新华网客户端报道，今日头条在2018年对其平台生态进行了全面的升级，措施主要涉及三个方面：（1）深耕粉丝生态，扶持更多优质创作者。今日头条将粉丝生态分为三个层次，分别是100万级别、50万级别、10万级别，针对已有粉丝生态提出了由“智能分发”走向“智能社交”的模式，并推出了“千人百万粉”计划。今日头条为优质创作者提供相关服务包，包括一对一服务和IP打造，塑造个人品牌并助其获取长久价值。同时，今日头条进一步将流量向粉丝倾斜，完善了粉丝变现工具，包括商品功能、头条小店、内容付费、直播等基础设施，帮助优质创作者聚焦长远利益。（2）推出小程序，引入更多平台生态建设者。今日头条陆续开发了多个小程序，包括头条小店、猫眼电影、小米商城、淘票票等，这些小程序旨在满足用户需求，通过内容和服务的关联，鼓励大量创作者和开发者产出更丰富的内容。开发者可以依托今日头条的智能推荐技术，有效解决流量来源问题并高效获取用户，还可以通过小程序提升内容的服务能力与高收入，从而使创作者、开发者、用户三者之间形成一个分发、拉新、留存的闭环体系。此外，今日头条还提供了8个重要流量入口，包括文章详情页、微头条、小视频、搜索、账号主页、个人中心、钱包和信息流广告位。（3）开放技术模型，和行业一起提高平台生态标准。今日头条以高标准保证内容安全与品质，结合专业审核团队和人工智能技术持续打击盗版、识别谣言、识别标题党、反低俗等，相关识别模型处于持续的更新中。

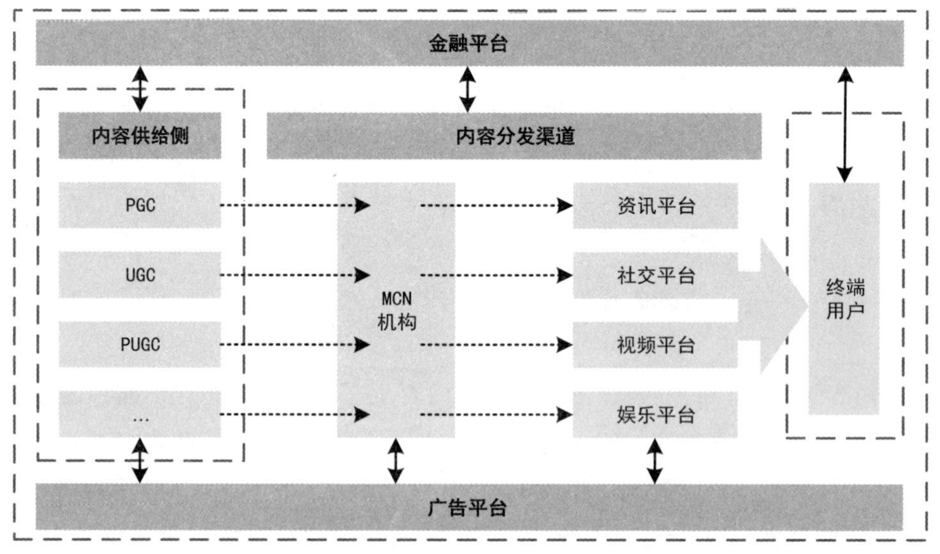

图4-1　内容平台生态关联

典型工具：灵犬反低俗助手

灵犬反低俗助手是一款检测网络内容健康度的辅助小工具，致力于打击低俗、低质内容，净化网络空间。灵犬软件采用了BERT和半监督技术，训练数据集包含920万个样本，准确率可达到90%以上。在图片识别领域，灵犬将深度学习作为解决方案，在数据、模型、计算力等方面均做了针对性优化。用户只需要在灵犬内输入一段文字或文章链接，灵犬就可以快速检测其内容健康指数，并给出鉴定结果。对于用户输入的内容，灵犬会先进行提取、分词和语义识别，然后根据相关规则输出对应的分数、评级和结论。灵犬软件持续升级，不断结合神经网络、长短期记忆、词向量等最新技术，逐渐适应自然语言等复杂信息的处理要求，运算速度与准确率也稳步提升，并形成“数据收集—数据标注—数据清洗—模型训练—模型评估—Bad Case分析”的完整处理流程。

（资料来源：央广网。）

◆ 社交平台

社交平台属于社交网络体系，社交网络体系以SNS（Social Networking Services）为基础，专指旨在帮助人们建立社会性网络的互联网应用服务。SNS能够体现以人为中心的服务原则，允许人们将现实生活中的想法、事件与信息在网络上分享，达到社交的效果。常见的社交服务平台包括社交网站（如人人网）与社交应用软件（如微信）。不论使用何种类型载体，社交平台的目的是便利人与人之间的沟通，且这种沟通可以通过非广播形式达到定向传输的效果。互联网在建立之初便具备了信息沟通功能，使用的服务模式较为传统，如BBS（网络论坛）、新闻组、电子邮件等，但此阶段还不具备现代意义上的社交沟通。随着博客与聊天工具的出现，才使网络沟通进入了在线社区模式。20世纪90年代属于网络社交起步阶段，相关时间节点如图4-2所示。2000年以后社交网络进入快速发展期，2002年至2004年间，世界上三大最受欢迎的社交网络服务类网站是Friendster、MySpace（聚友网）、Bebo。2005年，MySpace成为世上最大的社交网络服务类网站，其页面访问量超越了著名搜索引擎谷歌。2006年第三方被允许开发基于Facebook（脸书）的网站API（应用程序接口），使得Facebook随后一跃成为全球用户量增长最快的社交应用，众多网站随后开始仿效开发自己的API。

社交网络体现了人们日常交往活动的便捷化、知识化与技术化的特点。（1）虚拟特征。社交网络是以虚拟技术为基础的，人与人之间的交往以间接交往为主，以符号化为其表现形式，现实社会中的诸多特征，如姓名、性别、年龄和社会关系等，都被弱化，人的行为也因此具有了虚拟化的特征，与真实社会情境中的交流有显著差别。（2）多元化特征。网络信息的全球交流与共享使时间和空间有了新的定义，人们可以不再受物理时空的限制，自由交往，相互之间不同的思想观念、价值取向、宗教信仰、风俗习惯和生活方式等出现冲突与融合变为可能。多元化对于交流群体的主体意识、价值判断、道德选择、权利感和责任感提出了新的挑战。（3）自由化特征。网络社会分散式的组成结构使其没有中心、没有阶层、没有等级关系，与现实社会中人的交往相比，网络社会具有更为广阔的自由空间，人们可以很好地隐去个人信息，参与更多在现实生活中无法参与的活动，传统的监督和控制方式已无法适应它的发展，该特征对相关的支持与维护体系建设提出了新的标准与要求。（4）异化发展特征。网络社会中的交往主要是以计算机为中介进行，它使人趋向孤立、冷漠和非社会化，容易导致人性本身的丧失和异化。网络社会开放的、自由的信息系统提供的是一种崭新的、动态的和超文本式的传播模式，这种人机系统高度自动化、精确化而缺少人情味，有可能导致人们对现实生活中的他人和社会的漠不关心，容易使人产生精神麻木和道德冷漠等问题，并失去现实感和有效的道德判断力，严重时会导致出现一些极端事件。

社交网络的出现很早便吸引了企业的关注，社交网络不仅改变了人与人之间交流的方式，也改变了企业与消费者的沟通方式。许多企业通过博客、论坛、播客等方式增加了产品品牌的曝光率，快速将新品信息推送给目标消费群体，并有效改善了与客户的关系。一些企业还依靠平台特性实现了与消费者的“短距离”甚至“零距离”接触，可以更为简捷地获得用户反馈，为用户提供高附加值服务。此外，社交网络使企业在市场商机判断、新品开发、广告定位与投放、营销资源协调等方面有了新的应用模式。从消费者的角度看，社交网络使企业信息更容易全面地透露出来，增加了企业透明度，对企业形成某种监督与约束。

社交平台分化出许多专项类别，包括符合宽泛使用领域的大众化社交平台、符合某类兴趣爱好的社交平台（如影视、音乐、绘画等）、关注信息分享的社交平台（如旅游信息、购物折扣信息等）、专注于资源检索与下载的社交平台（如学术研究、咨询报告之类）、具有生活实用价值的社交平台（如维修、美甲等生活服务类）、符合特定群体的社交平台（如白领群、学生群、务工群等）、针对特定需求的社交平台（如婚介、求职等）以及具有明显地域性特征的社交平台。随着人们社交需求的增长，以及社交群的精益化发展，新的社交群标签还会不断出现。

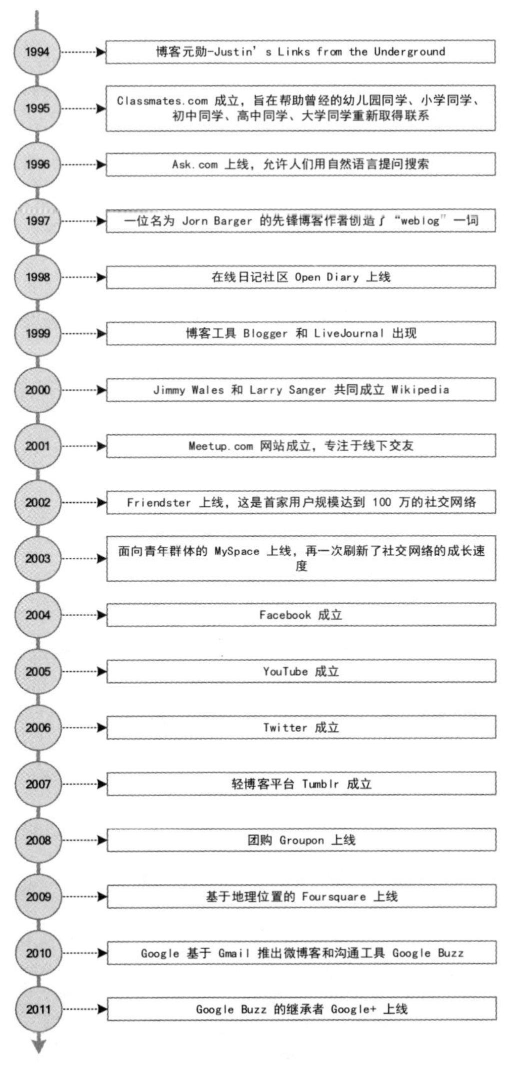

图4–2 社交网络演进时间线

社交平台在形式上可分为网站形式与App形式。网站形式是传统形式，主要以Web技术页面作为载体进行开发，对于系统与浏览器环境有一定要求，在进入Web2.0时期后跨平台特性得到提升。App形式的特性是能够很好地适应移动客户端，以较小的资源占用量实现大部分操作功能，且在操作便利性方面占有优势，主要使用触摸与语音方式。网站形式与App形式的具体对照如表4-1所示。两种社交平台的发展呈现了不同的趋势，早期网站形式快速得到了传统计算机用户的青睐，各类社交网站的注册数与使用量快速增长。但是从2008年开始，社交App的增长速度逐渐超越了社交网站，其中既包括新增用户数，也包括社交网站的转移用户数。根据我国互联网调查数据显示，随着App使用量的增加，同期社交网站账号的注销与僵尸化（超过一定期限没有登录记录）数量也在稳定上涨。App基于简洁、便利的优势，很快得到了中老年群体的认可，该群体对App的接受速度明显快于网页形式，使用户群几乎覆盖了各年龄段。由于具有诸多优势，一些经营网站形式的企业也逐渐转型App或两者兼营，从而有效维护自己的受众群。

表4-1　社交网络形式比较

比较项目	网站形式	App形式
产生时间	较早	较晚
系统适应性	好，基于Java语言	一般需重新编译
使用方式	基于桌面系统	基于移动端
使用便利性	一般	好
用户界面	一般	简洁
扩展性	基于网站架构的拓展	子应用开发与外部关联
封装性	一般	好

早期MySpace的成功因素

MySpace在业务上升期采用了多种策略组合，使其领先于同业竞争对手。（1）MySpace缩短了产品开发周期，能够使服务组合快速适应市场需求。MySpace较早增加了留言板、服务组、讨论区、即时通信等便捷功能，并能够快速吸收用户反馈，从而改进服务体验，增加用户黏性。（2）使用了组合模式的传播与用户积累方式。MySpace除了使用经典的病毒式传播方式，还借助了网络合作伙伴以及非网络化广告的宣传方式，提升了原始用户的累积速度。(3)合理考虑网站的服务承载能力。MySpace在技术使用方面采用了稳健的策略，不盲目扩大服务技术的类别，结合用户的地域，力求使其获得最佳的使用体验。同期许多平台正是由于服务内容过多而导致服务器超载，用户使用速度严重下降，从而放弃使用相关的产品。(4)准确的用户定位。MySpace上线之初便瞄准了年轻群体，将营销重点放在了16—30岁人群。该群体能够熟练上网，乐于通过MySpace交流、分享照片或制作主页，对于网站有较高的流量贡献。

(资料来源：根据网络资料整理。)

Facebook是网站与社交App的成功典范，其开创的社交应用模板与服务标准成为后续诸多社交App的仿效对象。Facebook创立于2004年2月4日，创始人是马克·扎克伯格，总部位于美国加利福尼亚州，早期以校园社交为主，随后扩展至全社会范围。2006年以后，Facebook进入了快速增长期，据2007年数据，Facebook在所有以服务大学生为主要业务的网站中拥有用户最多，有三千四百万活跃用户。从2006年9月到2007年9月，该网站在全美网站中的排名由第60名上升至第7名，同时Facebook是美国排名第一的照片分享站点，每天上传量达到850万张。此后，Facebook在商业运作方面逐渐发力。2007年5月，Facebook宣布了一个提供免费分类广告的计划，直接和其他分类广告站点展开竞争；向第三方应用开发者开放API，允许运行外部程序，实现了Facebook的平台化发展，增强了Facebook对用户及企业的使用黏性。同年，Facebook还完成了一次商业收购（网络操作系统平台Parakey）。2008年Facebook全球独立访问用户首次超过了竞争对手MySpace，海外流量增长成为助推其业务发展的关键因素。2009年，Facebook收购了Web服务公司friendfeed，进一步提升了其向用户提供分享和互联的服务水平。2012年，以现金和股票形式收购了照片共享应用服务商Instagram（照片墙）。2014年，Facebook同快速成长的跨平台移动通信应用WhatsApp达成约190亿美元的收购协议；同年，Facebook以约20亿美元的总价收购沉浸式虚拟现实技术公司Oculus VR，扩大了其在娱乐领域的技术分支。2016年，Facebook上线谣言审核机制功能，将AI技术应用于社交信息分析。2019年，Facebook与阿里巴巴、Twitter（推特）和Uber（优步）共同成立Presto基金会，用于大规模分布式数据处理。2020年，Facebook推出了Messenger Rooms功能，将业务领域扩展至视频会议。

Facebook十年发展路线图

2016年Facebook公布了企业未来十年的发展路线图，发展内容包括从技术到产品，再到生态圈。步骤一：Facebook计划用三年时间建立起完整的社交网络平台及生态系统，全面提升用户的社群应用体验。步骤二：在三至五年内优化群组、搜索及视频应用的功能，开发或收购一些具有影响力的品牌产品，如Instagram、WhatsApp和Messenger等，并用先进的技术改善产品的连接速度，这些计划已基本实现。步骤三：在五至十年内，为Facebook平台进行生态延伸，在网络层面实现立体化的连接，涉及卫星、无人机及可用的物联设备；在体验层面，将移动VR/AR、Oculus Rift、Touch等技术融入Facebook的各种应用；在AI应用方面，重点发展视觉判断、语言分析、逻辑推理以及运筹计划等核心能力。

（资料来源：www.facebookol.com。）

我国最为成功的社交App当属微信（WeChat），是由腾讯公司于2011年推出的为智能终端提供即时通信服务的免费应用程序，具有跨通信运营商、跨操作系统平台的特征，支持短信、语音、图片、视频等内容的传输与分享。微信在国内智能移动端的覆盖率超过96%，月均活跃量可达七八亿。近些年海外注册用户数也在快速增长，已覆盖了全球200多个国家或地区，拥有庞大的用户群。微信早期版本以即时通信功能为主，随后增加了类Talkbox的语音对讲功能；2012年，微信4.x系列增加了相册分享功能、视频聊天插件、摇一摇传图等功能；2013年，进一步更新了二维码功能以及多人实时语音聊天功能，并增设了表情商店和游戏中心；2014年，微信全面开放了支付功能，优化了微信公众号，提供了全行业解决方案“微信智慧生活”，并嵌入了外部应用（如滴滴打车）；2015年，增加了发红包及邻近店铺搜索等功能；2016年，腾讯云正式上线微信小程序解决方案，提供小程序在云端服务器的技术方案，扩大了平台向第三方的开放性；2017年，大量小程序陆续上线，新增微信实验室，内设“看一看”与“搜一搜”功能；2018年，在用户隐私保护及外部链接安全方面进行了强化，重点关注了平台的安全运营建设；2019年，将人工智能技术应用于内容搜索与推荐，并进行了相关灰度测试。纵观微信的发展历程，它明显地符合中国用户的需求，在功能开发方面由小而大，在技术选择方面侧重实用性，便利用户生活且有效增加了使用黏性（其主要功能分类如表4–2所示），并能够适应几乎各类使用群体。

表4–2　微信功能类别

编号	功能类别	包含内容
1	基础功能	信息发送接收（文字、图片、语音、短视频）；实时对讲；多人聊天
2	支付功能	App支付；第三方App支付；银行卡绑定（贷记卡+信用卡）；多种方式转账功能；高速e行；钱包功能
3	平台功能	外部二维码识别；公众号；粉丝（组）管理；网页版功能；接口开放与开发者问答
4	小应用	语音提醒；QQ邮箱提醒；私信助手；漂流瓶；摇一摇；游戏中心
5	社会服务功能	城市服务；民生服务；12369环保举报
6	安全与保障功能	安全助手；账号保护；有害信息（骚扰、广告）识别与技术拦截；人工举报系统；辟谣系统

◆ 资讯平台

各类资讯平台是内容受众访问量与访问频率极高的平台，现代生活时刻离不开资讯需求，资讯的分散传播对于平台在可靠性与算法优化方面有着很高的要求。新闻类资讯是资讯类平台最受瞩目的内容，竞争最为激烈。我国新闻类市场采用分级管理方式，一级资质的新闻网站（媒体）可以申领国家主管单位颁发的记者证，具有合法的采编权，可以做原创新闻，如人民网与新华网都属于一级资质。而大部分门户类新闻资讯平台（App）都属于二类或三类资质，二、三类资质的新闻资讯平台优势在于内容的宽泛性与平台的开放性，能够以友好的用户与企业界面链接丰富的资讯，符合大部分受众的泛资讯阅读需求，并兼具一定的娱乐功能及全面的链接入口，有效发挥了传统门户网站的职能。

当前新闻资讯App已经形成了基于标准架构的扩展，标准架构如图4–3所示，主要包括频道、搜索、模式选择、个人部分、交互部分及补充部分几个主要功能板块。我国新闻资讯平台在发展过程中呈现出典型的本土化特色，能够很好地适应国内受众的偏好与习惯。（1）我国大部分新闻类资讯平台是由传统门户网站（如搜狐、新浪等）开发，已经积累了较为扎实的受众基础。此类群体对于传统网站的标识与内容结构有着较强的适应性，其中也不乏一些具有品牌忠诚度的用户。但是，该群体主要由有多年网龄的用户组成，这些人较早接触计算机与网络，有一定的技术基础，学历多在本科以上，年龄段主要为30—40岁，仅占当前全体网民群体的一小部分。（2）我国新闻资讯平台的成长爆发期同智能手机的发展基本同步，“新”网络群体的加入有力助推了此类平台的发展。由于移动端的使用便利性，使得许多对传统网络不熟悉的群体也能够快速掌握新平台相关使用技巧，其中大部分是60岁以上的受众。因此，许多App在设计中也考虑到了此类群体的特点，将使用流程与方法简洁化处理，提供了高容错特性（如降低了点击的精准度），使用户界面更为友好。（3）变用户的“主动”搜寻为“被动”阅读，减少了用户的时间消耗。许多App开发了基于cookie或IP的日志记录，为用户提供标签化的内容推荐，能够每日刷新个性化阅读组合，方便了“懒”用户的操作。但是，这种特征在一定程度上会限制用户对新闻资讯掌握的全面性，也会使一些受众感受到阅读的单一性，因此需要App在相关的推荐算法方面不断进行优化。（4）我国新闻资讯平台大多有较宽的外部延伸性，能够与多种生活、娱乐类App形成关联，为用户打造完整的网络内容生活平台。例如，网易新闻客户端会根据用户日常阅读内容特征向其推荐相关资讯或商品。如果用户经常点击阅读电脑资讯或技术文章，相关部分会出现京东电脑商品的打折推荐链接。（5）新闻评论功能够使用户发表意见并获得参与感。点赞与留言使新闻摆脱了传统的单向传递模式，可以得到受众的反馈，也可以引起受众之间的共鸣，延长了单条新闻的使用寿命。许多重要新闻在大量受众的参与下能够不断发酵，在一定程度上增加了新闻的信息量，例如许多用户看新闻的主要目的是看评论区并参与讨论。

目前国内新闻App众多，较为流行的如今日头条、腾讯新闻、澎湃新闻、一点资讯、搜狐新闻、凤凰新闻、网易新闻等，一项基于网络调查的用户评价如图4–4所示，涉及App的使用量、美誉度及推荐度。今日头条是最具代表性的新闻资讯类平台，创建于2012年，其产品能够很好地适应用户需求，“个性化”服务是典型特色。

今日头条基于个性化推荐引擎技术，根据每个用户的兴趣、习惯、位置等多个维度进行个性化推荐，推荐内容不仅包括狭义上的新闻，还包括音乐、电影、游戏、购物等资讯。今日头条有较好的媒体间合作，目前已覆盖大多数中央媒体、省级媒体、地市级媒体以及各行业媒体（如新华社、光明网、

《解放军报》、《新京报》、澎湃新闻等），用户在头条可以看到越来越多的优质媒体内容。同时，今日头条使用用户建模技术，综合采集用户的可识别信息，通过机器分类、摘要抽取、LDA主题分析、信息质量识别等进行侧写，并能够根据用户的每次使用变化更新相关数据。今日头条在平台功能方面包括：（1）“算数”功能。“算数”指的是算法与数据，通过“算数”优化推荐引擎，为用户画像并为每位用户定制阅读与资讯组合。（2）头条号。头条号是针对媒体、国家机构、企业以及自媒体推出的专业信息发布平台，致力于帮助多类内容生产者在移动互联网上高效率地获得更多的曝光和关注。（3）头条寻人。借助“互联网+”的精准地域弹窗技术，对寻人或寻亲信息进行准确的定向地域推送，可以帮助家属寻找走失亲人，或帮助救助管理机构救助疑似走失的人员寻找家人，该功能已经成功完成了数千个案例。（4）“圈子”平台。通过搜索与“圈子”创建功能，作者可创建免费或付费粉丝社群，与用户直接在专属平台交流互动。

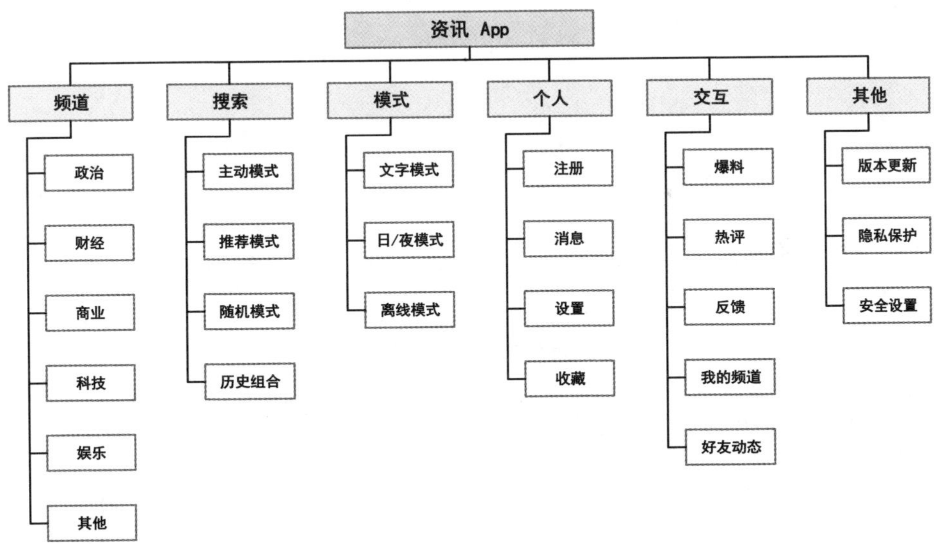

图4-3 资讯App标准架构

又如澎湃新闻，专注于时政新闻领域，其功能优势在于：（1）新闻追问。用户可以针对每一条新闻提出自己的任何疑问并获得其他用户的解答，这一互助方式使得用户可以真正读懂读透每一条新闻。为了最大限度地鼓励用户进行追问与回答，澎湃新闻客户端设置了一个热门追问页面，优质的追问与回答在这里能够得到展现，用户的“名气”也会得到提升。该功能设计使得澎湃新闻完全颠覆了传统的新闻生产方式和新闻形态。（2）新闻跟踪。用户读完一篇报道之后，如果觉得对此新闻事件或话题感兴趣，可以通过新闻跟踪按钮轻松跟踪该新闻。当该新闻有新的进展时，系统会通过标签关键词自动将新的后续报道推送到用户的跟踪中心，极大简化了用户的信息搜寻操作。（3）新闻的跨平台分享。针对许多用户的高频转发需求，澎湃新闻客户端将分享功能进行了最大限度的便利化。与一般新闻客户端将所有分享按钮堆叠在一起相比，澎湃新闻在文章页下方设有固定的微信转发按钮，可以直接转发到微信朋友圈，同时在文章的结尾处也有微博和微信的转发按钮。

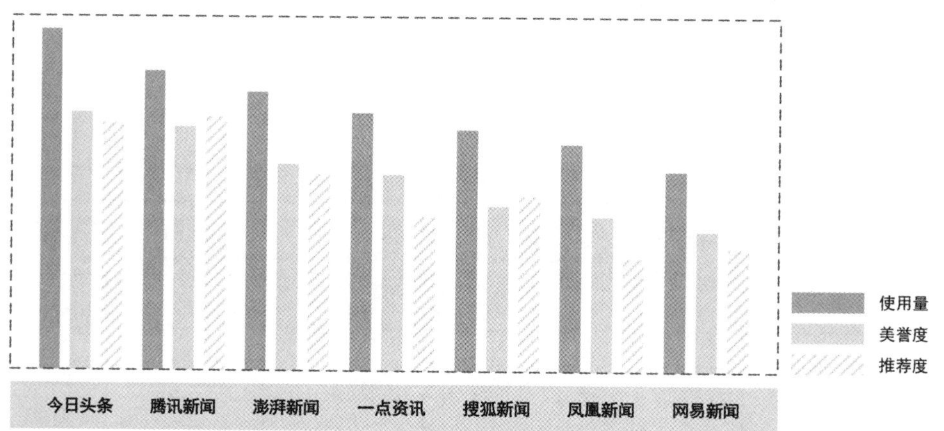

图4–4　典型新闻平台受众使用调查

传统媒体《新京报》App全新上线

根据北京媒体融合发展规划，旨在打造“1＋2＋17＋N”的传播矩阵，包括一个融媒体指挥调度系统、两个市级新媒体平台、17家区级融媒体中心和若干“京字号”新媒体平台。《新京报》作为两个市级新媒体平台之一，于2018年10月31日上线了全新App客户端，内容方面设置16个频道共123个栏目，涵盖时政、社会、北京、观点、财经、文化、科技等多个领域，7×24小时转，每天提供近千条优质新闻内容，日均原创内容超过350条。

运《新京报》App基于传统媒体的团队优势，内容方面体现出高水准与专业化；在内容供给方面走精品路线，具有鲜明的地区特色，如北京频道、文化频道、美丽乡村等板块；将移动端作为优先的传播渠道，用户可以第一时间在App上看到最新的消息；设置丰富的内容表达形式，推动资讯的视频化，使用户可以体验到新闻的临场感。

（资料来源：人民网。）

◆ 短视频平台

短视频平台属于视频平台的分支，在近几年发展迅猛，逐渐成为一个独具特色的领域。短视频是指在各种新媒体平台上播放、适合在移动状态和短时休闲状态下观看、高频推送的视频内容，几秒到几分钟不等（大部分在5分钟以内），内容包括技能分享、幽默搞怪、时尚潮流、社会热点、街头采访、公益教育、广告创意、商业定制等主题，由于时长较短，可以单独成片，也可以成为系列栏目。不同于长视频和微电影，短视频制作并没有像长片一样特定的表达形式和团队配置要求，具有生产流程简单、制作门槛低、参与性强等特点。超短的制作周期和趣味化的内容对短视频制作团队的文案以及策划功底有着一定的挑战，优秀的短视频制作团队通常依托成熟运营的自媒体或IP，除了高频稳定的内容输出，也容易形成强大的粉丝渠道。

短视频在内容上有以下特点：（1）内容短，切入快。短视频的优势主要体现在短小精悍上，据网络调查显示，大部分优质的短视频时长都在30秒至2.5分钟内，非常适合受众在碎片时间观看。短视频大多不追求视听体验，而重在内容的表达与快速的切入。一些短视频制作者表示，如果不能够在前3—5秒抓住用户的兴趣点，那么这个设计很可能失败。（2）选题范围自由、宽泛。短视频的内容选题无特定限制，也无须构建完整的故事线，制作者可以自由发挥创意。因此，短视频可以用于信息传递、情绪表达、个性展示、社会评价、商业宣传等各种目的，当然也不乏许多“无厘头”作品。（3）极强的互动性。许多受众喜好短视频的主要原因在于看中其参与性，能够借助“他人”作品发表自己的意见与看法。具有这种特征的群体在受众中占有一定比例，他们有参与互动的需求，却又不愿意独立发布作品。短视频平台能够很好地满足此类群体的需求，例如一个简单的点赞就能使其获得参与感。（4）轻松娱乐化倾向。受众观看短视频主要是为了轻松、娱乐，因此大部分短视频制作都以此为诉求。娱乐性强的短视频更容易获得较多的点击量，作者也更容易得到追捧。即使是一些信息类或教育类短视频，通常也需要进行娱乐化包装，否则很难取得成功。（5）内容下沉趋势明显。短视频市场的繁荣得益于大量草根受众的参与，此类群体能够带来大量的流量，引起了许多内容生产者的重视。当前，借助移动端的便利性，许多内容创作更加关注二、三线城市及农村受众的偏好，内容的表达形式也更加接地气。

自2016年开始，短视频内容及相关平台快速发展，一个短视频平台排位如表4–3所示，大部分平台的主体功能相似，但在小功能方面各有特色。其中，抖音是国内最具代表性的短视频平台。抖音由今日头条孵化，于2016年9月上线，初始以年轻用户为主，配乐多使用电音与舞曲，视频分为舞蹈派与创意派，且很有节奏感。2017年（今日头条）收购了北美音乐短视频社交平台Musical.ly后步入快速增长期。2018年，抖音邀请社会各界、广大用户代表和专家学者研讨拟订了《抖音社区公约》，促进平台生态的完善。同年，国资委新闻中心携中央企业媒体联盟与抖音签署战略合作，首批25家央企集体入驻抖音，包括中国核电、航天科工、航空工业等，抖音的平台价值进一步提升。“刻板消解、严肃卖萌”，抖音成为“官微”迈入短视频时代的重要接口。除了在国内市场取得成功，抖音海外版Tik Tok同样成绩斐然。Tik Tok凭借母公司的技术架构，以及海外本土化运营策略，得到了大量国外用户的认可。近几年Tik Tok在越南、泰国、菲律宾、马来西亚、柬埔寨等国家都处于行业领先地位，均多次登顶当地App Store或Google Play总榜。抖音出海很好地将中国文化带到了国外，例如，越南版的抖音有明显的中国特色，水墨画、传统汉服、古筝、古琴、陶艺、中文歌曲都成为短视频里的标志元素；《短发姑娘》《爱的就是你》等中国网络爆款歌曲先后成为印尼抖音用户的最爱。

表4–3　短视频平台TOP10

排位	App名称	月度活跃用户（亿人）	特征
1	抖音	5.30	一款音乐创意短视频社交软件，专注于年轻人的音乐短视频社区平台。
2	快手	4.25	由GIF图片的手机应用发展而来，成为用户记录、分享短视频的社区平台。
3	西瓜视频	1.41	覆盖领域全面的个性化视频推荐平台，具有下沉化特点。
4	抖音火山版	1.41	原火山小视频，由今日头条孵化，15s原创生活小视频社区。

（续表）

排位	App名称	月度活跃用户（亿人）	特征
5	好看视频	0.85	依托百度技术，全面覆盖美食、游戏、生活、健康、文化、情感、社会、资讯、影视等视频领域。
6	快手极速版	0.59	快手的精简版，提供了奖励与赚取现金的功能。
7	腾讯微视	0.41	腾讯旗下的短视频创作与分享社区，有视频红包等新玩法。
8	抖音极速版	0.25	抖音的精简版，更为节省内存与流量。
9	全民小视频	0.23	由百度打造的小视频分享发布应用，具有滤镜与贴纸等小功能。
10	波波视频	0.20	包含中长内容及PGC内容的视频平台。

（资料来源：根据知乎与百度搜索整理。）

表4–4 抖音国内外版本比较

	抖音	Tik Tok
注册与登录	手机号码、微信、QQ、头条号或微博	手机号码，Facebook账号、Instagram账号、Line账号或Twitter账号
搜索特征	基于关键字、粉丝量和点赞量	可以直接搜索到全球的账号
推送新闻	基于流量池及热度加权叠加推送	基于文化区域优先推送本地区的内容
变现模式	抖音橱窗外部链接，放心购带货	亚马逊、YouTube、Instagram

近些年随着短视频供给量的增长，以及各类视频平台的泛化发展，出现了不少问题，亟待解决。例如，在许多短视频平台上充斥着不少低俗违规的作品，在传播中将产生不良影响。对于这些问题，业内专家指出，短视频运营方应承担起相应的责任，以精细化管理提升内容的品质，强化对视频平台传播的监督，营造良好的生态空间。在具体的监管方面，应注重事前的风险控制，实施内容审核制度，除了扩充审核人员队伍，还应以新技术提升审核效率，如图像（面空）模糊识别、机器学习等，并完善各类比对库的建设，全面扩大内容审核的覆盖面。在内容传播过程中，平台还应优化相应的推荐算法，对于接近审核标准底线的内容减少推荐或不予推荐，积极引导短视频内容在娱乐化的同时具备正能量与知识性。

◆ 直播平台

直播平台是各类网络实时内容的重要载体，继承并发展了网络信息的互动优势，可分为视频直播平台与音频直播平台，当前主要以视频直播为主。视频直播有较好的资讯展示效果，内容形式多样且互动性强，适宜用来组织丰富的交互活动，如商品展示、企业宣传、网络授课、问题咨询、文艺节目、游戏竞技、个性化展示，以及嵌入其他视频节目（如对于体育赛事进行旁白）。4G时代视频直播在硬件方面得到了很好的支持，促进了移动端用户的快速增长，年均增长率在20%以上，进入5G时代，直播内容能更为自由地发挥传播优势。直播行业的发展在一定程度上得益于受众消费模式的转变，一些网络调查显示出，受众对于直播内容正呈现向刚性化需求转变，主要表现为部分受众每日“必需”看够一定时长的直播内容。这种刚需可归因于碎片化生活、宅文化、缓解生活压力等，在各类群体中（不分地区、年龄、学历）均有分布。在此趋势带动下，直播领域快速吸引了大量资源。例如，资本推力在2017年后明显增加，重量级投资方纷纷入局，头部直播平台的融资规模动辄数千万元；同时，一些主流明星也逐渐加入直播行列，同众多草根直播明星同台竞争，进一步提升了平台热度，因此有人将其描述为“发于秀场，兴于网红，而盛于明星”。

从直播平台的发展阶段来看，目前已经历了三大阶段并正在迈向第四阶段。在直播1.0时期，主要是以直播模式的行业试水为主，此时大部分应用与平台还未找到适宜的标准化直播运作模式，内容采集也相对单一，主要以秀场类直播为主。此阶段的编辑模式与传统电视直播相似，但也有少数直播先驱开始尝试探索新的运作与内容创作模式。直播1.0时期的重要作用是培育了一批基础受众，为日后直播平台发展打下了基础。进入直播2.0时期后，游戏直播成为直播业增长的引爆点。由于游戏内容，特别是网络游戏，一直有大量的受众，能够快速接受网络直播模式，且游戏业本身缺乏传统媒体的支持，因此游戏直播很快占领了直播领域的制高点。许多游戏直播平台展开了激烈竞争，内容占先这一特征在此阶段得到了受众认可，平台的功能特性需要跟内容质量有效结合，才能够吸引用户的关注。进入直播3.0时期后，得益于智能手机普及和移动互联费用的降低，直播内容的收看频率快速提升，“随时随地”的消费模式成为主流，内容涵盖领域也逐渐泛化。“直播+”成为该阶段的关键词，借助直播平台的各种商业活动逐渐兴起，直播在其中扮演了商品渠道的角色。借助5G技术的发展，直播业目前正在迈进直播4.0时期。该阶段除了传输速度显著提升带来的直播效果优化，一些新技术也融入直播活动，如在游戏领域兴起的VR技术可以广泛应用于现场类、旅游类、体验类的直播内容中。

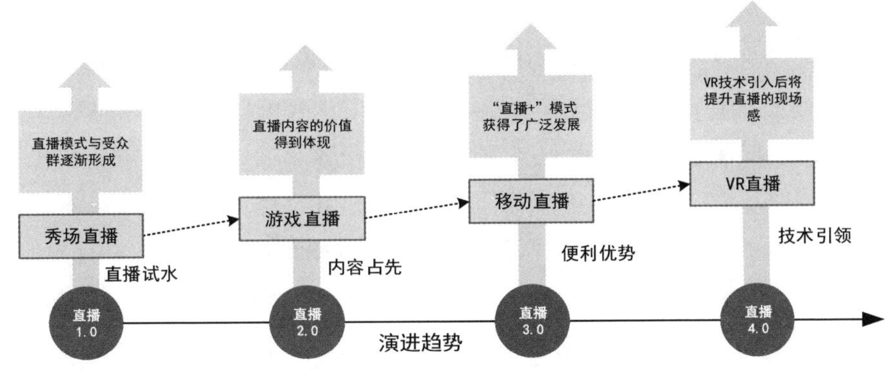

图4-5 直播模式的阶段进化

直播平台在内容方面包括音乐类（主唱、配音等）、舞蹈类（经典、自创等）、女生类（女神、颜值等）、男生类（男神、校园等）、小视频类（比较宽泛，涉及生活窍门、小科普、技巧分享等）、户外类（户外休闲、体育活动等）、游戏竞技类（《王者荣耀》《英雄联盟》《绝地求生》等）、内容电商类（主播带货）、娱乐明星系列。其中，游戏类直播是最早兴起的直播领域，且拥有稳固的用户群，主要原因在于"游戏（尤其是竞技类游戏）+直播"模式有极高的匹配度，能够为用户带来收看体育比赛式的临场感，辅以各类互动功能，用户可以充分表达自己的情绪，支持喜爱的选手或团队。不同直播平台在内容运营方面还有不同的倾向，一些典型平台特点如表4-5所示。同时，许多平台还提供了丰富的排行榜单，如综合排名、流量贡献榜、点赞榜、粉丝榜、新人榜等，榜单还可分为日榜、周榜与季度榜等。

表4-5 典型直播平台及特点

直播平台	平台特点
斗鱼直播	以游戏直播为主，涵盖了体育、综艺、娱乐等多种直播内容。
虎牙直播	涉及游戏直播、美食直播、秀场直播、电视直播、演唱会直播、发布会直播、体育直播等内容。
熊猫直播	涉及《英雄联盟》《DOTA2》等游戏直播，以及各大型活动、类综艺直播内容。
六间房	涉及领域宽泛的草根直播内容。
战旗直播	以全新的互动游戏直播为主，兼具多种形式直播内容。
风云直播	支持传统电视节目直播，网友个人电视台直播，联盟直播。
花椒直播	聚焦"90后""95后"生活的泛娱乐直播平台。

直播平台在功能方面除了提供视频的制作、上传、发布、搜寻，还会提供诸多吸引用户的小功能，这些功能很受女性用户的欢迎。例如，花椒视频

功能设置包括：（1）VR直播。花椒VR直播采用双目摄像头，并通过手机陀螺仪数据以及技术优化处理，让用户戴上VR眼镜后可以看到更加真实的3D场景；同时采用渲染层畸变算法处理，以减少观看的眩晕感，从而使受众得到更好的沉浸体验。花椒还对网络传输过程和客户端进行了编解码优化，主播在无线网环境，甚至是4G网络下均可实现VR直播。（2）变脸技术。为了让细节呈现更完美，花椒采用高于行业平均水平的特征点定位，针对眼睛、眉毛、嘴角等关键位置95个特征点进行精准检测，同时专门进行产品优化，使面具能够10毫秒内迅速追踪到人脸，即使用户不断移动或者做鬼脸，面具也会进行稳定精准的定位并随之变化。（3）美颜与脸萌。自动对用户的面部进行美白、化妆等，让用户可以在直播的时候向粉丝们展现自己最好的一面，同时通过人脸识别技术，将皇冠、兔耳朵、帽子、猫咪等多种表情直接附着在用户头上或出现在用户面部，可以直接体现用户的个性与心情，让直播更萌、更有趣。此外，花椒视频平台还使用了快速回放、流量（压缩）节省、云存储等功能，改善了主播与用户的使用体验。

斗鱼是国内较具代表性的直播平台，以竞技游戏弹幕式直播分享为特色。2014年，斗鱼TV正式命名，冠名赞助国内顶级电子竞技俱乐部OMG、WE、EDG、皇族等。同年，斗鱼TV获得奥飞动漫2000万人民币的天使投资，以及红杉资本2000万美元的A轮投资。2015年，斗鱼TV冠名赞助LGD电子竞技俱乐部。2016年，斗鱼TV获得腾讯领投的B轮超一亿美元融资，天神娱乐和A轮投资人红杉资本以及南山资本都继续追加投资。同年8月，斗鱼直播完成了C轮15亿元人民币的融资，融资由凤凰资本与腾讯领投，深创投、国家中小企业基金、红土成长、深圳嘉远、时尚资本、上海挚承、南山资本等跟投。2016年内，斗鱼累计融资金额超过20亿元人民币，成为国内第一家迈入C轮的网络直播平台，并刷新了直播界的融资纪录。2017年，斗鱼直播入选中国互联网协会、工业和信息化部信息中心联合颁发的“2017年中国互联网企业100强”榜单，并获得第十二届年度优秀游戏评选大赛金翎奖“最佳直播平台奖”。2018年，斗鱼TV获得新一轮腾讯独家的6.3亿美元融资，并筹备赴美IPO事宜。2019年，斗鱼向美国证券交易委员会（SEC）正式递交了IPO申请，预计融资规模为5亿美元，同年在纳斯达克交易所上市。斗鱼直播的内容优势领域在于游戏板块（参见表4-6），包含网游竞技、单机游戏与休闲手游，同时在娱乐、科技、文化、语音等领域也有不错的日常在线量。

表4-6 斗鱼直播板块受众规模（部分）

分类	内容	日常在线规模（晚间）
网游竞技	英雄联盟	7087万
	绝地求生	9820万
	穿越火线	1875万
	使命召唤：战区	1173万
	DNF	2837万
	DOTA2	1835万
	CS：GO	1798万
	守望先锋	815万
	魔兽怀旧服	807万
	魔兽世界	762万
单机游戏	主机游戏	3521万
	逃离塔科夫	830万
	恐怖游戏	539万
	拾遗记	302万
	怪物猎人	213万
	马里奥制造	62万
	亿万僵尸	55万
	荒野大镖客	53万
休闲手游	王者荣耀	1.2亿
	和平精英	5760万
	王者模拟战	740万
	灌篮高手	472万
	跑跑手游	362万
	中国象棋	302万
	狼人杀	285万
	欢乐麻将	152万
	欢乐斗地主	131万
娱乐天地	音乐、颜值	6608万
	舞蹈	3780万
	户外	2886万
	二次元	1987万
	一起看	1289万
	美食	602万
	原创IP	241万
	趣生活	45万

（续表）

分类	内容	日常在线规模（晚间）
科技文化	数码科技	612万
	文化	401万
	直播中国	155万
	科普	137万
	教育	57万
	汽车	52万
	达人	23万
语音类	交友	3980万
	电台（点唱）	1002万
	陪玩	701万

（资料来源：根据斗鱼平台2020年数据整理。）

“直播+”已成为诸多行业青睐的商业模式，自新冠肺炎疫情以来，该特征尤为明显。根据中国经济网、搜狐新闻等媒体报道，疫情进一步强化了“宅”经济，2020年上半年受众的平均居家时间显著增长，“空闲”时间大多上网消遣。在此背景下，“直播+”模式在多个领域发挥了功效，如助力疫情防控，向居民宣传相关的健康与防护知识；为居民提供丰富的网络娱乐内容；为封闭的个体提供网络社群空间，满足其同家人及朋友的交往需求等。在提振经济方面，“直播+”与网络零售成功对接，弥补了线下接触业务的市场空白。农产品销售与“直播+”的融合促进了农村地区的商品销售，为脱贫工程提供了支持，许多贫困县借助直播形式销售土特产，保障了收益。疫情期间许多省份的政府部门主导地方特产进入直播销售平台，地方领导现身直播现场，为相关产品代言、促销，体现出数字经济时代新的行政服务风貌。在文化生活方面，“直播+”模式还同旅游、博物馆参观等活动密切结合，“云游览”形式一度受到热捧，如淘宝直播间上的“云春游”单日最高流量超过了千万人次。在后疫情时期，许多“直播+”模式还将持续发展，在行政服务、休闲娱乐、健康咨询等方面向用户提供便捷的服务。

4.2 MCN

MCN（Multi-Channel Network）指多频道互联网络，其主要功能是对于分散网络资源进行汇集与整合，并为其提供后续的分发通路服务。MCN的出现适宜地迎合了互联网内容消费的趋势，能够很好地为PGC、UGC、PUGC

等内容创造持续的发送渠道，并通过对各类外部资源的整合协调促进内容向收益的转化。MCN在发展中呈现出了与PGC高度融合且垂直化明显等特征。

◆ MCN机构的发展历程

MCN机构具有整合多种垂直领域的能力，并提供内容生产管理、内容运营、内容分发、内容变现、粉丝管理等服务，是当代内容产业发展的重要“枢纽”。由于内容信息在互联网上以几何级数增长并以分散形式出现，因此MCN能够很好地服务各类与内容相关的主体，无论是大型主体还是分散的作者，都逐渐形成了对于MCN机构的使用习惯与依赖。MCN机构的发展历程可大致分为四个阶段：（1）2013—2014年为酝酿期，此阶段主要服务各类短视频的发展需求，从而出现了相应的平台部署，并营造了初始化的商业合作生态。（2）2015—2016年为稳定增长期，除了传统PGC，大量UGC使用者认识到了MCN的商业价值，并通过多种方式获得MCN机构的服务。同期，一些投资方也看到了MCN的商业前景。（3）2017—2018年为业务爆发期，MCN受到了各大型平台的重视，给予了MCN机构大量的支持。同时，以短视频为主导的内容产量大幅增加，带动了行业的整体盈利规模，并获得了大量的资金注入，行业呈现出井喷式发展。（4）2019年以后为生态调整期，一方面平台与MCN机构之间的关系发生了变化，相互间的利益博弈成为焦点，一些MCN机构逐渐丧失了盈利能力。另一方面MCN机构进行了内部机制优化，又有更多的主体与角色加入MCN机构行列，催生出新的机构与运营模式。可以预见，MCN机构在未来的发展中，必将重新进行自我定位，并在服务与成本方面找到新的均衡点。

MCN机构兴起于美国，以YouTube为典型代表，主要是为个体的视频内容生产方提供传播途径，帮助他们整理与推广内容，并基于广告插入方式进行利益分成。MCN机构大致于2014—2015年开始在我国内容市场出现，起步阶段的机构数量仅在百余家左右，由于上下游机构对于此种形式的认知还不高，因此在行业中并未发挥出应有的效能。至2016年，一些内容机构开始尝试MCN，如微博尝试了MCN的内测。2017年MCN机构整体进入了加速发展期，许多知名应用都启用了MCN，如抖音提出了完整的MCN战略并于当年上线，美拍在当年启动了MCN并进行了相关布置的升级，大鱼号也提出了针对MCN机构的“大鱼计划”。2018年MCN机构数量超过了5000家，并且掌握了大量头部资源，对于各领域“网红”的占有率也超过了80%。2019年MCN机构在内容领域的影响力进一步强化，成为推动碎片化内容整合的主导力量，一些应用也推出了更有力度的MCN计划，例如趣头条号针对MCN机构推出“麦浪计划”，计划每月为100家MCN机构提供百亿流量的支持及综合扶持方案。

表4–7 大鱼号相关推荐的评价标准

编号	类型	特征
第一类	原创文章	文章的原创内容占比须超过80%，内容中引用的部分不可超过20%；非整理、拼凑、改编他人内容的整合类和二次创作的文章，如网络段子、网络视频；非转载时事新闻、法律法规、决议、文件的内容，如引用以上内容，则其中自媒体人的评论观点内容占比须超过80%。
第二类	独家文章	配合栏目、活动进行约稿的独家文章；自媒体人向平台定向投稿的独家文章；与自媒体人达成独家约稿协议进行连载的独家文章；在全网任何平台均没有发布，只在大鱼号平台发布的文章。
第三类	深度文章	单篇文章字数不少于2000字；内容有独创性观点和独到的见解，主旨明确清晰、有逻辑、有层次，有稳定的撰稿结构，行文有风格；论述有深度、有知识性，有更深层次的解读，能让人读后有所收获和感悟，区别于大众消费和通识阅读；具有较强专业性的文章，如一些重度垂直领域的优质文章。“深度”文章常见于社评、文化、艺术、干货、冷知识这几个领域。
第四类	高质文章	文章字数不少于2000字；漫画类内容故事画板不少于8幅；文章可读性强，有一定的传播度；文章有实用性，让人通过阅读能获得知识；文章具有一定的话题性、热度、时效性；文章排版精美、图文并茂，图片质量高，文章中没有广告等杂质。

（资料来源：根据搜狐“大鱼计划”整理。）

趣头条号的“麦浪计划”

趣头条号的“麦浪计划”旨在扶持一批亲近下沉内容市场的创作者，创造出更多亲民且生活化的原创作品。入选该计划的作者或机构可以享受到趣头条号为其提供的相关政策优惠，如流量引导方面的支持以及收益方面的保障。“计划”在技术层面将以优化算法进行推荐，在保证作者的基础流量外，提升其内容或相关资讯的触达率。在品牌建设方面，向MCN机构品牌倾斜，打造趣头条号的MCN机构榜单，以千万级品牌曝光提升其品牌影响力。在“计划”的具体实施方面，趣头条号提供专项对接服务，为入选机构进行全流程的支持，帮助它们选择适宜的内容板块，引导它们制作符合优化需求的内容，以后台大数据为其提供运营支持，以双赢模式促进平台发展。此外，趣头条号还为入选机构提供多种线上与线下活动，为它们创造同相关商业主体及受众的接触机会，大幅提升其流量获取及衍生收益能力。

（资料来源：www.chinaz.com。）

◆ MCN机构的职能

MCN机构处于内容平台的枢纽位置，其职能的有效发挥对于平台运转有至关重要的影响。(1)MCN机构在衔接上游端方面主要是开发职能，包括网红开发、内容开发及IP开发。网红开发并不需要直接涉及具体内容的创造，是一种较为简单的开发功能，主要在于对网红的挖掘与培养。网红开发具有短、平、快特点，可以使MCN机构快速进入商业运作，非常适合一些处于起步阶段或中小规模的MCN机构使用。内容开发则意味着MCN机构需要直接或间接参与内容创作，可以通过技术参与或资金参与，与上游形成较为紧密的连接。内容开发对MCN机构有一定的要求，需要掌握相关内容领域的趋势与制作特点，并能够洞察受众的需求变化。IP开发则要求MCN机构有极强的市场运作能力，能够组织充足的内部及外部开发资源，并掌握持续挖掘IP价值潜力的方法。IP开发一般只有大型MCN机构才能够承担。(2)MCN机构在衔接下游端方面主要是平台运营能力，包括资源整合、平台对接以及活动运营。MCN机构的资源整合工作较为宽泛，需要帮助相关内容找到合适的发布渠道，关联相应的变现渠道，搜寻广告商，并尽可能扩大其营销的途径。资

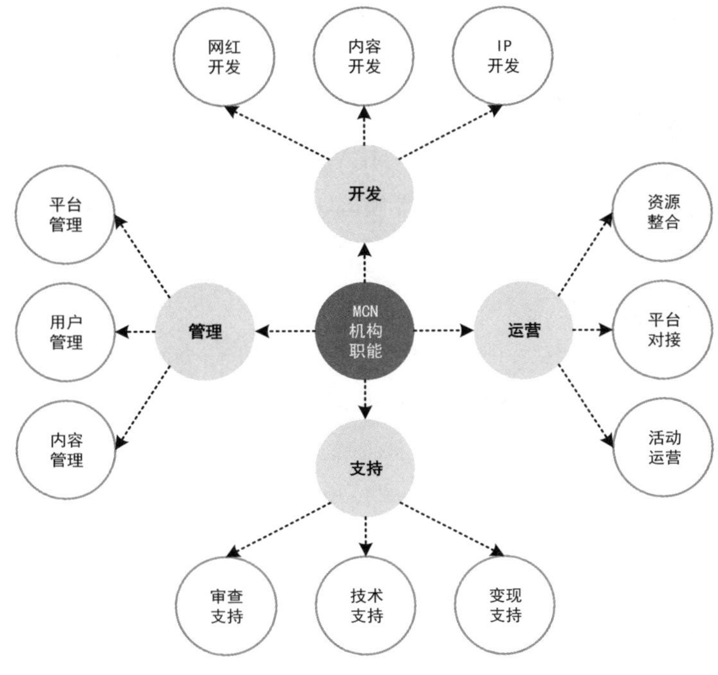

图4-6 MCN机构的主要职能

源整合除了平台技术层面的工作，通常还需要许多人际协调工作。MCN实施平台对接是运营的关键，打造出完整的平台生态链能够使内容传播更为高效、持续。需要注意，如果MCN机构在上下游对接的均是实力雄厚的大型平台，则有可能弱化MCN机构的相应职能，甚至挤占MCN机构的利益。此外，MCN机构也可参与诸多线上与线下活动运营，对内容或上游节点进行推广。(3)MCN机构的日常管理职能，包括对平台的管理、对用户的管理以及对内容的管理。平台管理需要保证技术层面的可靠性，并通过各种工具便利用户的操作，如制作与分发工具包以及各类在线数据采集与统计等。同时，平台管理还须关注各类平台接口的安全与有效性，保障平台的稳定运转。在用户管理方面，需要做到分类与分级化管理，使各类上下游用户能够依据权限在平台进行相关的操作。其中，对于内容制作用户的管理尤为重要，需要涉及大量的用户内容上传、转换等操作，以及处理用户的各种技术问题与反馈。优质的用户管理能够保障诸多下游工作顺利开展。此外，MCN机构有时还须承担具体的内容管理工作，涉及对内容的分类、分级、整理等方面，便利下游平台的使用。(4)MCN机构提供多种平台支持，包括审查职能、技术支持以及变现支持。内容审查一般较为烦琐且工作量很大，虽然当下已经有了人工智能审查技术，但是在许多场景下还须人工介入，一些MCN机构在此环节投入了较多资源。技术支持涉及内容宽泛，从平台运转的核心技术到边缘技术，MCN机构需要兼顾并提供运维支持。此外，在变现方面，MCN机构也可发挥自身平台的环节位置优势，承担相关的转化服务职能。

◆ MCN机构的类型

MCN在引入我国内容市场后逐渐演化出了许多不同的类型，包括内容生产型、网红运营型、自研孵化型、IP布局型、电商内容型，以及类MCN平台等。(1)内容生产型。内容生产型MCN机构属于较为基础的类型，此类MCN机构借助自身上游资源的优势，能够较为容易地进入内容生产领域，多建设了自己的专栏或IP，并得到了市场的认可。同时，内容生产型MCN机构大多注重品牌建设与延伸，与大型平台展开深度的合作，例如知名MCN机构二更同阿里巴巴、京东、欧莱雅、联合利华等500多家国内外知名品牌达成深度合作。(2)网红运营型。网红运营型MCN机构由于使用较为垂直化的运营方式，收益见效普遍很快，因此在数量方面占比最高。网红运营型MCN机构的竞争点在于对网红资源的挖掘、培育及垄断，拥有网红的数量与质量直接影响着MCN机构的话语权与广告聚集能力。网红运营很容易进行横向的拓展，例如短视频内容可以向直播、线上与线下活动、微博、社交媒体等领域延伸，从而提升其盈利能力。（3）自研孵化型。自研孵化型MCN机构具有较强的塑造能力，偏向打造自己的网红，而非直接签约成熟网红。此类MCN机构大多具有敏锐的市场感知，善于把握选题并找到合适的网红人选，并以利益方式将网红及相关资源控制在自己手里，避免养成的网红跳槽或单飞。（4）IP布局型。IP布局型MCN机构规避了内容终端的激烈竞争，将经营重点放在长线发展上，以打造具有较长生命周期的IP为主，涉及IP研发、IP转化、IP经营的全流程。此类MCN机构需要掌握经典IP，并以版权合作的方式进行变现，发展速度一般较慢，但取得优质IP后持续盈利能力较强。（5）电商内容型。电商内容型MCN机构借助电商平台向内容领域拓展的机遇，利用电商生态参与相关内容的生产与运营活动，并获得内容变现的有利渠道。（6）类MCN平台。类MCN平台属于较为特殊的类型，多处于KOL和品牌中间，专注于扩展品牌与KOL之间的营销合作。此类MCN平台可以链接巨量内容创作者，但对其的把控力则比较弱。

表4–8　MCN机构的类型

类型	典型代表	标签特征	板块IP
内容生产型	橘子娱乐	娱乐、短视频、IP、娱乐营销	橘子辣访、娱乐情报橘、橘子新青年、大明星小故事、星生报道、星座肿么了
	二更	品牌建设、原生营销、内容广告	二更视频、mol摩尔时尚、更城市系列等20多个子品牌
	飞博共创	新三板自媒体第一股、网红、动漫IP、社会化营销	冷笑话精选、星座秘语、读书有道等近200个知名自媒体
网红运营型	鼓山文化	网红经纪、内容、数字化营销	小野妹子学吐槽、英国报姐、刘哔电影、粽子说
	Papitube	papi酱、规模化	签约并培育了Bigger研究所、王咩阿、滇西小哥、在下杨舒惠等近100个博主
	牙仙	自媒体营销、段子手、资源、创意	飞飞是大王、苍南派等多个现象级自媒体账号
	思空	网红资源、新媒体整合营销、新文化	回忆专用小马甲、追风少年刘全有、谷大白话
	无忧传媒	网红经纪、直播、电商	彭十六elf、多余和毛毛姐、萌小美、Miko玥
	蜂群文化	网红资源、IP、蜂群实验室、内容营销	培育超过1000个蜂群KOL

（续表）

类型	典型代表	标签特征	板块IP
自研孵化型	洋葱视频	IP孵化、短视频、电商	自主孵化办公室小野、代古拉K、七舅脑爷、大嘴博士等50多个热点IP
IP布局型	震惊文化	原创IP、内容开发、IP经营	当时我就震惊了、红鹤笔记、猪小屁、大爱猫咪控、黄一刀有毒、吃喝玩乐在北京。
	大禹网络	数字内容、动漫、游戏、IP、社交媒体营销	《一禅小和尚》《拜托啦学妹》《奔波儿灞与灞波儿奔》《软软》《野食小哥》《荒野求生》《战就战》等诸多知名IP
电商内容型	如涵控股	电商、网红孵化、社会化营销	如涵孵化100+独家红人，链接业界2000+红人资源，覆盖美妆时尚、生活方式、母婴快消等多个女性消费领域
类MCN平台	IMS	营销代理商、社交营销、新媒体、KOL	SMART、WEIQ、克劳锐
	ParkLU	平台、KOL、国际品牌	PARKLU的品牌和博主横跨时尚、美妆、旅行、母婴、健身、美食等多个行业领域
	RewardStyle	时尚博主、内容营销、互联网科技	与全球各大知名品牌，各大时装周、时尚盛会达成了多元合作，博主数量达到16000

（资料来源：根据socialbeta.com资料整理。）

◆ 典型的MCN机构

各类MCN机构在近几年发展迅速，基本上覆盖了各主流内容领域，以自身的PGC运营特性有效连接分散的UGC与PUGC，极大提升了内容产业创造的系统化与规模化程度，对于上下游的盈利提升也做出了不小的贡献。近些年，我国排名靠前的MCN机构如表4–9所示，大部分能够覆盖广泛的内容领域。例如深圳的蜂群文化，内容涉及影视、游戏、音乐、电商、时尚、美食、美妆、明星、二次元动漫、旅游、餐饮、汽车等领域，主要合作平台有微博、微信、抖音、快手、美拍、头条、一直播、AcFun弹幕视频网（A站）、哔哩哔哩、斗鱼、虎牙直播等，能够胜任内容原创、内容发行变现、网红孵化、网络营销策划、影视创作等职能。根据艾媒咨询报告，2018年至2020年，短视频领域的MCN机构发展最具代表性。短视频MCN机构的服务生态已经较为完善，包含制作、运营、推广、变现以及前端孵化等全方位服务体系，在5G与AI技术的推动下将进一步提升MCN的商业转化效率。未来短视频MCN机构将继续在专业化方面细分，头部IP在专业化基础上提升精益化水平。同时，MCN机构在垂直化方面将得到更广阔的施展空间，美妆、服饰、美食、家居商品将成为焦点领域。

表4–9　MCN机构排名2019（部分）

排名	MCN	所属企业
1	新片场	北京新片场传媒股份有限公司
2	青藤文化	北京青藤文化股份有限公司
3	蜂群文化	深圳蜂群文创发展有限公司
4	橘子娱乐	北京橘子文化传媒有限公司
5	如涵	杭州如涵文化传播有限公司
6	古麦嘉禾	青岛古麦嘉禾科技有限公司
7	薇龙文化	上海薇龙文化传播有限公司
8	飞博共创	厦门飞博共创网络科技股份有限公司
9	无忧传媒	天津无忧文化传媒有限公司
10	老司机	北京锋巢信息技术有限公司
11	头条易	北京头条易科技有限公司
12	华星璀璨	成都华星璀璨娱乐有限公司
13	微念	杭州微念科技有限公司
14	美ONE	美腕（上海）网络科技有限公司
15	豚首互娱	成都豚首红人文化传媒有限公司
16	必客传媒	广州必客传媒广告有限公司
17	中广天择传媒	中广天择传媒股份有限公司
18	二咖传媒	北京二咖传媒文化有限责任公司
19	OnlyLady	北京时尚锋迅信息技术有限公司
20	小题影视	厦门小题影视有限公司

（资料来源：《互联网周刊》。）

新片场成立于2012年，是近几年较具代表性的MCN机构。新片场社区是国内专业的创作人社区，为创作人提供作品展示、互动交流、影视教学、素材交易、影视创作工具等服务，业务覆盖了国内外32个地区，分享作品超过百万部。新片场社区内创作人涵盖了国内新生代影视创作力量，用户人群包括导演、制片人、剪辑、摄影、演员等，作品包括电影、电视剧、网络电影、网络剧、短视频、微电影、电视广告影片（TVC）、延时摄影等。新片场旗下的重要板块主要是新片场短视频与新片场影业。新片场短视频拥有较强的品牌矩阵，能够承载自制与签约等创作形式，为创作人提供推广运营、商业化扶持、内容创作等支持。典型的视频栏目包括《场库》《魔力美食》《造物集》《小情书》《理娱打挺疼》《在场》《魔力时尚》等。新片场短视频与多家视频网站、电视台、飞机、公交、地铁等播出渠道深入合作，分销传播能力较强。新片场影业则是专业化的影视娱乐公司，业务覆盖制作、投资、发行、营销全流程。新片场影业主要出品网络电影、网络剧、院线电影等影视内容，年度开发能力

15部，年度宣发作品50部，代表作包括《鬼吹灯》系列、《四平青年》系列、《新封神》系列、《二龙湖爱情》、《至尊先生》、《齐天大圣之大闹龙宫》、《捉妖大仙》系列、《九门提督》、《狼群行动》系列、《巨鳄岛》等诸多爆款项目。

表4-10　新片场发展历程

时间节点	代表事件
2012	北京新片场传媒股份有限公司注册成立； 九合创投投资新片场
2014	完成A轮融资
2015	获得阿里巴巴、红杉、中瑞新一轮融资； 新片场登陆新三板； 新片场获得第五届北京国际电影节电影频道华语电影新焦点“最具投资价值奖”
2016	新片场完成C轮融资； 新片场影业正式成立； 新片场成为新浪微博短视频战略合作伙伴； 新片场获猎云网评选的2016年度“最具潜力创业公司”； 新片场被挖贝网新三板年终评选评为“文化传媒优秀企业”； 新片场获评第六届北京微电影节“行业贡献奖”； 新片场获评由创业邦评选的中国创新成长企业100强
2017	新片场获评亚洲新媒体电影节“最佳团队制作奖”； 新片场位列“德勤高科技高成长中国50强”榜单； 新片场获评首届网影盛典“年度十佳影视公司”
2018	新片场社区认证创作人超过80万

（资料来源：根据百度百科搜索整理。）

国内MCN机构的短板

同国外MCN机构发展相比，“中国化”的MCN机构还存在诸多问题。（1）普遍缺乏专业性。例如，YouTube上的MCN机构大多由经验丰富的好莱坞制作人创立，兼有内容管理、明星经纪、广告代理等职能，业务流程非常规范。与之相比，国内许多MCN机构更像临时搭建的“草台班子”，操作流程的规范度不高，很难有效控制内容品质。（2）网红经纪模式流行。不少MCN机构更像网红经纪公司，倾向快速签约网红和垂直领域的KOL，寻求迅速变现却缺乏深耕。经纪模式极大限制了MCN机构应有职能的发挥，也压缩了MCN机构的盈利空间。（3）缺乏IP运营理念。当前不少国内MCN机构的主要作用还是商业推广，以流量作为核心运营要素，缺少打造IP的能力和相关运营意识，多为短平快模式，在商业开发中难以持续获利。

（资料来源：搜狐新闻《“中国特色”的MCN，下一个落脚点在哪里？》。）

◆ 审慎看待MCN机构

对于MCN机构的发展不能够盲目乐观，我们应该从国外MCN机构近些年的兴衰事件中得到启示。美国许多MCN机构兴起于2014—2016年，而其中大多在2018年出现了问题，主要集中在运营与财务方面，直接导致了MCN机构破产。早期MCN机构快速发展在于其能够很好扶持大量中小内容生产者。以YouTube为例，YouTube的分账管理有着相对严格的机制，获得YouTube 合作伙伴（Partner）身份是关键，对于大量中小内容生产者有着较高的进入门槛。MCN机构能够以批量方式处理这些流程问题，并承担长尾部分的大量审核工作，减少内容生产者的分账成本。其次，MCN机构能够帮助中小内容生产者很好地处理版权方面的问题，例如，一些基于原始版权的二次制作产品，如何通过比例或展现形式有效界定版权争议。同时，MCN机构还提供了原始素材库供内容生产者使用，避免推出后遇到不必要的纠纷。此外，MCN机构提供了大量支持性的服务，能够很好地对接中小内容生产者，包括数据分析、运营咨询、艺人合作对接、联盟导流、品牌植入、资源共享等。但需要注意，早期YouTube与MCN机构的成功也存在着一些隐患，主要存在于利益分配方面。YouTube在快速发展期内，由于资源有限，将许多烦琐工作交由MCN机构处理，确实节省了可观的审核与管理费用，但这一部分“脏活累活”的成本转嫁给了MCN机构。一些MCN机构在短期内可以承担损失，但长期持续下去必然导致其财务状况恶化，导致了MCN机构的分化发展。从YouTube生态的分账模式来看，YouTube的占比一般在45%左右，内容生产者可以达到40%，而MCN机构的占比仅为15%。MCN机构通常处于边际成本高而收益有限的状况，并缺乏足够的市场议价能力，许多MCN机构不得不“薄利”经营，激励水平严重下降。网络评论家普遍认为，YouTube的策略失误是导致这种结局的主要原因，即YouTube经常会收割MCN机构培养起来的优质内容，并在收益方面绕开MCN机构，使MCN机构对接的群长期停留在低端领域。同时，YouTube还不断提升合作伙伴的准入标准，2018年把标准线由原来的1万次观看调整为1000个粉丝+过去12个月内有4000小时的观看时长，并要求MCN机构旗下所有频道必须经过YouTube审核才能获得广告分账。评论家对YouTube模式的总结是，需要培育良好的内容生态链与价值链，使参与内容生产与分发活动的各类主体都能够得到合理收益，并合理设计变现与杠杆水平，提升下游环节的议价能力，以“放水养鱼”的思路谋求发展。

表4–11　国外典型MCN机构的兴衰简述

主体企业	上升周期		下降周期	
	时间	节点事件	时间	节点事件
Disney	2014	Disney宣布全资收购成立2年的Maker Studios，最终支付价6.75亿美元	2017	Maker旗下频道从6万削减到300，开始进行多轮裁员
Otter Media	2015	Otter Media以2亿—3亿美元估值控股Fullscreen	2018	Fullscreen关闭旗下多项业务，进行多轮裁员，CEO辞职
Verizon	2016	Verizon入股Awesomeness TV，对应估值6.5亿美元	2018	Verizon放弃与Awesomeness TV的战略合作，股权转售给Viacom，对应估值5000万美元，缩水90%
Defy media	2016	Defy Media从Wellington Management融资7000万美元	2018	公司倒闭，前员工兼网红将其称为庞氏骗局

（资料来源：根据虎嗅资讯整理。）

第五章
内容分发

5.1 内容分发模式

内容分发（Content Delivery）是内容消费的重要环节，潜在影响着内容消费的效率与用户体验。内容分发包含两个层面，一个是内容分发的模式与管理，另一个是内容分发在技术层面的实现。作为内容生产方与内容平台，对于模式设计与技术选择均需要考虑周全。内容平台在实现基本架构后，相当比例的前端任务可以交由MCN机构处理，自己主要承担分发任务。分发的实现效果直接决定了内容的传播规模、销量及变现水平。因此，分发质量成为考查内容平台的关键指标，分发能力与平台的规模、声誉、盈利等密切相关。需要指出，参与内容分发工作的主体并非仅限于内容平台，各个相关主体在其中都要扮演好自己的角色。

◆ 内容分发匹配

内容分发模式设计需要将内容与受众进行有效匹配，使不同类型的内容准确命中受众。内容市场是一种典型的分散化市场，前端与后端均呈现明显的碎片化特征。对于前端的生产者来说，由于大量UGC平台的存在，内容产出的数量惊人，规模非常庞大。即便是同一类型或主题的内容，不同生产者的产出乃至同一个生产者不同时间的产出都会有极大的差别，很难保证其目标受众群体固定不变，因此在传播中需要“精挑细选”，无法像传统传媒那样进行批量生产、批量分发。对于后端的用户来说，其数量更是以亿为单位，每一位用户的偏好与需求都不一样，在传播中如果能够对用户进行细致的分类、描绘与定位，就可以提高内容分发的效率，避免无效或不适宜的内容传递给目标受众。内容分发的基本态度是，任何内容无论优劣，都有属于自己的受众，分发的职责便是通过合理的管理手段与技术手段对其进行快速的匹配。匹配过程在逻辑上主要包括对内容的画像（profile）、对受众的画像以及根据画像结果进行推荐与匹配三个部分。

内容画像，是指对内容类别与属性进行精准定位的方法，需要对内容进行多角度的描述并添加简洁的标签项。现代内容标签更加分散化与多样化，以短视频为例，常见的标签项可以包括内容类型、风格主题、所属领域、适用人群、有效期、视频主体、拍摄地点等。相关标签的添加工作可以通过作者手工完成，也可以通过智能化平台自动完成，如果管理海量的视频信息，就更趋向于后者。AI系统可以根据视频标题、视频简介、视频时长、画面特征、声音或音乐特征、作者信息等进行基本标签的筛选。又如在网络音乐领域，AI化标签处理已经较为普及，音频的诸多表征能够由系统自动识别，如音乐的基本流派、节奏特征、乐器特征、人声（如性别、语言）特征等。AI系统难于处理的特征，可以在后期由人工修正。

表5-1　文本内容画像方法

编号	方法	说 明
1	关键词提取	最为基础的画像标签，如TextRank。
2	实体识别	人物、时间、地点等，词典结合CRF模型。
3	文本体系分类	较粗粒度的结构化分类，如SVM与FastText。
4	文本聚类	非标准化的类簇划分法。
5	嵌入向量	借助词汇挖掘语义向量，即Word Embedding。
6	主题模型	从大量已有文本中学习并获取主题向量，如LDA模型。

受众画像，是指对受众特征与属性进行精准定位的方法，需要根据用户的社会属性、生活习惯和消费行为等信息，抽象出一个标签化的用户模型。受众画像可分为两个部分：（1）静态画像信息，用于描述用户的属性信息，如以用户注册信息为基础的性别、年龄、居住地区、职业、通信方式等信息；（2）动态画像信息，用于描述用户的行为信息，如用户在使用App时的点击、阅读、关注、订阅、点赞、评论、转发等信息。在此基础上，受众画像AI系统可以对用户特征进一步归纳、凝练，如将用户描绘为更为“鲜活”的形象，如“技术宅”“小清新”“旅游达人”“文艺范儿”等。受众画像在技术上主要分三步实现：第一步，系统自动获取用户的原始信息，并进行基本的数据清理与群体分类；第二步，对用户在使用中产生的流量信息进行存储与采集，并通过数据分析获取用户的行为轨迹特征；第三步，利用深度学习模型获得相关的稠密向量，或使用矩阵分解得到隐性因子。这些信息通常不具有较高的可读性，只能用于系统的分析。

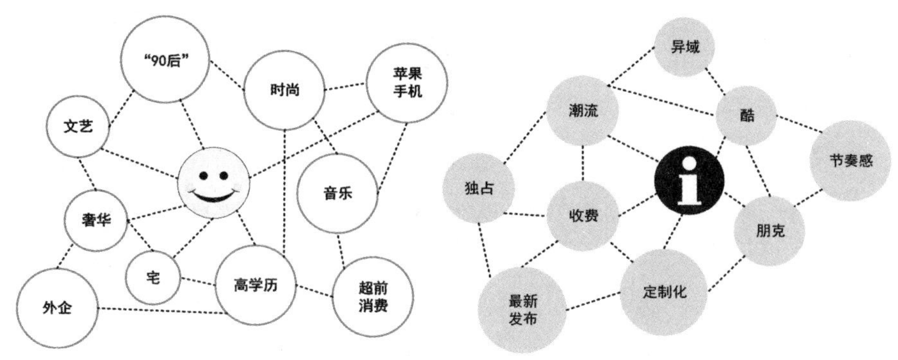

图5-1 受众画像与内容画像

匹配与推荐，是指将标签化内容匹配给适宜的标签化受众的技术过程，主要包括用户统计、群体定位、关键词匹配、数据信息挖掘等。简言之，匹配与推荐就是将有价值的内容推送至有需求的受众，并保持这一过程的持续性。传统的标签化匹配在技术实现上较为简单，例如，某用户的音乐偏好标签中有POP项，而音乐（库）平台中的歌曲也有POP项，这种对应关系属于简单匹配。而现代内容平台匹配工作的复杂度则远高于此，系统需要根据用户的画像对其喜好内容进行推断，例如，系统可以根据用户的年龄、性别、职业、地区等特征判断其在多高的概率水平上会需要POP音乐。这种匹配方式并不能够也不需要保证100%的准确率，在内容推广方面带有预判性，通常在使用中需要结合机器学习，不断提升应用的精度。常见的推荐方法包括：（1）基于内容的推荐模式（Content-based Recommendation）。基于内容推荐，是一种基于信息过滤技术的内容信息推荐法，一般不需要依据用户对项目的评价意见，主要以机器学习方法从关于内容的特征描述中进行挖掘。在基于内容的推荐系统中，项目或对象是通过相关特征的属性来定义的，系统基于用户信息描述对象的特征，学习用户的兴趣，考察用户资料与待预测项目的匹配程度。用户的资料模型取决于所用的学习方法，常用的有决策树、神经网络和基于向量的表示方法等。使用内容推荐模式需要有一定的用户历史数据积累。（2）协同过滤推荐模式（Collaborative Filtering Recommendation）。协同过滤推荐，通常采用最近邻技术，利用用户的历史偏好信息，计算用户之间的距离特征，然后利用目标用户的最邻近用户对标的评价的加权评价来预测目标用户对特定商品的喜好程度，从而根据这一喜好程度来对目标用户进行推荐。协同过滤推荐的特点在于能够过滤机器难以自动分析的内容，能够表述复杂概念并共享群体信息，能够以较少的反馈加快个性化学习速度，能够以模糊方式（依靠不完全信息、非精准信息）进行内容匹配。协同过滤是一种较为经典的内容推荐模式，主要应用于电影、音乐等内容领域。（3）基于关联规则的推荐模式（Association Rule-based Recommendation）。关联规则推荐，以用户使用关联为基础，以已消费内容或商品作为信息源，重点关注不同内容集合（如文章与视频）之间的交互关系。关联规则在算法实现上较为简单，但运算量相对较大，在电子商务领域的使用已非常成熟。关联规则用于内容推荐领域的关键在于能否有效获得同一用户在不同平台浏览信息的关联，一些基于Java的页面技术能够助其实现类似效果。（4）基于知识的推荐模式（Knowledge-based Recommendation）。基于知识推荐，是以用户的功能性知识（Functional Knowledge）为基础使用的类推理运算技术。应用知识推荐的关键在于掌握用户的功能性知识，即任何能够支持类推理运算的用户信息与知识群，知识的丰裕度直接影响类推理运算的准确性与可用性。（5）基于效用的推荐模式（Utility-based Recommendation）。基于效用推荐，是指根据用户的使用效用水平为其匹配内容，该方法要求系统尝试为用户建立不同的效用函数，且具有较好的可计算性。效用推荐可以很好地体现内容外特性，如内容的可得性与可靠性等。如果受众规模过大，使用效用推荐模式则会产生较高的成本。常见推荐模式的优劣比较如表5-2所示。为了有效发挥各种推荐模式的优点，在实际使用中经常会进行不同的组合，具体方法包括加权处理、模式变换、混合推荐结果、特征组合、特征扩充、层叠技术以及嵌入技术。

在具体应用层面，传统的推荐模式以树状结构为主，该方法的优势在于算法简单，匹配速度快，数据库在长期运营中可以不断扩充并优化。在标签法大量应用前，许多内容平台以树状结构进行管理，每一个主题关键词都在树形结构中生长，相互间存在子类与父类的关联，衍生层次非常清晰，便于日常维护及分类管理。虽然树状结构在主题逻辑关系上具备优势，但是在大规模分发应用背景下，根据千差万别的偏好进行推送的效率较低，许多用户在主动搜索时，也时常遇到无法定位等问题。当前，标签法逐渐替代了树状结构法，标签管理属于网状结构，主要关注关键词的权重与关联性，而不再依靠相互间的继承关系，标签之间属于平级的关系。标签的使用具有更高的灵活性，可以快捷地添加、编辑、修改或删除，不会给网络中其他标签带来影响。与树状结构相比，标签属性在权威性方面略低，专业（专家系统）与非专业用户均可以参与标签的编辑，不同标签之间有可能存在重叠或歧义等问题。根据搜狐新闻资讯，专业的标签系统实例如音乐推荐引擎潘多拉的音乐基因工程（Music Genome Project），在这项工程中，歌曲体系被抽离出450个标签，细化到如主唱性别、电吉他失真程度、背景和声音类型等。每一首歌曲都会经由专业音乐人耗时二三十分钟，有选择地添加一些标签，并以从0到5的分值代表这一标签的强弱程度。豆瓣则属于普通用户添加标签的典范，该系统有较好的开放性与可编辑性，在标签添加方面大量的普通网友贡献了群体智慧，在系统管理方仅须进行例行的清理与筛选。

表5-2　内容推荐方法优劣比较

推荐模式	优 势	劣 势
内容推荐模式	推荐结果直观，易解读，易使用。	新用户与复杂属性不易处理，要有足够的数据构造分类器。
协同过滤推荐模式	推荐的个性化与自动化程度高，能处理复杂的非结构化对象，且系统的累积效应显著。	存在扩展性问题，系统使用初期的推荐效果不理想，需要依赖历史数据集。
关联规则推荐模式	无知识领域依赖，有较好的开放性与拓展性。	规则的提取相对烦琐，推荐的形式特征明显，个性化程度较低。
知识推荐模式	能够建立用户与内容的关联，属性的外延性较强。	构造优质的知识结构较难，推荐较为静态化。
效用推荐模式	对用户偏好敏感，能够结合非商品化属性。	存在静态性与属性重叠问题。

（资料来源：根据网络资料整理。）

以基于内容的推荐模式为例，其一般应用流程如图5-2所示，其中三个关键步骤分别经由内容分析器、profile学习器及过滤组件完成。内容分析器的主要功能是对来自各类数据源的信息进行标签提取，提取方式可分为结构化与非结构化。结构化标签的特征是含义明确，能够用具体的变量表示，如视频内容的格式、时间长度、分辨率等；非构化标签则相对抽象，不能对应具体变量，如视频的主题、画风、背景音乐等，在技术实现方面可以使用向量空间模型（VSM）。profile学习器的主要功能是尝试通过代表性变量及反馈信息的机器学习，获得对内容偏好的完整描述，并得到适应用户的模型结构。学习器常用的技术包括邻近算法、Rocchio算法、决策树算法、线性分类算法、贝叶斯算法等。过滤组件的主要功能是对profile的结果进行筛选，并将符合标签项的内容按照分级模式推荐给用户。过滤组件需要对推荐列表进行动态管理，由于该流程体系处于不断更新的过程中，因此用户的兴趣权重也存在衰减的可能。例如，用户对一个月前关注的关键词已没有很大的兴趣，该关键词的时间邻近权重应有所变化。成熟的内容推荐体系应有丰富的知识储备，能够对新内容进行快速匹配与推荐。同时，还可以根据属性标签“告诉”用户为什么向他们推荐该内容以及阅读或观看该内容将有何收获，这也提升了系统与用户的互动能力。

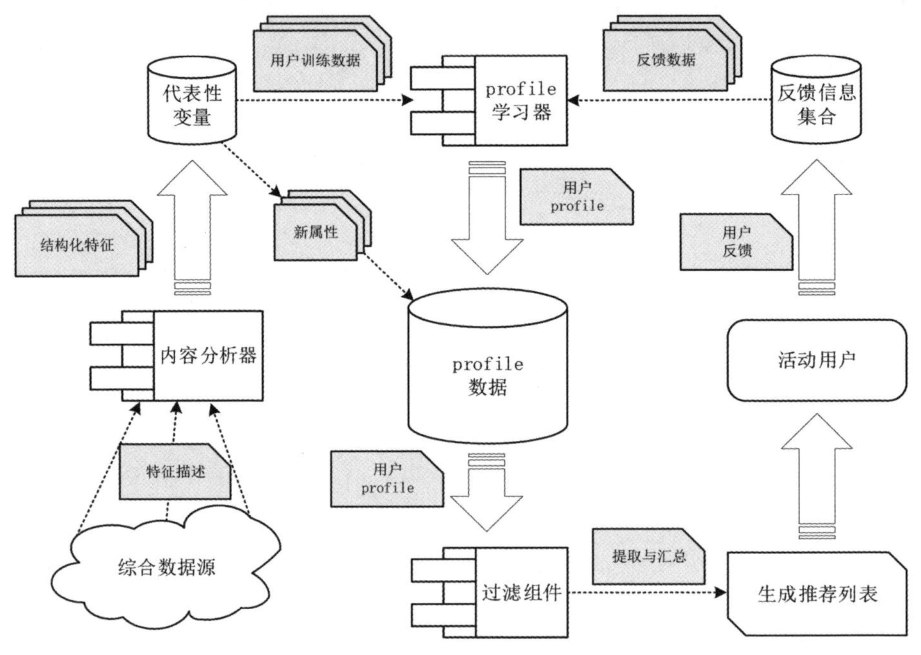

图5–2 标准化内容推荐流程

Rocchio算法

Rocchio算法是一种高效的分类算法，通过构造原型向量得到最优解，20世纪70年代在SMART系统中引入，并广泛地应用于文本分类与扩展查询领域。Rocchio算法的基本原理是，给定一个类，训练集中所有属于这个类的文档对应向量的分量用正数表示，所有不属于这个类的文档对应向量的分量用负数表示。然后，把所有的向量加总起来，得到的和向量就是这个类的原型向量。定义两个向量的相似度为这两个向量夹角的余弦，逐一计算训练集中所有文档和原型向量的相似度，然后按一定的算法从中挑选某个相似度作为临界。例如，给定一篇文档，如果这篇文档与原型向量的相似度比较大，则这篇文档属于这个类，否则就不属于这个类。Rocchio算法的突出优点是容易实现，计算（训练和分类）过程比较简单，通常用来实现衡量分类系统性能的基准系统。

（资料来源：根据CSDN及百度搜索整理。）

◆ 内容分发启动模式

内容分发可分为冷启动与热启动两种模式。冷启动是指在内容管道中灌入第一滴“水”的启动模式。可以想象，当一位内容用户初次打开App时，看到的是完全空白的信息，那么这种推出App的方式将很难取得成功。在内容消费方面，用户下载App必然期待能够看到他们所需的内容或信息，而App至少应该让用户看到一些内容才不会尴尬。相较于冷启动，热启动App意味着应用中预先积累了足够的信息并设定了相关参数，用户在打开App时能够看到丰富的初始化内容，实现即开即用。能够完成应用启动阶段的任务，是在内容领域获得竞争优势的关键。

冷启动与热启动在具体应用中还须结合产品的启动类型。（1）单点启动类型，属于不依赖或弱依赖群聚效应的应用，启动方式较为简单，仅需要将新应用上线并做好技术性测试即可。单点型启动比较适合大量的单机型App，当然在内容消费领域，纯粹的单机型产品是不存在的，单向发送型内容App则可以算作此类型。单点启动的优势在于，单个用户的使用体验与总用户数量无关，应用后台能够根据不同用户的使用反馈不断改进，并逐步实现个性化的调整。例如，许多新闻类App在不考虑用户评论功能时属于单点类型，后台仅须做好新闻内容的发布就可以保障App的运转，而用户数量则可以慢慢积累。（2）单边启动类型，对于用户群聚效应有较强依赖的应用，原始启动需要有足够的“种子”节点，低于临界值的启动有可能导致用户快速流失，典型示例如社交类内容应用。社交产品的使用需求有极强的网络效应，只有当大部分用户存在于某一网络时，新用户才有加入该网络的意愿。因此，许多社交型App启动时都进行了批量用户导入，缓慢积累策略通常是不可接受的。例如，在线游戏平台大多属于单边启动类型，后台的主要职责是维护系统，保障其运转流畅，用户的使用体验主要来自“同伴”的数量与质量。（3）双边启动类型，具有较强的双边群聚与撮合效应，启动时需要两侧的数量均达到一定规模才能够使应用顺利运转。直播与短视频领域是典型的双边启动类型，既需要足够的内容创作方，也需要大量的内容受众，两侧的规模匹配非常重要。双边启动领域有极强的平台效应，发展成熟后易形成“大”产品，收益等级较高，容易吸收原始投资。双边启动大多需要一定的启动周期，此阶段通常要进行大量的投入，“砸钱”是典型的启动方式。（4）多边启动类型。多边启动类型与双边启动类型类似，同样依赖群聚效应与撮合效应，而参与群体的种类更为多样化，原始培育难度更高。例如，一些平台产品除了需要内容创作方与需求方外，还需要活动组织方、广告方及金融服务方等，各方规模的增长及参与度的提升都会促进平台的发展。多边启动通常需要极高的成本与较长的导入期，难以在启动期实现所有目标，许多平台在发展过程中，诸如广告方与金融服务方等主体都采取随后跟进策略。多边平台需要耐心经营，管理方除了在技术层面保障运转，还要做很多相关的营销推广，提升平台对各类资源的集聚与吸纳能力。

表5-3　冷、热启动特点比较

启动类型	冷启动	热启动
单点启动	适宜简单冷启动，低成本。	额外成本付出，性价比低。
单边启动	原始节点积累缓慢，成本相对较高且周期长。	需要导入与邀请，成本相对较低。
双边启动	“0”启动难度较高，需要进行铺垫性投入。	双侧发展的均衡性非常重要。
多边启动	“0”启动难度较高。	阶段性发展与导入，增加平台的集聚能力。

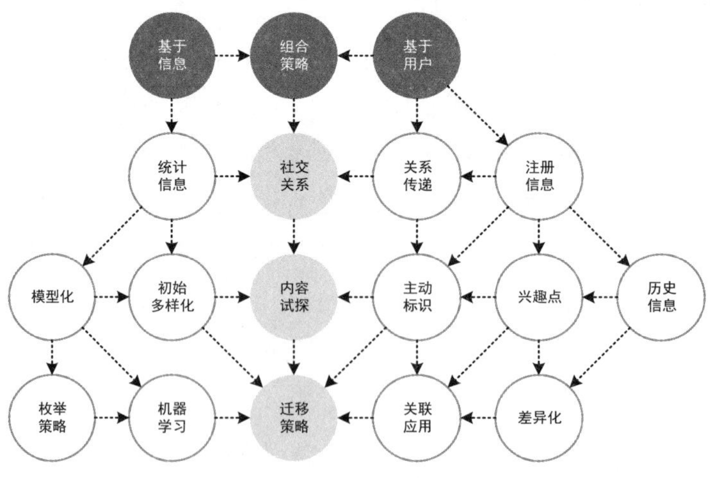

图5-3　启动策略关联

当前各类内容App的上线基本上不能完全从“0”开始，这种推出模式将导致极大的市场风险。新应用的启动筹备包括：（1）基础数据采集。对于当代内容消费，除非是全新领域，基本上都可以搜集到相关的用户数据与使用信息数据。新App在前期筹备中，可以通过广泛的渠道进行基础数据盘的搭建，例如通过公共的网络搜索与URL页面的提取，或者通过第三方机构购买相关的脱敏数据。这些真实数据如果同App涉及领域关联度较高，则能够作为冷启动的参考数据使用。（2）模拟数据生成。如果缺少真实数据获取渠道的内容，可以用模拟数据生成作为替代。模拟数据的生成有两种方式：第一，可以由测试人员（或受到邀请的特别用户）输入原始种子数据，然后通过机器学习等方式使其仿照该规则生成后续数据；第二，通过完整的规则设定与程序编辑，全部由机器生成数据。相比较而言，前一种方式实现的技术难度较低，且生成的数据有一定的真实性。（3）有限范围上线测试。真实数据的优势是任何模拟数据无法比拟的，因此许多应用采取了逐步上线推广策略。有限范围的上线能够帮助App持续获得用户的真实使用数据，并结合反馈对应用进行优化，为应用的大范围推广打下良好基础。例如，Facebook的发展历程很好地印证了这种方式的可行性。最初Facebook的注册仅限于哈佛大学，随后以大学邮件后缀作为标识扩展至波士顿地区的高校，应用发展成熟后进一步推广至全社会范围。（4）标准化设置。虽然内容App追求的目标是定制化与个性化，但在无法实现的情况下，标准化也是可以接受的选项。例如，许多新闻类应用都使用了标准化模板作为初始设置，使用户可以一览App的概况，并及时获得排位靠前的新闻信息。此外，还有些应用采用了初始登录定制化的方法，用户可以自己标选偏好的内容及使用习惯，如优先推送哪些主题的信息、偏好哪种类型的内容格式、希望阅读谁的评论以及每日自动刷新的次数等。（5）热点内容引爆模式。由内容的推送方进行内容选择，并以“自上而下”的方式将其推广至大部分用户。这种策略能够在短时间内快速提升应用的人气，并改善用户留存率，较为适合有专项主题的内容领域，如游戏直播、服装时尚、美妆平台等。引爆模式在使用中需要非常谨慎，热点的选择与炒作是成败的关键，引爆失利除了损失成本，还可能影响启动计划。（6）平台导流策略。平台导流是一种很好的应用嫁接方式，可以用成熟App带动新App上线。平台导流能够充分利用系统已有的历史数据，共享用户资源，有效克服“0”启动的弊端。例如，抖音的推出充分利用了今日头条的优势，通过兴趣迁移获得了大量的基础用户。

平台启动的常见操作策略

平台启动时可以使用一些操作层面的策略。（1）播种策略。由平台进行投入，率先创造与潜在用户相关的价值，该策略能够更好地吸引用户加入平台，并即刻体验到平台的价值。例如，安卓平台在与苹果iOS平台竞争时，谷歌公司通过竞赛与奖金方式激励全社会的程序开发人员在网络应用、游戏、视频娱乐等板块编写了大量应用，快速提升了平台的资源丰富度。（2）单边发展策略。在资源有限的情况下优先满足一类群体的应用需求，当该群体规模增长后再尝试吸引相关群体的加入。该模式适用于有第三方服务存在的平台，例如，许多内容平台只有在积累了足够数量的基础用户后，各类金融与广告服务才愿意加入。（3）生产者传播策略。优先鼓励众多内容生产者加入，并借助生产者的社交圈子逐渐扩大用户规模。例如，在短视频领域，平台对于网红的竞争能够带来大批忠实的粉丝，以及粉丝的好友。（4）大爆炸式策略。在资源充足的条件下，一次性打造出完美的平台，并综合使用多种营销策略，从而快速吸纳大量目标受众。例如，早期Twitter在进行推广时，集中利用了科技、电影、音乐等大型社交活动，短期内取得了显著的营销宣传效果。

（资料来源：根据知乎网文整理。）

◆ 社交型内容分发

内容分发渠道（Content Distribution Channel）是指内容传播的具体管道，这种管道属于顶层设计，使用者无须考虑技术实现细节。简言之，内容发布方只须根据内容与受众特征选择适宜的渠道即可。内容分发渠道是较为传统的模式概念，在分发形式上参照了商品分销的模式，多具有单向化、固定化、树形展开的特征。早期许多内容的网络传播均使用了类似的渠道模式，能够以稳定的状态持续传输内容，受众方的接收体验也相对较好。但是，传统传播渠道在应对内容爆炸时期的传播需求时，则显得效率不够高。现代内容分发传播追求几何级数的扩散效应，因此在渠道使用上需要更为灵活且具有弹性，动态化的组合渠道使用更适应此种传播需求。社交型内容分发是指利用社交（网络）圈进行内容推广，是一种高效的分发渠道模式，能够在较大范围内实现这种增量化的传播效果。社交分发的优势在于“自主传播”，能够充分调动广大用户的传播积极性，无须在传播渠道方面投入过多的资源，并获得超过传统模式的传播效果。

平台在使用内容社交分发时可以使用的优化包括：（1）基于环境的优化。当应用能够采集到内容传播中的节点信息时，可以清晰掌握其分发的脉络与环境特征。这些特征能够帮助平台进一步了解大量用户的区域、场景及时间等信息，为优化传播渠道的管理提供参考。（2）基于协同的优化。内容在社交环境下传播时，平台可以掌握受众的群体特征与相似度。这种信息的提炼能够帮助其改善用户的群聚管理，为后续内容的分发策略提供参考。同时，协同化思维还可应用于上游内容的分类分发管理，在传播起点选择适宜的平台与渠道。（3）基于扩展的优化。平台在借助社交传播中能够得到立体化的数据，这些信息能够帮助其进行内容与渠道的扩展管理。扩展管理的关键在于利用已有信息推演出未知信息，如根据已有的内容分发路径推断类似内容的传播速度与反馈。扩展可以是多方面的，诸如根据内容的相似度、关联度、热度及时效性等。

社交分发的途径包括：（1）好友分发。App好友间能够通过分享、群发等方式实现内容的互通，这是社交分发最常用的方式，也是社交分发的基础。好友间的分发能够使内容自动找到适宜传播的圈子，易形成点击率、评论及共鸣。好友分发在传播效率上易出现级数效应，内容在某一圈子内的流行会借助与之相交的不同圈子继续传播、扩散。（2）位置分发。位置分发是基于定位技术而出现的分发模式，分发过程带有地域标识特征及一定的“盲”扩散特征。位置分发主要适用于具有地理属性的内容，例如地区性新闻或消息有可能仅在某一地区产生关注度，位置分发能够使其获得较高的关注度与较好的发酵效果。此外，位置分发还适合一些线上与线下同时经营的业务，能够带来理想的引流效果。（3）面对面分发。面对面分发是指用户之间基于自然沟通进而实现的内容传播，其传播效率相较于前两种并不高，但同样具备社交传播的属性。面对面分发也被称为“名片”式传播形式，这种分发通常作为好友分发及位置分发的补充，能够填补某些内容传播的真空地带。同时，面对面分发的传播确认率极高。例如，基于好友分发的内容条目并不能保证100%的点击，而面对面分发的确认效果相对较好。

◆ 定位服务技术

基于位置的服务LBS（Location Based Services）是指利用各类型的定位技术来获取定位设备当前的所在位置，通过移动互联网向定位设备提供基础服务和信息资源。定位服务在移动互联时代发挥了重要作用，支持基于位置分发模式的发展。当前，定位服务具有极高的商业应用价值，可以随时随地全面地捕获消费者需求。例如，资讯类App可以根据用户所在位置向其发送当地重要新闻、天气情况、交通路况等信息，避免用户手动切换的麻烦。又如，美国的一些餐饮服务企业将自己的App融入移动端的社交软件或地图软件，通过用户的网络访问痕迹（如cookies）积累用户偏好，并根据用户的实时位置向其推送口味适宜的菜单。LBS在我国的市场化发展经历了三个阶段：（1）技术导入期（2000—2004年）。2000年以后，我国开始LBS的商用尝试，中国移动与中国联通分别推出了各自的定位服务，但当时的商用GPS定位精度不高且反应速度存在延迟。（2）市场酝酿期（2005—2008年）。随着定位技术的优化，该服务逐渐被部分用户接受，但也有一些用户担心个人隐私泄露问题，并不会长时间开启定位功能。同时，围绕LBS的商用模式未得到充分开发，这也导致定位服务的实际需求不足。（3）快速增长期（2009—2017年）。随着智能手机的普及，LBS商用化发展步入了快速通道。LBS应用的引爆点是手机地图与导航，这使大量用户养成了长时间开启定位的习惯。随后，许多应用也植入了基于定位的功能，给用户带来了诸多便利。（4）规范发展期（2018年至今）。以中国卫星导航定位协会发布《2018中国卫星导航与位置服务产业发展白皮书》为标志，我国对定位服务的发展进行了规范，涉及相关的软硬件及导航数据要求。当前，LBS已经成为许多应用的基础组件，只有依托位置信息才能够为用户提供全面的优质服务。

LBS的应用体系主要由四个部分组成：（1）定位服务提供商。位置服务提供商接收移动用户的查询请求，进行相应的位置运算，并通过网络把查询结果发送回用户终端。在现实中，LBS服务提供商主要以盈利为主，因此位置服务提供商很可能将移动用户的位置信息卖给第三方来获取利润，存在隐私泄露的风险。（2）网络服务提供商。网络服务提供商是移动用户和LBS服务提供商之间通信的主要载体。网络服务同样兼具一定的定位功能，如基于移动网络的位置获取及固定网络的有线与无线信号。网络服务提供商面临的数据环境更为庞大与复杂，很难保证信息传播的安全性。（3）定位系统。定位系统是指结合硬件（GPS芯片）和软件（从基站信号中确定位置的程序）的综合系统，主要技术包括GPS定位技术、Wi-Fi定位技术、IP地址定位技术等。定位系统在使用中通常需要用到多种技术进行相互修正，以保证定位的精准度。（4）移动终端。用户使用的移动设备是定位信号的源点，用户无论使用何种方式加入网络都会产生对应的位置信息，在信息上传过程中，终端设备同样承载了一部分运算工作。

表5-4 常用定位技术

定位技术	描 述	定位等级
GPS定位	卫星和移动设备通信时，根据多个卫星与同一装置之间的通信延迟，使用三角测量方法获得移动对象的经纬度。GPS的使用受限于障碍物阻隔。	2—5米
Wi-Fi定位	建立Wi-Fi接入点与其准确位置之间的对应关系并预先存储在数据库中，当移动终端连接到某个Wi-Fi热点时，用户的位置可以通过访问数据库进行查询，如谷歌的Wi-Fi定位。	1—10米
IP地址定位	当移动设备访问互联网时会被分配一个IP地址，IP地址的分配与地域密切关联。	区域型定位（市、区）
移动通信定位	当移动设备在三个移动电话基站的信号范围内时，利用三角测量可以获得用户的近似经纬度。	5—10米

（资料来源：百度百科。）

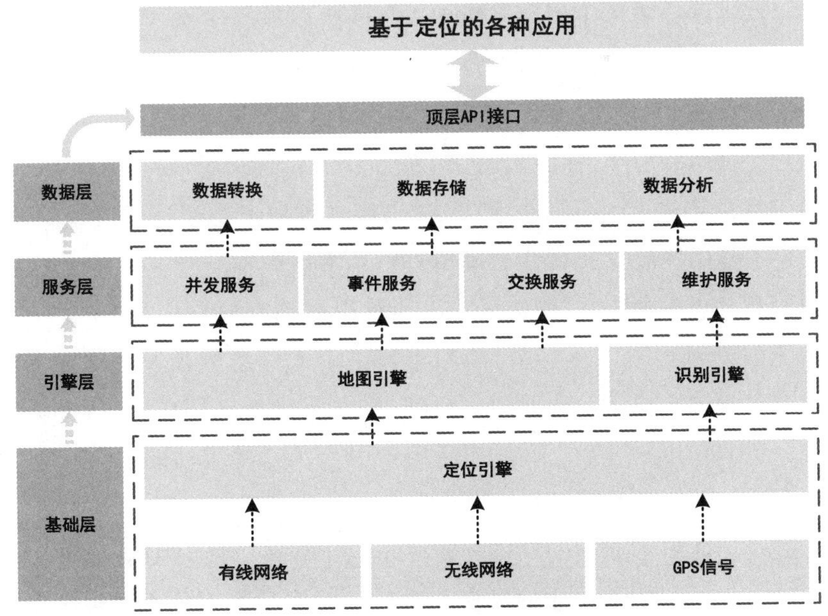

图5-4 定位技术应用结构

LBS的商业价值在近些年被陆续挖掘，业内人士判断LBS将成为未来移动端应用的标准配置，这会使手机应用的拓展性超越传统个人电脑端。“LBS+”商业模式的出现能够显著提升应用的个性化水平，例如，“LBS+社交”使区域人员交往能够获得更便利的条件与准确的定位；“LBS+广告”能够帮助线下业务更好地宣传，并精准投送相应的营销内容；“LBS+电商”能够优化商品配送，节省物流资源。此外，“LBS+”在今后还能够同物联网及智慧设备关联起来，极大地便利个人日常生活。借助“LBS+”构建的网络体系，内容分发也拥有了更多的通道选择。

基于定位服务的典型社交应用如陌陌（MOMO）。陌陌是一款2011年推出的基于地理位置的开放式移动视频社交应用，用户可以通过视频、文字、语音、图片展示自己，并与他人建立社交关系。陌陌一直专注基于LBS的开发，通过GPS位置信息搜索陌生人与群组，服务模式有别于传统的社交软件。陌陌构建的用户社交关系不是单一的申请关系，而是单向关注与相互关注模式，可以使网络上的陌生人建立联系，对于社交偏好用户有更强的吸引力。同时，陌陌的用户展示页面可以同微博等社交平台绑定，向更多的网络节点展示自己，具有较为开放的社交布局。在定位精度方面，陌陌给出的数据精确到米，这在一定程度上增强了陌生人之间的主观信任感。2011年，陌陌发布了苹果iOS版与安卓版应用，并在新浪主办的首届“新浪微博移动App征集令”活动中获得社交类第一名的成绩。2012年，陌陌用户数量快速增长，注册用户突破1000万，日活跃用户220多万，周活跃用户接近500万，每天发送的信息量超过4000万条。同年，2.0版本推出了基于地理位置的群组功能，改善了使用体验。2013年，陌陌进行了多次版本升级，并在艾瑞咨询举办的中国移动互联网应用评选活动上，获得移动互联网应用2012—2012年度“最佳创新力奖”。2014年，陌陌丰富了个人信息模板及短视频等功能，并上线了多款游戏应用，注册用户突破1亿，月度活跃用户达到4000万，其中付费会员100万。同年，陌陌在应用中引入了“星级功能”，管理用户的信用体系，并以技术手段过滤垃圾信息。2015年，音乐互动直播平台“陌陌现场”上线，推出了相关的宣传片，并于同年摘得“最具突破交友App”的奖项。2016年，陌陌宣布撤回私有化邀约，并在品牌宣传方面进一步发力。2017年，陌陌联合BMG、太合音乐、华谊音乐、乐华娱乐等音乐集团启动

"MOMO音乐计划"，开拓了音乐领域的业务。2018年，陌陌独家冠名，由湖南卫视与酷博特文化共同出品了中国音乐创演秀《幻乐之城》并得到好评。2019年以后，陌陌整体上形成了直播、游戏、音乐的稳定结构，并基于社交模式增进其传播的效率。

LBS的技术体系

LBS的技术体系主要包括三个部分。

（1）地理标记语言标准。地理标记语言是基于XML存储、传输和交换地理信息的编码规范。地理标记语言有完善的国际标准，但在实际应用中，各国可结合本国国情采用不同的空间数据存储格式。例如，我国结合实际情况建立了支持位置服务的中国地理无线标记语言标准，主要分为文档类型定义、最小组件、复合模块、语法四个部分。该标准使各网络及应用都能提供一致的信息与服务数据格式，在网络系统和应用终端之间直接存储与传输信息和服务，不同系统间的数据和标准不再需要经由网络中心转换。此外，该标准分离了数据内容和表现形式，可结合不同终端设备研发不同的终端工具，进而实现个性化的空间信息服务。

（2）空间定位技术。定位服务过程分为测量和计算两部分，结合不同的测量和计算实体，定位技术一般分为基于网络和基于移动终端两种。基于网络的定位技术主要由网络实现位置解算功能。起源蜂窝小区、到达时间及差分、增强观测时间差分等都是通常采用的定位技术。基于移动终端的定位技术主要由移动终端实现定位解算功能，用户采用接收机将空中卫星导航信号接收，位置解算软件内置于接收机中，无须网络参与定位解算过程。

（3）地理信息服务系统。地理信息服务系统具有城市及区域的基础地图数据、数据管理、地理分析等功能，一般由位置服务运营商搭建并提供支持。一个位置服务运营商可连接多个地理信息服务平台，发布多个地图及路径搜索引擎等。地理信息服务系统主要承载地理信息服务数据查询、分析及发布等功能，包括数据库管理、地理信息引擎、地理信息服务三个不同层次。数据库管理主要对运营平台的数据进行管理；地理信息引擎操作底层数据库，并对基于平台的二次开发提供相应支持；地理信息服务由核心服务和应用服务两部分构成。

（资料来源：根据网络资料整理。）

◆ 内容分发矩阵化

随着内容分发领域的选择不断丰富，内容生产方可以通过矩阵化的分发管理提升内容的曝光率、延长内容的生命周期。内容分发矩阵化是指在拥有多种分发渠道资源时，内容上游需要清楚了解各类渠道的特点，特别是主流渠道平台，要掌握其占优势的内容分发领域及相关的入驻政策、推广政策、支持政策、审核政策等。同时，还须根据"行情"了解平台业务是"中心化"还是"去中心化"趋势。矩阵化分发要使内容在平行时间内占据较多的渠道资源，发挥渠道资源之间的关联优势，并尽量使内容的自我分发提前化。因此，矩阵化分发的目标是获得理想的CP（Cost-Performance）效果，延长内容的生存周期。分发矩阵在横向上可以包括多个同类型或近似类型的应用平台，在纵向上可以分为多个等级。常见的内容分发等级包含三层：A层级，为内容原发层级，拥有核心的粉丝群，易获得较高的关注与点击率；B层级，为A层级的主要分流领域，对于非原生内容有较高的转载率，自身拥有较大规模且较为宽泛的受众，分发追求基数效应而非高命中率；C层级，为边缘化的分发领域，对于内容生命周期的延长有显著效果，旨在深度挖掘内容的长尾效应。内容分发矩阵的概念模式如图5-5所示，以短视频创作分发为例，作者首先

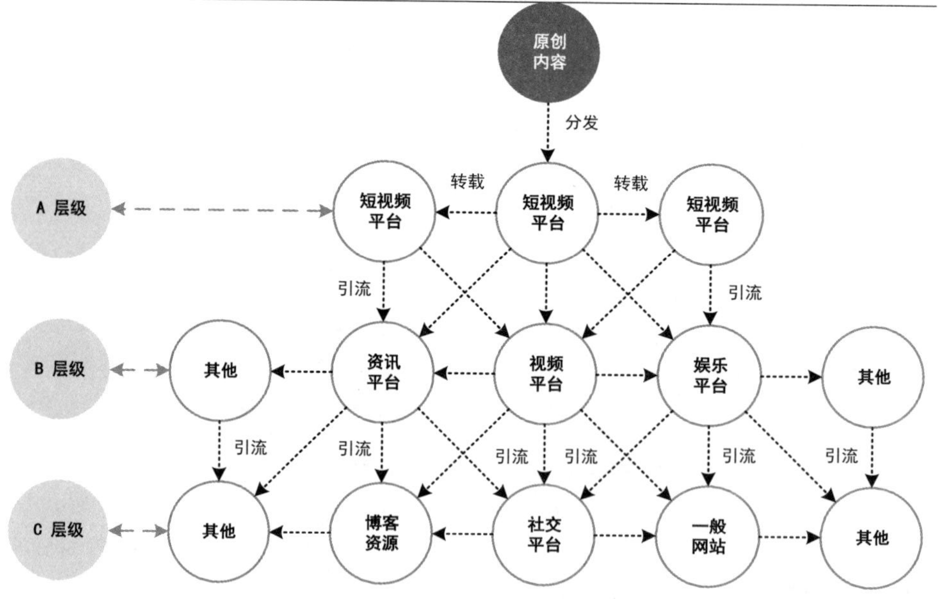

图5-5 内容分发矩阵示意图

在注册平台上播出内容，此时有较好的粉丝互动与用户沉淀，原生内容在得到转载许可的情况下（如加注水印或标识）可以进行横向分发，由其他短视频平台播出。之后，短视频内容进入扩展分发阶段，可以由一些综合视频平台、资讯类平台以及泛娱乐平台转载。这些平台存在内容获取的需求，通常乐于接受广泛的内容来源。如果内容在转载过程中由平台进行加工处理的话，用户在这些平台上看到的内容将有别于原始内容。此外，一些有价值挖掘空间的短视频还会进入边缘化分发，通过社交平台（如微信群、QQ群）、网站资源及博客资源进行去中心化的传播，其传播效应很难预估，主要取决于内容的发酵程度与用户的偏好取向等。

矩阵化分发能够强化内容传播效果。理想的内容传播效果既有广度又有深度，主要的评价指标有内容点击数、分享数、评论数、收藏数、订阅数以及用户的停留时长。内容的点击数表明了内容在网络上的整体传播规模；分享（或转发）数反映了内容经二次分发的规模比例；评论数体现了用户对内容信息价值与信息量的使用，同时也在一定程度上代表了用户的停留时长；收藏数体现了内容的重复使用价值；订阅数则表明用户对相关内容作者或发送方的认可，这通常需要作者长期保持高品质的内容创作。各项指标在内容分发与使用过程中，基本呈现递减的趋势，即点击数>分享数>评论数>收藏数>订阅数。根据网络调查显示，如果设定内容点击数为100%，则内容分享数占5%—10%，评论数占8%—12%，收藏数占0.5%—1%，订阅数占0.03%—0.06%。在用户停留时长方面，对于不同类型内容有不同标准，如文字型内容，大部分用户仅阅读标题、开头及结尾部分，部分用户主要关注评论区，仅有极少用户能够读完文章的80%—90%。又如播放型内容（音频与视频），大部分用户会选择顺序播放而非跳跃式播放（可能是由于操作不便），能够播放75%以上算是较为理想的结果。相关指标的用户操作倾向在文本内容、图像内容、音频内容、视频内容及互动内容方面的表现如图5-7所示。

根据相关网络研究显示，好的内容分发需要持续较长的生命周期，在短期追求传播的爆发力，在长期追求内容的参与度，涉及对内容的分享、评论与下载等。内容传播的生命周期（根据AdEspresso相关资料）可分为五个阶段：（1）尖峰期。内容初次发布一般都会经历小的传播高峰，主要原因是内容的新鲜度对于受众有较强的吸引力。尖峰传播效果的实现在很大程度上

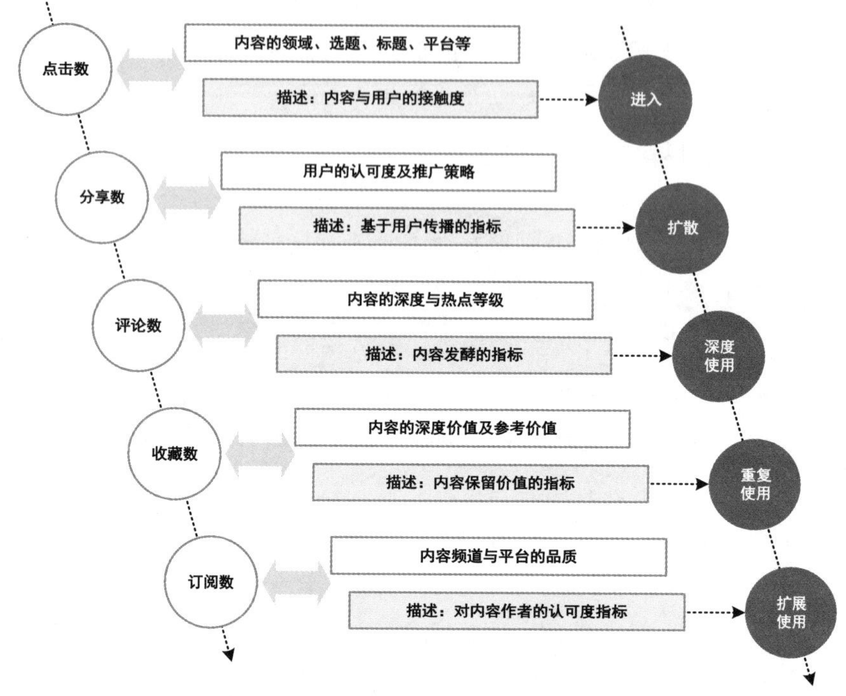

图5–6　内容分发关键指标

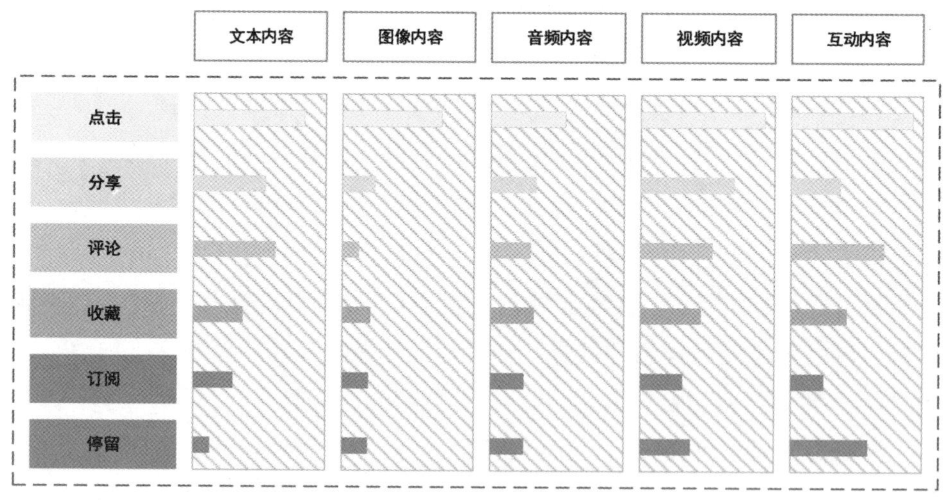

图5–7　用户内容消费行为倾向

取决于粉丝圈的规模及A层级平台的选择。（2）低谷期。在内容新鲜度退去后，大部分内容会进入传播的下降阶段，主要是受到内容时效的影响，以及其他新内容的刷新与覆盖。（3）二次增长期。一些确有价值与内涵的内容仍然具有传播的动力，在分发矩阵的助力下有进入二次增长的可能。（4）高原期。在这一阶段，内容在分发网络上的参与度达到饱和水平，增长量保持在平稳的状态。（5）衰退期。在这一阶段，内容的长尾效应基本结束，内容的传播热度逐渐衰退，在主流平台上逐渐消失。根据不同内容的质量及传播矩阵使用差异，其生命周期各阶段的表现并不相同。对于有较大发酵潜力的内容，在经历首次尖峰期之后，在二次增长期能够取得较好的效果，并在高原期持续很长时间。而对于发酵能力一般的内容，其后续的二次增长并不显著，传播效应存在持续下降的趋势。从网络统计情况来看，绝大部分网络内容在经历初次峰值后都会进入快速的衰退期，很难呈现二次增长，这与内容的品质、作者、平台、热点捕捉等因素密切相关。同时，不同类型内容的生命周期也存在明显差别。一般来说，文字内容的生命周期相对较长，尤其是中短篇的网文、博文，其后续的发酵空间较大且易持续较长时间。在视频领域，5分钟以内短视频的生命周期相对较长，而长视频要达到类似的效果则需具备更为苛刻的条件，相比之下，音频与图像等内容的生命周期显得更短。

5.2 内容分发相关技术

内容分发的品质与效率取决于相关技术的支持，分发技术可分为应用层面与传输层面。应用层面的分发技术主要涉及各类信息搜寻的优化，传输层面的分发技术则主要涉及各种底层拓扑管理与优化。

◆ SEO

搜索引擎优化，即SEO（Search Engine Optimization），是一种通过分析搜索引擎的排名规律，了解各种搜索引擎怎样进行搜索、怎样抓取互联网页面、怎样确定特定关键词的搜索结果排名的技术。企业能够采用易于被搜索引用的手段，对网站进行有针对性的优化，提高网站在搜索引擎中的自然排名，从而吸引更多的用户访问网站，并提高网站的宣传能力、销售能力及品牌效应。SEO是一种非特定群体模式的推广技术，其主要的导入渠道是网页浏览器，因此主要用于传统的内容传播领域，如各类内容网站、社交页面与博客页面等。随着网络信息爆炸式增长，用户在互联网搜索中的注意力仅能够集中在极小的范围内，搜索排名对于网站（信息页面）运营的成功至关重要。SEO的应用非常广泛，并不限于内容传播领域。据不完全统计，全球知名企业中接近85%的企业直接或间接采用过SEO，对于提升其主页搜索排名有明显的帮助。

早期内容传播以网页为主要载体，网站搜索排序直接决定着内容潜在点击量的规模。例如，文字+图片类资讯如果能够出现在搜索结果的第1、第2页面（前2%的位置），则较容易达到10万以上的点击，而出现在第3、第4页面（前5%的位置），点击规模仅能够达到2万—3万，后续排位则只能获得几百至数千的点击量。使用SEO的要点包括：（1）页面主题明确。在设计制作网站之前，首先要清晰设定页面的主题及与之相关的内容和功能。无论网站目标是何种领域，鲜明的主题及丰富饱满的内容都能够显著提升其影响力及用户的浏览体验，在使用SEO时需要注意，不能仅为了排序而过度夸大主题，主题与内容的脱节将影响网站及搜索引擎的声誉，影响其持续传播的效果。（2）优化选择关键词。关键词是用户的主要搜索线索，关键词选择是否得当直接决定了用户能否找到相关的信息。关键词的设定有极高的技巧性，过于一般化的关键词有可能使页面搜索淹没于众多近似信息之中，而过于特殊的关键词有可能不易被用户使用。关键词选择要考虑到搜索指数、重复度，及同类竞争页面的数量等指标，一个示例如图5-8所示。关键词在使用中通常需要设置多个，一般包含核心词、分类词、热点词等，以相互之间的限定关系缩小信息搜寻范围。根据一般的SEO项目来看，设定5—10个关键词为宜，使用密度控制在5%—8%，并侧重在主标题（Page Title）及段落标题（Heading）中的出现率。同时，也可在页面属性及附属图片中嵌入关键词信息。（3）网站结构优化。网站结构设计应简洁、易维护，便于网络爬虫（Web Crawler）对信息的提取。网站在层级划分方面不应过深，这可以提高自动搜索引擎捕获相关信息的效率，也能够适应当前网站设计的趋势，即实现扁平化并改善用户的使用体验，提升用户对网站信息的访问比例。为了清晰显示网站结构，可以设置网站地图（Sitemap），既便于用户使用，又便于网络爬虫获取各个附属页面的信息。（4）页面容量合理化。根据搜索规则，页面容量越小，越便于网络爬虫读取信息，网站的关键信息页面提倡使用精简的HTML代码，以静态形式呈现，且容量控制在50KB以内。同时，为了避免动态页面对于信息提取的影响，网页中的JS（JavaScript）和CSS（层叠样式表）尽可能和网页分离处理，原因在于动态页面有交互性，存储数据的刷新会体现在页面上，网络爬虫捕获信息的复杂度提升，且需要经常更新，对于稳定提升页面排名有一定影响。

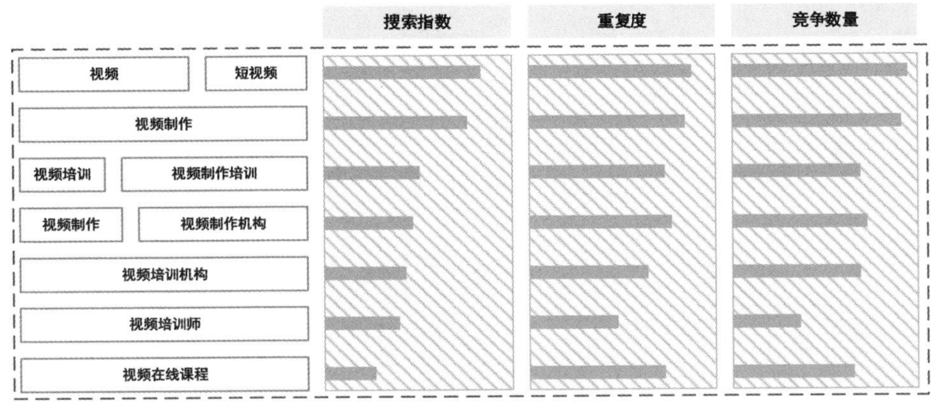

图5-8 关键词与搜寻效果示意图

能够提供SEO服务的主体很多，企业在选择时需要关注几个方面。（1）SEO服务主体的规模。网络优化公司的规模与实力是较容易识别的信息，可以通过办公实体或相关页面进行详细的了解，规模大的公司一般具备较好的服务能力，且信誉水平更高。同时，用户还应关注该公司的以往案例，掌握其擅长的服务领域与服务水平。（2）SEO服务费用。费用通常是用户最为关心的指标，优化类服务更是追求极高的性价比。用户应在事前了解具体的收费标准与付费模式，例如，是按照服务时间收费（如半年期或一年期）还是按照可计量单位收费（如关键词处理或页面优化数量）；付费模式也分为两阶段付款与三阶段付款，分付比例也各不相同。（3）SEO服务模式。服务模式一般包括两种，一是进行局部优化，二是进行整体优化。局部优化模式注重短期见效，常用于关键词领域，如帮助客户进行关键词选择与分析，在网站内合理设置关键词信息，并通过外部网站进行相关的推广，费用相对较低。整体优化模式侧重长线布局，需要帮助客户对网站进行总体设计，优化结构分层与业务流程，并制定详细的实施方案，费用相对较高。

表5-5 SEO优化方法

编号	领域	优化内容
1	框架层面	结构扁平化 网站地图优化 网站导航设计 服务响应速度

（续表）

编号	领域	优化内容
2	代码层面	Robots文件 301跳转 NO flow
3	内容层面	页面标题-关键词-描述 图片标签 关键词布局 关键词密度 H1-H3标签
4	页面设计	首页 专题页 栏目页 频道页 最终页
5	站外	友情链接 导入端口 站外推广
6	避免问题	服务不稳定 使用不良记录的IP 锚文字单一化 恶意链接

（资料来源：根据搜狐网文整理。）

白帽SEO：指遵守搜索引擎规则，公正合法的搜索优化方法。白帽SEO操作规范，会对客户的网站标题、网站结构、网站代码、网站内容、关键字密度等进行优化，全面提升网站的内在质量。白帽SEO的具体操作包括有规律地刷新网站页面（以固定频率，如每天）、严格按照Web2.0技术标准建设网站、以静态页面或伪静态页面提升被捕获概率、严格控制页面之间的相似度、提升网站原创内容的比例、合理设置并分布关键词、改善导入链接的IP等。白帽SEO优化严格遵循职业标准，保证搜索信息真实可靠，网站排名的变化不会受到引擎的“惩罚”，排序稳定但上升速度较慢，一般以3个月为一个阶段，许多SEO服务在2—3年后才会明显见效。这样的提升速度很难达到一些急功近利的客户的要求，因此他们有可能转而寻求其他方法。

黑帽SEO：指通过一些类似作弊的方法或技术手段，以不符合主流搜索引擎优化规则的方法来获得短时间搜索优化的一种技术。黑帽SEO技术符合典型的短期利益驱动需求，省去了烦琐的技术工作环节，能够以较低的成本、较快的速度实现客户的预期。黑帽SEO的操作方法包括关键词堆砌、隐藏文字（标识）、隐藏链接、虚假链接、回送链接、垃圾链接、网页劫持、诱饵替换、镜像操作、网页重定向等。黑帽SEO优化过的页面通常会给用户带来麻烦或损害其利益，如找不到目标信息、链接到虚假信息、被页面病毒攻击等。因此，黑帽SEO优化并不符合构建健康网络环境的要求。

PR值（PageRank）用于表示网页的等级，最早由谷歌提出相应的评价算法。PR值与外部链接到本站的数量、外部链接质量（评级）及网络阻尼因数相关。PR值取值范围由0至10，一般来说能够达到4以上就可以算不错的分数了。提升PR值的策略包括，加入搜索引擎分类目录或免费开源目录，使主站链接出现在流量大、知名度高、频繁更新的重要网站上，安装谷歌工具条，多与PR值高的网站建立链接，多与内容质量高的网站建立链接，关注反向链接数量和反向链接的等级。不当的操作或网站维护可能导致PR值评级下降，例如，在短时间内大量流失高质量的外部链接，外部链接指向垃圾站点或指向被谷歌惩罚的站点，买卖链接或劫持其他网页的PR值，页面经常改版或不稳定，页面存在侵犯知识产权的信息，站点出现过不诚信的商业行为，等等。

网络爬虫

网络爬虫也称为网络蜘蛛或网络机器人，是一种按照设定的规则，自动地抓取互联网信息的程序或者脚本。互联网已成为海量信息的载体，信息页面规模超过百亿，其中存在大量冗余或无效的信息，如重复的页面、引用的页面、无法访问的页面等。传统的搜索技术在应对这种状况时存在不足，如搜索服务器资源难以跟上信息的增长规模，对于不同格式的信息搜索规则存在差别，对于不同领域复杂信息搜寻的精准度不高。针对这些问题，出现了两类网络爬虫。（1）通用型爬虫，通常以种子（URL）链接作为搜寻起点，数据采集需要基于大型的Web服务器，信息的存储量与刷新量非常庞大。大型搜索引擎公司（如谷歌）在通用型爬虫领域拥有先进的技术，多用于宽范围主题信息的搜寻。通用爬虫一般包括页面爬行模块、页面分析模块、链接过滤模块、页面数据库、URL队列、初始URL集合等几个部分，可使用深度优先策略、广度优先策略及组合策略。(2)聚焦型爬虫，通常基于某类主题对专项领域进行搜寻，也称为主题爬虫。聚焦爬虫增加了链接评价模块及内容评价模块，对搜寻结果进行权重排序，能够形成符合专业需求的链接访问序列。聚焦爬虫的搜寻策略包括基于内容评价的爬行策略、基于链接结构评价的爬行策略、基于增强学习的爬行策略、基于语境图的爬行策略。

(资料来源：根据百度搜索整理。)

◆ 网络信息传输底层技术

内容在网络基础层面的传输需要依托内容分发技术，此处的内容分发泛指各类网络数据包的传输。这些数据包在不同的网络传输节点间，通过运筹与传输优化，能够避免网络传输阻塞或延迟，以较快的速度到达接收节点。分发技术主要是从网络技术层面缓解网络带宽小、用户访问量大、网点分布不均等对用户访问效果造成的影响，显著提升网络的响应速度。数据分发技术层面的优化对于现代内容消费尤为重要，例如流媒体的播放，需要将完整的媒体文件进行顺序切分与压缩，以流的形式在网络上分段传输，在到达客户端后由媒体软件将其连接、播放，并使用户感觉像在本地观看影片一样。流媒体是内容消费时代的重要信息载体，包括音频流、视频流、文本流、图像流、矢量动画流等多种形式。流媒体文件格式可以是传统形式，如RM文件；可以是网页综合文件形式，如SWF；也可以是基于媒体容器的文件形式，如CSF。流媒体应用的特点在于，具有较强的实时性与互动性，可以使用户端的启动延时显著缩短，对缓存容量的要求大大降低，并充分利用网络传输的空闲资源。因此，流媒体非常适合长时间文件播放以及各类直播。流传输模式包括两种。(1)顺序流传输模式。顺序流式传输采用顺序下载，用户在观看在线媒体的同时下载文件，在这一过程中，用户只能观看下载完的部分，而不能直接观看未下载部分。用户总是在一段延时后才能看到服务器传送过来的信息。由于标准的HTTP服务器就可以发送这种形式的文件，因此也经常被称为HTTP流式传输。顺序流文件可以放置在标准HTTP或FTP服务器上，适宜发布管理与用户点播，但不适用于长片段和有随机访问要求的视频，如讲座或现场广播。(2)实时流传输模式。实时流传输使用户可以随意播放文件各段的内容，但对于传输带宽有较高要求。如果网络传输状况不理想，则播放质量会进行随动调整，如自动由高分辨率切换至低分辨率。实时流服务器允许用户对媒体进行更多的控制，因而系统设置与管理比标准HTTP服务器更复杂，并需要相关网络协议的支持。实时流传输可以应用于更多场景的网络传输，包括新闻发布、在线直播、电子商务、远程教育、视频会议等。

表5-6　流媒体传输网络协议

协 议		工作内容	描 述
实时传输协议	RTP	在一对一或一对多的传输中提供时间信息和实现流同步。	RTP通常使用UDP来传送数据。RTP本身并不能为按顺序传送数据包提供可靠的传送控制。RTP通常并不作为一个独立的网络层来实现，而是作为应用程序代码的一部分。
实时传输控制协议	RTCP	提供流量控制和拥塞控制服务。	RTCP包中含有已发送的数据包的数量、丢失的数据包数量等统计资料，因此服务器可以利用这些信息动态地改变传输速率，甚至改变有效载荷类型。RTP和RTCP配合使用，它们能以有效的反馈和最小的开销使传输效率最佳化，因而适合传送实时数据。
实时流传输协议	RTSP	定义了一对多应用程序如何有效地通过IP网络传送多媒体数据。	RTSP在体系结构上位于RTP和RTCP之上。使用RTSP时，客户机和服务器都可以发出请求，即RTSP可以是双向的。例如，点对点的手机可视通讯必须在手机终端实现RTSP。

（资料来源：根据网络搜索整理。）

流媒体在工作时一般包括五个步骤（流程如图5-9所示）。（1）接收数据源。建立数据入口连接，相关信息可以通过本地文件输入，也可以通过网络协议（如HTTP、RTMP、RTSP等）输入。之后建立网络传输协议，并根据协议特性与本机或服务器建立连接并持续读取流数据。（2）解复用（Demux）。通过对文件的特征码分析，可以找到文件的封装格式，如常见的MP4、FLV、TS、AVI等。根据封装格式的标准对其拆封，可以得到编码的音视频数据，一般称之为packet。（3）解码（Decode）。解码器初始化时，利用之前源数据分析获得的音视频信息，分别设置对应的音频解码器和视频解码器。互联网中比较常见的音频编码方式有AAC、MP3等，视频编码方式有H.264、H.265等。对packet分别进行解码后，音频解码获得的数据是PCM（Pulse Code Modulation，脉冲编码调制）采样数据，一般称为sample。视频解码获得的数据是一幅YUV或RGB图像数据，一般称为picture。（4）音视频同步（Synchronization）。音视频解码时是两个独立线程，因此获得的音视频数据是分开的。在理想状态下，音视频按照自己固有频率渲染输出就能达到音视频同步的效果。但是弱网、断网、丢帧、缓冲、音视频不同的解码耗时等情况都会妨碍同步的实现，因此需要对视频内容和音频内容进行同步处理。（5）提交呈现（Render）。经过音视频同步调整之后，需要把sample和picture分别输送给声卡和显卡，这部分工作需要由成熟的库函数来完成。常见的音频库有SDL、OpenAL/OpenAL ES、Direct Sound、ALSA（Advanced Linux Sound Architecture）、OSS（Open Source System）等；常见的视频库有SDL、OpenGL/OpenGL ES、Direct Draw、Frame Buffer等。

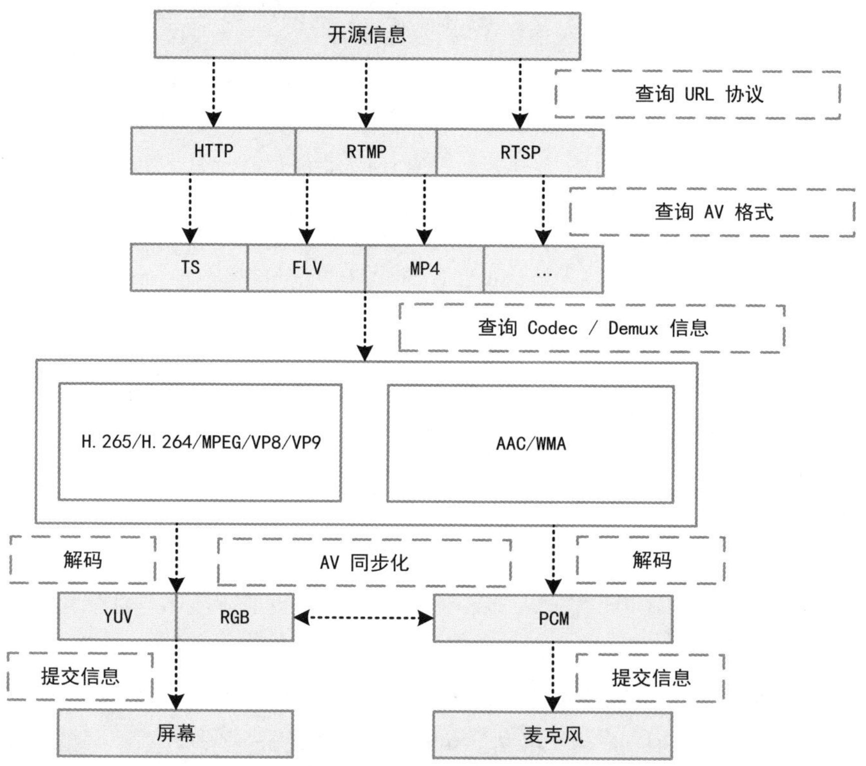

图5-9 流媒体引擎工作流程

网络媒体播放优化技术

为了有效提升用户体验，弱化网络环境造成的传输影响，网络媒体播放中经常需要用到各种优化技术。（1）首屏显示时间优化。改善起始点的用户响应是优化的起点，可以根据播放信息预设解码类型，省去对常见文件格式的检测时间。首屏优化能够减少启动时的数据下载量，在低带宽情况下显著提升开屏响应速度。也有些站点使用静态植入广告“掩盖”内容加载时间。（2）延时优化。为避免网络卡顿造成的播放断续现象，在客户端建立缓冲池，提前下载部分播放数据，从而保证播放的平滑效果。缓冲区需要配置探测器，如果下载速度出现下降或卡顿，探测器须告知服务器端，使其短时加速下发数据，弥补之前的下载不足。（3）关键帧（Key Frame）策略。视频数据以帧的形式传输，分为关键帧与过渡帧。关键帧用于表示完整的画面信息，过渡帧则主要包含画面的偏移量信息。关键帧策略是指在网络传输时合理判断关键帧的间隔，控制过渡帧的压缩率，优先保证关键帧的传递序列，以应对延时与丢包等问题。（4）主动丢包策略。在优质的网络传输条件下，无须使用丢包策略。使用主动丢包策略主要是应对传输速度不稳定的状况，例如为了保持直播的流畅度，在保障关键帧传输的条件下，可以主动放弃某些次要信息的数据包。使用丢包策略需要构建传输的离散函数并通过自研算法进行判断，使用户感受到的失帧效果最小化。（5）解压缩优化。大部分客户端使用软解压方式，其特点是使用成本低、兼容性好、灵活性高，但需要占用大量的处理器运算，一些“老”设备易出现卡顿。因此，可以采用硬解压方式进行辅助。使用硬解压需要增加成本，配置相关的驱动接口（通常还需要定期升级），但能够释放大量的处理器运算资源，多应用于性能标准需求较高的终端。

（资料来源：CSDN博客。）

CDN（Content Delivery Network），即内容分发网络，是指通过节点服务器所搭建的物理网络基础上的智能化虚拟网络，其功能是借助运筹方法避开网络传输拥堵的节点，使内容传输快速、稳定、平顺。CDN能够服务于各种类型数据的传输，对于内容消费活动有重要意义。CDN的主要功能包括管理功能、（业务）控制功能、监控功能、应用功能，对应的具体功能及解释如表5-7所示。CDN在技术层面具有多项优势：首先，在结构上设置了多重冗余节点，当部分节点发生故障时，传输业务仍可以继续运转；其次，适用于广域的传输管理，运维的复杂度明显降低，不用过多考虑服务器镜像、带宽等细节要素；再次，显著缩短了网络间的请求响应与加载时间，改善了在线系统的使用体验感。CDN的介入能够使用户访问内容更加便捷，并带来访问量与交易量的大幅提升。

表5-7 CDN主要功能

分类	功能	说明
管理功能	设备管理	管理内容分发网络中的媒体存储器、媒体服务器、协调与代理等设备，主要针对设备的存储空间与服务能力等方面。
	节点管理	对各个网络节点的网络传输带宽、媒体存储格式、流媒体服务并发等内容进行管理。
	网络管理	对网络的拓扑结构进行管理，并对逻辑结构进行优化。
	业务管理	包括频道管理、直播管理、录播管理、中继管理等，但不涉及内容本身。
控制功能	内容控制	对各类内容指令进行解析与控制，如内容的发布、删除与调度，并负责任务的生成、下发、监控等。
	服务控制	根据分布式流媒体节点的负载状况及用户位置灵活调度服务，负责均衡全网负载的均衡，确保传输服务质量。
监控功能	计划监控	对各类计划操作的执行状况、生命周期等进行监控。
	性能监控	对各类设备性能、节点性能、虚拟网络性能及相关内容指标进行统计与监控。
应用功能	内容播放安排	制定内容播放的计划与时间表。

（资料来源：根据网络资料整理。）

CDN的服务架构主要包括四个模块（如图5-10所示）。（1）分发服务模块。基本工作单元由Cache（服务器缓存）组成，负责直接响应用户请求，将内容快速分发到用户，并负责内容更新，保证与资源点内容的同步。根据内容类型和服务种类的差异，分发服务系统分为多个子服务系统，每个子系统都是一个分布式的服务集群，由功能类似、地域接近的分布部署的Cache集群组成。分发服务系统还需要向上层的管理调度系统反馈各个Cache设备的健康状况、响应情况、内容缓存状况等。（2）负载均衡模块。负载均衡是整个CDN系统的中枢，负责对所有的用户请求进行协调调度，确定提供给用户的最终访问地址。负载均衡以分级方式实现，包含全局、区域及本地负载均衡。各级负载均衡根据用户地址和用户请求的内容，依据就近原则确定向用户提供服务的节点，一般通过DNS解析或者应用层重定向方式实现。（3）网络管理模块。网络管理用于实现对CDN系统的设备管理、拓扑管理、链路监控和维护管理，为管理员提供对全网资源可视化的集中呈现，通常用Web平台操作。（4）运营管理模块。运营管理主要针对CDN系统的业务活动，负责处理业务层面与外界系统交互时所必需的一些收集、整理、交付工作，包括计费管理、客户管理、数据统计分析等。

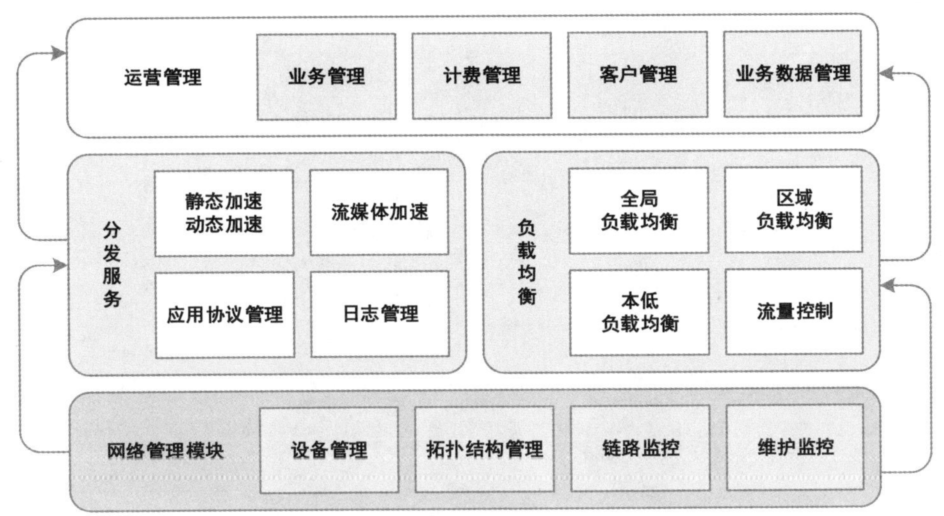

图5–10 CDN服务架构

CDN的网络结构有三种。（1）单中心节点结构（图5–11–A）。单中心是指所有内容信息存储在一个中心节点，分发时由中心节点根据距离指标选择适宜的区域节点，再由区域节点传送至边缘节点。边缘节点主要负责向终端用户发送数据，并提供相应的节点缓冲服务。单中心模式的特点是结构简单，各级节点之间的连接关系明确，分发算法容易处理，但对于网络资源的整体利用率不高，峰值使用期间对于上级节点造成的压力较大。（2）多中心节点结构（图5–11–B）。在多中心模式下，内容信息存储在多个中心节点，分发时除了距离，还根据负载与响应时间等因素，由不同的中心节点匹配适宜的区域节点，再由区域节点发送至边缘节点。多中心模式的特点是保存了多个内容副本，中心节点相互之间可以进行传输，高层级的分发瓶颈得到了缓解。（3）网状节点结构（图5–11–C）。网状模式采用分布式的内容信息存储结构，各区域节点均可作为存储载体，存储策略可使用完整存储或部分存储，分发时根据需求可以相互传输以弥补不足。网状结构具有云模式的特点，边缘节点可以择优选择下载路线并提升本地的缓存容量。网状节点结构较适宜广域内容传播，使用优化的拓扑分发算法，峰值使用期间的阻塞效应较小，主要与物理网络的传输能力相关。

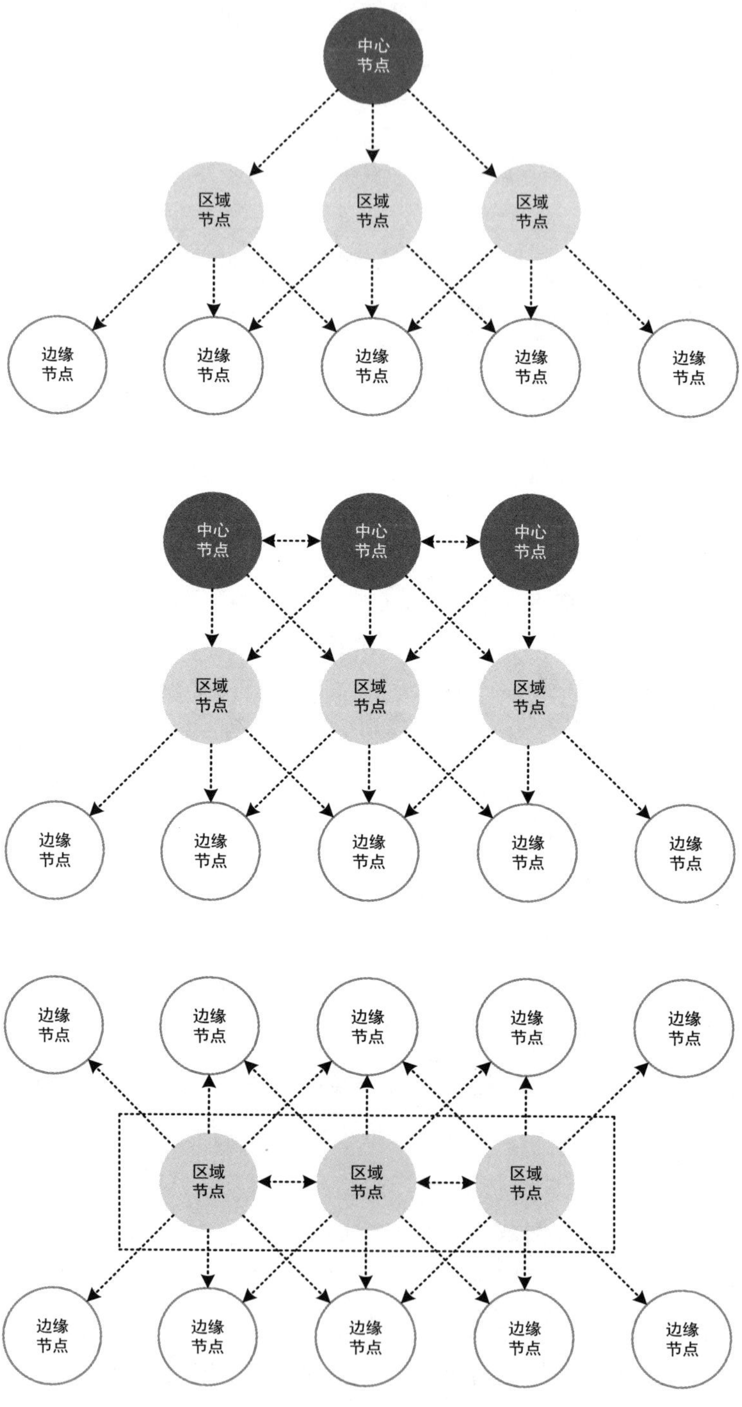

图5-11　典型CDN网络模式

我国市场上常见的CDN服务商有多种类型。（1）专业CDN服务商。专业CDN服务商在核心业务方面具有明显优势，多具有成熟的运营机制和较高的服务能力，能够为客户提供全面的解决方案。专业的内容机构及盈利能力较强的机构倾向于选择专业CDN服务商，可以获得"一揽子"服务，将主要精力专注于内容运营方面。专业CDN服务商一般收费较高，中小内容机构一般难以承担。（2）电信运营商。电信运营商主要提供基础网络服务，普遍拥有丰富的带宽资源，硬件优势明显。电信运营商可以根据需求，实时优化配置CDN服务网络。同时，国内许多电信运营商拥有用户群与品牌优势，能够引导众多企业客户及个人客户使用其CDN服务。（3）能够提供CDN服务的IDC运营商。IDC（Internet Data Center）运营商精通于主机托管、资源出租、系统维护、安全管理等业务，在底层IT服务方面具有明显优势。但在提供CDN服务时，通常需要调整硬件设备，如服务器、存储设备、网络设备等，成本控制是其主要短板。（4）国外CDN服务商。国外CDN服务商一般具有明显的运营与技术优势，管理体系较为成熟，且熟悉国际市场运作规则。一些内容机构为了"出海"需要，可以选择国外CDN服务商，并与东道国的IDC或ISP服务商进行合作。（5）自建CDN服务。对于具备技术能力的企业可以选择自建CDN服务，虽然初期的建设投入较多，但后期运营与维护成本可控，长期来看经济效益明显。自建CDN服务的主要瓶颈在于节点数量有限，不适于大型平台广域范围的应用。（6）低成本自助型CDN。一些网站提供了一站式CDN解决方案，用户可以根据说明文档自助操作。此类CDN服务成本极低或免费，简单易用，但服务内容较少且服务能力有限，多适用于小型机构或业务起步阶段。

表5-8　国外知名CDN服务商概况

编号	CDN服务商	简介
1	CloudFlare	业务涉及全球190余个城市，可为跨多个云环境托管的网站、应用程序和API的安全性提供单一控制源；通过云安全性，可以对安全事件进行检查，同时也让部署互联网资产的所有云能够实现一致的安全控制。
2	StackPath	于2016年推出，简单易用，数据透明，且性价比较高；具备全球高性能内容交付及高水准安全控制，集成Web防火墙和DDoS防护功能；对开发人员友好，支持多版本的API。
3	Akamai	在全球范围内拥有众多节点，服务器部署优化，擅长处理海量的动态内容，同NBC、纳斯达克等众多知名公司或机构合作。

（续表）

编号	CDN服务商	简介
4	CloudFront	隶属于亚马逊公司，应用环境友好，可以无缝使用任何AWS源，例如Amazon S3、Amazon EC2、Elastic Load Balancing等；向用户提供诸多安全且可编程的边缘计算功能。
5	Edgecast	支持音乐、视频、游戏、直播等丰富的内容格式，服务定位于数量庞大的中小公司，尤其是视频媒体公司；同诸多知名的互联网公司有合作关系。
6	CDNetworks	韩国CDN公司，在亚洲拥有庞大的服务网络及客户，主要服务各类在线教育、新闻资讯及网络传媒；近些年业务扩展至印度、南美等冷门市场。
7	CacheFly	一直专注于CDN核心技术，服务性能持续提升，在数据吞吐量方面具有明显优势，对于富媒体内容传播比平均主流CDN效率高30%。

第六章
内容变现

6.1 直接变现模式

内容变现是指各类内容信息通过直接或间接的方式转化为收入的过程。内容的商业化符合内容生产方与渠道参与方的利益，内容变现则体现了受众对相关服务及价值的认可。内容变现是内容经营的落脚点，缺乏盈利能力将导致内容产业无法顺利发展。内容变现在本质上同商品变现是一致的，即通过对内容的销售换取收入，但是在运转形式上有诸多差异。首先，内容交易在渠道上依赖网络，无须实体资源的介入，分销成本远低于实体商品，渠道阻力相对较小，在产销速度方面具有明显优势。其次，大部分内容交易涉及的是使用权的交易而非所有权交易，因此购买方可以自己消费相关内容，而不能任意将其用于商业用途，消费中的法律界定需要更为精细化。最后，内容变现的途径更为丰富多样，除了直接交易，还有多种间接获利渠道，并不一定需要受众自己支付，该特点使内容经营方式更为灵活，并拥有更为自由的商业模式创新空间。

◆ 直接变现的演进

直接变现是最为简捷的内容变现模式，即生产者收费并将内容展示给受众的单一操作。直接变现的商业模式实现较为简单，无须复杂的路径结构，交易双方可实现清晰的对手交易。从内容生产者角度看，直接变现的优势在于能够快速取得收入，仅须借助内容平台或第三方金融平台。同时，内容质量可以迅速被受众了解，决定是否继续购买，受众反馈速度也很快。但直接变现属于线性收益，内容产销的性价比不高，例如对于头部内容生产者（平台）来说，不会单一依赖直接变现模式。

内容变现的传统思维是“谁消费，谁支付”，该思路简单且易于操作，只要依据营销推广模式将受众纳入消费范畴即可。传统思维的关键是培育用户的消费习惯，其常见路径模式如图6-1所示。完整的内容付费路径包含七个环节。（1）需求。受众自发产生对某类内容信息的需求，这种需求是其产生未来消费行为的原始动机。例如，对于缺乏信息的恐慌使受众需要更多的新闻资讯，或对于个人健康的关注使其需要相关的养生知识。不同时期受众的需求会有很大差异，在现代信息社会中需求的产生更加多样化且更为细化，这也是促使内容市场不断发展的根本动力。（2）兴趣，即基于需求对某一类内容产生的好奇。兴趣的产生可以说是由潜在需求向显性需求的转化，这种外在特征能够通过某些途径显示出来，易于被内容供给方识别。例如，受众经常浏览（体现为在不同区域的停留时间）或使用的搜寻关键词都是其兴趣的外在表现。（3）关注。受众自发表现出的内容兴趣点，通常包含明确的动作，如对于特定类型内容的收藏与留存。当前，各类平台及应用都提供了便捷的关注操作，既易于用户使用，又可以为内容服务与后台管理优化提供参考数据。（4）试用。试用是将受众引入消费领域的关键步骤，试用体验将决定用户是否会产生实际购买行为。内容试用包括试读、试听、试看等多种形式，试用可以通过比例、时间等参量进行控制，在使用户了解内容产品特性的同时还能够对相关产权进行适当的保护。（5）购买。这里主要指单次消费支付行为。受众的购买行为表明其对于内容商品的试用认可，并愿意支付相应的费用。购买是传统经营思路的重点，是内容实现价值转换的关键。为促成购买行为，内容供给方通常需要配合使用相应的策略。（6）订阅。订阅是一种持续消费行为的体现，这里主要指付费形式的订阅。订阅通常可以包含价格折扣、附赠的内容、参与活动以及使用权限的升级。订阅可以保障内容生产方在一段时间内获得稳定的收益。（7）推荐，指用户愿意将相关内容或平台分享给圈子内的好友，体现了受众对内容供给方较高的认可与评价。推荐是受众主动扩大内容影响力的行为，能够助力其快速获得更多的交易，是内容经营非常看重的环节。

在现代内容消费环境下，完整包含七个环节的路径通常耗时较长，许多内容经营活动都旨在缩短其消费行为路径，尽快促成交易。例如，如果用户无法自发产生需求，内容经营方可以通过广告与关联等策略将需求“导入”用户，使其直接进入相关的后续环节。同时，对于兴趣、关注与试用等阶段，也可以通过某些方式跳过这些环节，如通过引流与推荐使用户“被动”关注某些信息，或直接将内容推送至用户进行试用，或提升内容投放的精准度以直接使目标用户发生购买行为等。以上均属于顺向路径，此外还有逆向路径。逆向模式思路在于“创造需求”，通过导入需求，使用户产生偶然性消费，通过对内容的使用者培养出兴趣并产生内在需求，进而养成订阅习惯及推荐给他人。

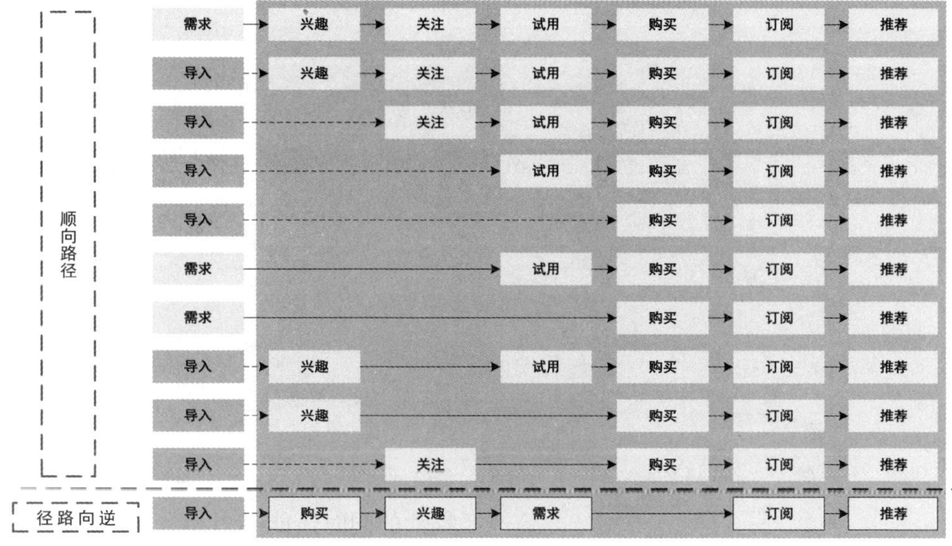

图6–1　内容付费路径对照矩阵

对内容进行付费经营由来已久。20世纪90年代，随着互联网应用的普及，已经陆续出现了内容付费的消费模式，大多以文本为载体（如报告、学习资料、技术文档等），主要集中在技术型网络用户群体之间。由于当时内容市场尚未形成且支付方式不便，例如，在美国还需要通过银行转账或支票支付方式，因此内容付费整体上未形成规模。进入21世纪，内容使用普及程度及经由网络的分发比例逐渐提升，相关的商业支付模式随之出现。在国外，网络音乐是发展较早且正规化程度较高的领域，许多音乐平台提供了基于MP3和WAV等格式的音乐付费下载。在我国，业界一般认为内容付费始于2003年，代表领域是网络文学，一些原创作品提供了2—3章节免费阅读及后续章节付费阅读的模式。但在随后一段时间内，由于网络版权保护的滞后，网络音乐与图像领域的付费模式未能形成。例如，当时的MP3及一些无损高音质音乐文件都可以免费下载，且提供相关下载的网站很多，用户很难养成付费的习惯。而在此时，国外内容付费的规模则逐步扩大，付费领域由早先的网络音乐拓展至原创图像、知识情报、在线课程、长短影片、电子游戏等领域。其中许多成功的内容商业模式都被后来国内的平台所借鉴。国内内容市场在2014年以后逐渐缩小了同国外市场的差距，主要表现在文本付费模式

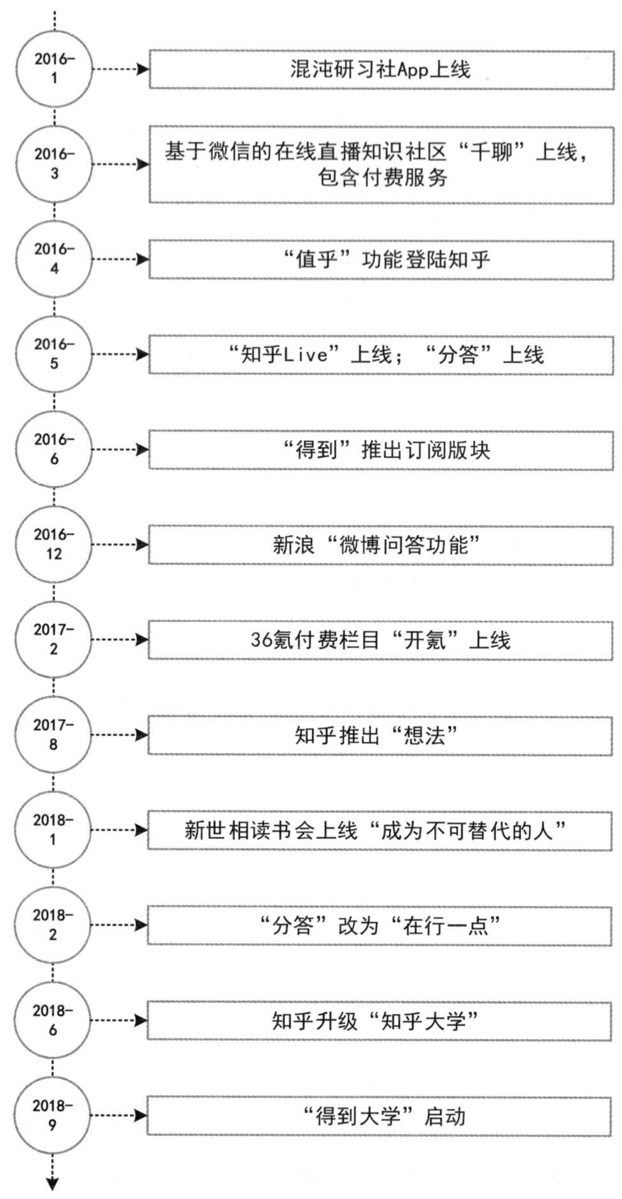

图6-2　知识领域付费演进轴线（资料来源：根据艾瑞咨询报告整理）

的进一步成熟，以及视频领域付费模式进行的诸多尝试与探索。2016年被许多观察家奉为我国内容付费元年，其标志是知识内容付费平台的崛起，如当年推出的“知乎Live”“分答”“得到”等应用都建立了符合受众需求的付费内容与付费模式。其后数年内，知识付费领域不断出现新的应用及运作模式，市场进一步细分，其具体发展历程如图6-2所示。知识内容付费属于内容付费范畴，从知识内容付费的发展历程可以看出，2016—2018年是发展的铺垫期，2018年以前行业平均付费增长率在7%以下，2018年开始进入了年增长率为10%以上的增长期。许多App在该阶段经受了市场竞争的洗礼，仅有较低比例的头部应用能够在持续地砸钱后进入盈利周期。知识付费的单笔额度较小，相比之下，其他类型的内容付费发展存在更大的阻力，在探索适宜商业模式的同时，还需要不断控制各种成本，努力降低内容及服务的零售价格。除了市场自身成长的因素，2016年以来内容付费获得快速发展还得益于两个方面：第一，国务院与国家版权局相继推出了多部关于网络知识产权的法律法规，有效遏止了网络盗版资源的扩散，保护正版内容的相关权益；第二，各种支付平台应用的普及使网络支付更为安全、便捷，用户可以通过微信、支付宝等工具完成大部分支付操作，网络金融环境逐渐得到优化。根据网络调查报告显示，同期使用微信支付的月度平均活跃人次在10亿上下，而使用支付宝的月度平均活跃人次在5亿—6亿。

中国知识付费行业运行发展情况

我国知识付费市场近些年悄然发展，虽然其曝光度与知名度无法同娱乐内容相比，但也已拥有规模庞大的受众群。新闻报道显示，2019年中国知识付费行业用户规模达3.6亿人，行业市场规模达278亿元。从需求角度看，知识付费有着很大的市场潜力。人们在激烈竞争环境下，对于各类知识的需要快速增加。当代知识内容同传统知识内容差异很大，不再是系统化、规范化的“长篇大论”，无须烦琐的出版流程，更多以碎片化形式呈现，传播终点中移动端的比例快速上升。用户的知识付费呈现出明显的高频、低价的特征。网络调查显示，在线学习用户中有88%以上购买过知识付费产品，用户以“80后”和“90后”为主，“00后”快速崛起，主要分布在一、二线城市，其中超过86%的用户月收入为5000—25000元，是知识付费的主力军。同时，尽管比例较低，一些年龄大于50岁的受众也逐渐成为忠实的知识付费用户，他们以知识充实自己的退休生活。在现有付费受众群中，超过85%的用户认可已有的消费经历，表示会持续进行知识付费。从供给角度看，除了专业机构，个人用户已成为提供碎片化知识的主要群体，他们大多具有本科及以上学历，在工作领域有一定的经验，或对某领域有深度的钻研，能够提供相对专业的知识信息，主要以问答形式出现在各类内容平台。

（资料来源：根据www.iiMedia.cn整理。）

内容变现可分为五个发展阶段。（1）关注标题。好的内容标题很容易捕获受众眼球，提升内容的吸引力，在流量导入阶段扮演重要角色。随着受众辨识力的提升以及内容市场竞争的加剧，仅依靠标题实现变现的难度较高，“标题党”在变现方面的优势已不存在。（2）关注产品。内容内在质量是变现的关键，是持续变现的重要保障，优质内容的变现比率自然会高于一般内容。不同类型内容的品质、属性各不相同，供给方需要结合所属领域的内容特征及受众特征，生产迎合需求的内容。同时，在打造高质量内容的同时要配合使用适宜的营销方式，使内容品质被受众了解。（3）关注模式。变现模式提供了游戏规则，使内容市场中的各类角色能够产生交互，并连带利益交换。好的变现模式是内容变现的助推器，可以使同样品质的内容实现更高的转化率。变现模式可围绕直接变现设计，也可围绕间接变现设计，或采用组合模式。对同一家内容供给方来说，其变现模式在不同阶段并非一成不变，需要结合自身的成长及外部竞争来灵活调整。（4）关注平台。平台决定了内容变现的起点与规模基数，登录好的平台可以获得更优质的运营资源。大型平台一般都具备完整的内容生产、发布、审核、后台服务等接口，能够使生产者更加专注于本职工作。同时，此类平台还拥有可靠的技术、法律与金融服务，可以有效保障内容生产方的权益。“站在巨人之肩”是取得成功的捷径，当代许多内容创业者都具备了这种意识，在内容首发时都会对平台进行精心的筛选。（5）关注社群。具备社群思维表示内容变现进入了高级阶段。基于社群的运营通常需要将平台、粉丝、流量等资源进行整合，并通过社群关联进行推广与变现。社群模式具有极好的自然成长性，同传统营销增长相比，社群衍生的成本更低且持续周期更长。同时，社群化受众交往有更为下沉的亲和力与环境体验，是促使内容持续变现的优质土壤。

◆ 用户付费接受度

内容经营方欲达到理想的内容变现效果，需要掌握受众的付费偏好与行为特征，进而设计出合理的付费经营模式。从受众角度看，对于付费内容的认可程度较之数年前已有了明显的提升，这是发展内容付费的重要前提。例如，许多网龄在五年以上的用户对于网络内容都有着自己的价值判断，认为其中某些信息是值得付费获取的，因此部分领域的付费用户规模自2016年以来保持着稳定的增长。根据一项网络调查，受众对于内容付费的分组接受程度如表6-1所示。从全样本看，对于内容付费可以接受的比例相对较高，但大多集中在轻度与中等区间，另有约30%的用户选择不接受。从性别分组看，女性用户对于内容付费的可接受水平整体高于男性用户，但在“较接受”与“非常接受”区域略低于男性用户。从年龄分组看，随着受众年龄的增加，对于付费的接受比例逐渐降低。其中，20岁以下群体由于工作及收入水平等原因，整体的接受区间主要集中在中低区间，而20岁以上群体在“较接受”区域的分布比例相对较高。从学历分组看，本科以上群体对于付费的接受状况较好，其中硕士学历群体的整体接受度最高，这与其收入水平、获取内容信息的目的以及相应的内容定价等相关。从所在区域分组看，一、二线城市用户的接受度普遍较高，这些用户基于收入、工作需要或娱乐需要，更愿意为内容付费。

表6-1　受众对内容付费的接受度

分组		不接受	轻度	一般	较接受	非常接受
全样本		29.2%	34.8%	23.1%	10.9%	2.0%
性别	男	33.3%	32.1%	20.4%	11.3%	2.9%
	女	26.4%	36.7%	24.9%	10.6%	1.4%
年龄段	20岁及以下	14.6%	43.8%	31.3%	6.3%	4. 2%
	21—25岁	13.4%	46.3%	25.4%	14.2%	0.7%
	26—30岁	28.4%	31.3%	22.4%	14.9%	3.0%
	31—40岁	30.9%	30.4%	25.4%	11.0%	2.2%
	41—50岁	34.3%	35.8%	14.9%	11.9%	3.0%
	51—60岁	46.2%	26.9%	19.2%	5.8%	1.9%
	60岁以上（不含）	62.5%	20.0%	15.0%	2.5%	0.0%
学历	本科以下	51.2%	23.3%	18.6%	7.0%	0.0%
	本科	24.9%	38.2%	24.9%	9.6%	2.4%
	硕士	17.1%	38.8%	24.8%	16.3%	3.1%
	博士	28.9%	34.2%	18.4%	15.8%	2.6%

（续表）

分组		不接受	轻度	一般	较接受	非常接受
所在区域	一线城市	21.3%	41.6%	23.4%	11.5%	2.2%
	二线城市	21.1%	47.4%	22.4%	9.1%	0.1%
	中小城市及以下	28.2%	36.2%	22.8%	10.1%	2.7%

除掌握用户的付费意愿，还须了解用户的实际行为选择。在同一项调查中，得到了用户不同额度的支付比例，数据详见表6–2。从全样本看，有34.6%的用户未选择付费，付费用户中在10元至50元区间的最多，其余部分（除500元以上高支出）分布相对平均。从性别分组看，女性用户实际支付比例低于男性用户，该结果与支付意愿调查相悖，表明用户在实际支付选择中存在随机因素。从年龄分组看，其整体分布状况与支付意愿调查匹配，50岁以上群体的实际支付明显下降。从学历分组看，硕士群体的支付比例最高，但是在高消费层面（100元以上），博士群体占据优势。从所在区域分组看，二线城市的支付比例最高，优势区域是10元至50元，但在百元以上支出方面，一线城市占据较高比例。

表6–2　受众单笔内容付费情况

分组		无	小于10元	10—50元	50—100元	100—500元	500元以上
全样本		34.6%	13.4%	22.9%	12.7%	12.8%	3.5%
性别	男	34.2%	15.0%	22.1%	13.3%	11.7%	3.8%
	女	35.0%	12.3%	23.5%	12.4%	13.7%	3.2%
年龄段	20岁及以下	37.5%	16.7%	18.8%	14.6%	8.3%	4.2%
	21—25岁	32.8%	11.9%	35.8%	8.2%	8.2%	3.0%
	26—30岁	26.9%	22.4%	13.4%	20.9%	10.4%	6.0%
	31—40岁	23.8%	12.7%	21.5%	16.0%	21.0%	5.0%
	41—50岁	41.8%	14.9%	22.4%	9.0%	10.4%	1.5%
	51—60岁	55.8%	5.8%	21.2%	7.7%	9.6%	0.0%
	60岁以上(不含)	60.0%	11.2%	10.0%	9.7%	0.1%	0.0%
学历	本科以下	48.8%	7.8%	16.3%	14.0%	12.4%	0.8%
	本科	33.1%	16.0%	22.5%	13.7%	11.6%	3.1%
	硕士	23.3%	11.6%	32.6%	12.4%	14.7%	5.4%
	博士	36.8%	18.4%	15.8%	2.6%	18.4%	7.9%
所在区域	一线城市	34.1%	13.2%	22.3%	11.8%	15.1%	3.6%
	二线城市	28.9%	14.5%	32.9%	11.7%	9.3%	2.6%
	中小城市及以下	38.9%	13.4%	19.5%	15.4%	9.4%	3.4%

（注：基于对用户最近一次内容消费调查。）

从用户实际选择付费情况看，其主要影响因素是年龄与学历，基于前述调查的分类树结构如图6–3所示。

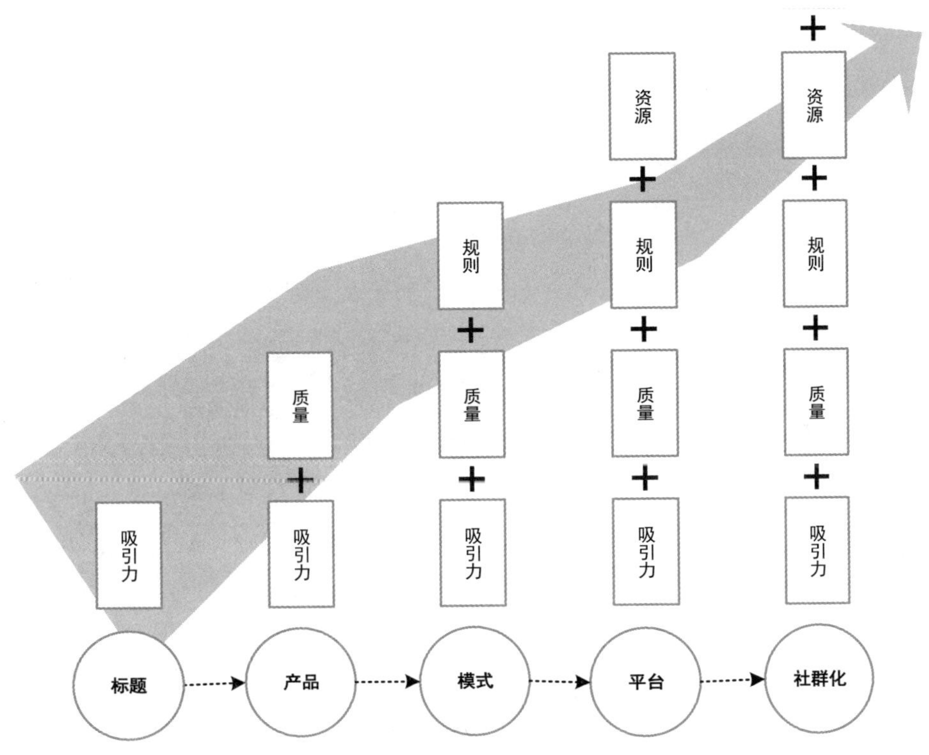

图6–3 内容变现的发展阶段

可以看出，影响支付决策的主要变量是年龄，40岁以上分组的群体的支付比例明显较低，而40岁及以下群体的付费比例为71.4%。在高年龄段分组中，以50岁为分界点继续划分为两组，50岁以上的支付比例进一步降低。在低年龄分组中，学历是二次划分的主要依据，其中硕士群体相对特殊，低年龄段硕士的支付比例高达79.3%。而其余学历状况可根据年龄段进一步细分，其中31—40岁群体的支付选择比例较高，为74.5%。

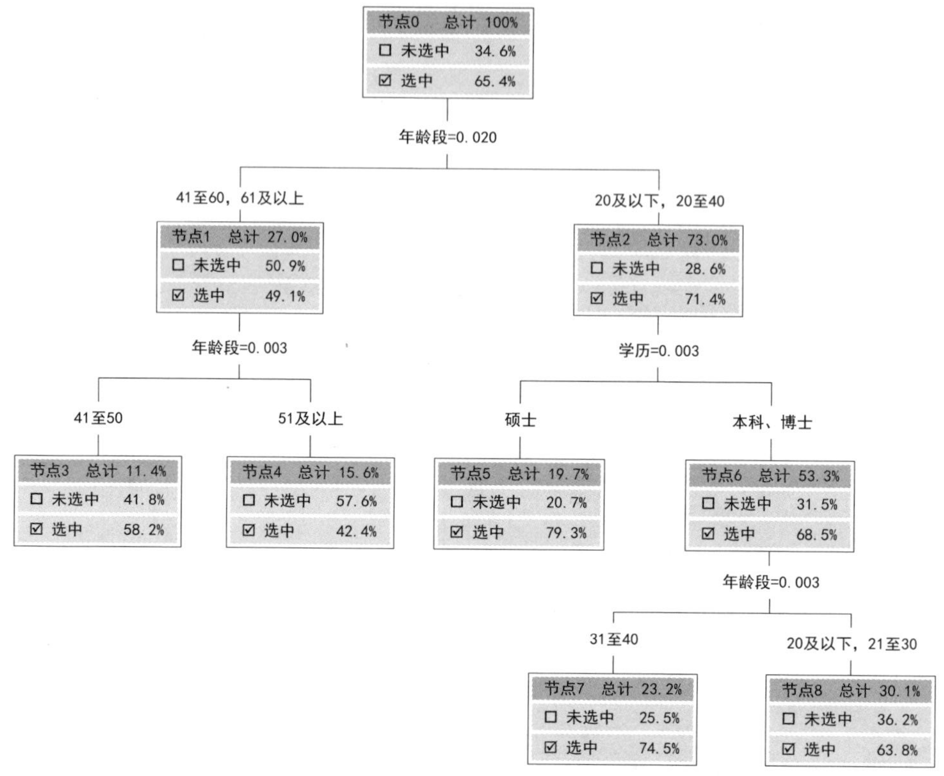

图6–4 内容付费用户分类树

从不同内容类型的付费转化效果来看，按照“知识性—娱乐性”与“普及性—专业性”分为四个象限，如图6–5所示。位于左上区域的内容类型由于普及性及娱乐性较强，拥有扎实的受众基础，内容类型适应广泛的用户群体，因此普遍具有较好的用户付费意愿及转化率，其中付费率较高的内容涉及综艺、音乐、音频、电影等大众娱乐项目，目前保持较高增长的则是在线电影、在线音乐与短视频。右上区域兼具普及性与知识性特征，主要迎合了大部分具有中高学历的知识型受众的口味，该部分内容的整体付费意愿与转化率偏低。主要原因在于许多知识内容以免费形式呈现，或用户可以较为容易地找到相关付费内容的替代版本，如主题论坛、在线讲座、综合播客及网络科普，都没有严格的资源锁定与知识产权保护。而本区域的知识社区与在线培训的转化情况相对较好，在于该部分内容的群体针对性非常明确，资源的不可复制性较强。右下区域同右上区域相比，具有更强的专业性与资源锁定能力，如传统在线课程及远程教育的内容产出方多为专业的国家认可的教学单位，虽然其信息更新频率不高，但是基于社会信誉及相关凭证发放的优势，其受众群体具有极好的付费意愿及转化率。左下区域具有专业娱乐特性，受众群体的边界非常明确，相关内容领域的消费需要较高的卷入度。介入该区域的用户大多具有较高的付费意愿，能够带来较好的转化率，同时本区域内容也极具增长潜力。

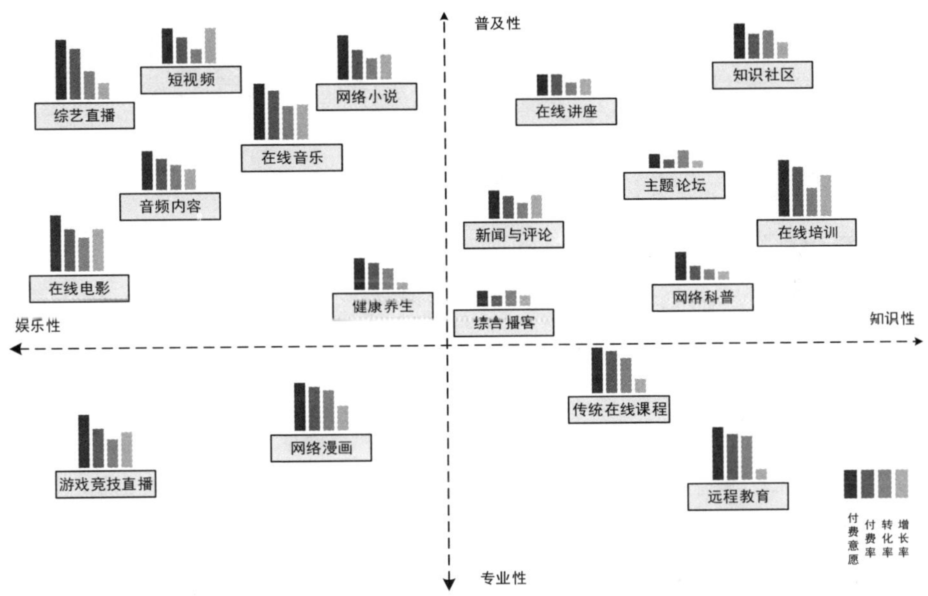

图6–5 典型内容领域付费与转化情况

斗鱼直播平台扭亏为盈

国内许多直播平台在行业酝酿期一直处于亏损状态，主要集中在2019年以前。例如，斗鱼的公开财务数据显示，2016—2018财年均处于亏损状态，年度亏损额分别为7.83亿、6.13亿以及8.76亿元。同期，许多直播平台的亏损状况与斗鱼类似。在互联网领域，市场培育阶段持续亏损也属常见，商业机构需要靠融资、烧钱模式树立品牌影响，扩大受众基数，培养消费习惯。直播领域自发展之初，便充满激烈的竞争，平台对于流量指标的关注明显大于盈利指标。该状况自2019年后出现了逆转，斗鱼2020财年Q1财报显示，营收超过了20亿元，在非通用会计准则下，平台净利润达到2.97亿元，比

2019年同期的3530万元增长了7.4倍，还首度超过了老对手虎牙。斗鱼扭亏为盈的案例显示出，积累并稳固庞大的付费群体对于内容平台至关重要。经过前几年的持续投入，2019年斗鱼付费用户快速增长，年内一季度付费用户为600万，同年三季度突破700万，最终达到760万。在增加付费用户方面，斗鱼施展了各种方式，包括在平台上热捧“一哥”“一姐”吸引年轻受众的关注，以“出圈梗”带红各类网络用语，通过电竞直播强化同用户的互动等，这些方法均显著提升了平台用户的黏性。在拥有稳定的用户群后，斗鱼进行了深度挖掘，以云游戏、游戏陪玩、直播带货等模式提升转化率。

（资料来源：根据游研社网文整理。）

◆ 内容定价

直接变现的首要任务是对内容进行合理定价，常见的策略包括：（1）基于成本的定价策略。由于内容生产与传播的特殊性，其定价策略不同于一般商品。一般商品定价可以使用“成本+收益”的模式，关于成本，有明确的核算方式，至于收益，可以参照行业的平均利润水平。而内容定价很难依据清晰的成本，或成本的摊派核算较为复杂。因此，内容定价需要根据内容制作及传播特性，以灵活的成本核算及定价策略适应市场竞争及受众的需求。以传统的网络文字稿件为例，早期网络运营效率不高，传播规模有限，单篇稿件的阅读支付费用（考虑到多年前的价格水平）相对较高，而运营方支付给稿件作者的费用相对较低，大部分在千元以下。随着网络传播效率的提升，内容销量显著增加，均摊了成本，支付费用已明显降低，而运营方能够支付的稿酬也大幅提升，头部领域也经常涌现“天价稿酬”的案例。对一些自媒体撰稿人来说，其成本核算与定价则更为灵活。有些撰稿人将其作为兼职或业余爱好，在收入方面没有明确的目标，而成本主要与其使用的设备及闲暇时间关联。又例如纪录片资料，我国相关机构为其建立了价值评价体系，包括拍摄的内容类型、拍摄时期、拍摄难度、拍摄质量（包括画质与音质）、内容稀缺性等，这些因素综合构成了纪录片的市场化定价参照。（2）基于竞争导向的定价策略。主要参考当前市场竞争的态势以及竞争对手的定价水平进行决策，这是市场化机制下常用的定价策略。竞争导向定价策略无须对成本等指标进行精细核算，只要能够达到收益平衡线，便可以根据行情灵活地调整价格。竞争导向定价的相关信息大部分来自市场，基于市场规模化的均衡结果，“他人”的平均价格基本能够反映出市场的接受度。例如，作者在头部平台推出一篇3000字左右的评论文章，可以参照相同量级的文章并结合作者的热度排名进行适度调整，这样能够较好地吻合受众对此平台的性价比认可。竞争导向定价策略的核心思想是“随行就市”，当某一内容领域竞争激化后，必然导致定价水平下降，作者需要快速随之调整，不能固守自己原有的价格标准。（3）基于受众认知的定价策略。主要基于受众对内容的感知价值（Perceived Value）进行定价，感知价值是用户对商品及服务的总效用与总成本之差的预期，该差值越大，则用户的获得感越高。其中，用户的效用获得既包含经济因素，也包含一定的心理感知因素，因此不同用户对相同内容的效用感知必然存在差异。用户的价值感知一般涉及内容本身的质量、内容传播的平台、内容生产方的知名度、与内容相关的服务及周边内容以及内容消费过程中消耗的时间与精力等因素。使用认知定价策略的优势在于能够针对不同类型的受众施行价格歧视，从而获得更多的收益。定价操作的关键在于如何辨识不同的受众群体，并有效分隔不同群体之间的市场。例如，对于具有时效性的内容来说，一些平台可以采用分时定价策略，“铁杆粉丝”肯定会在第一时间付费观看内容，而随着时间的推移可设定不同的价格折扣，从长尾效应中获取收益。

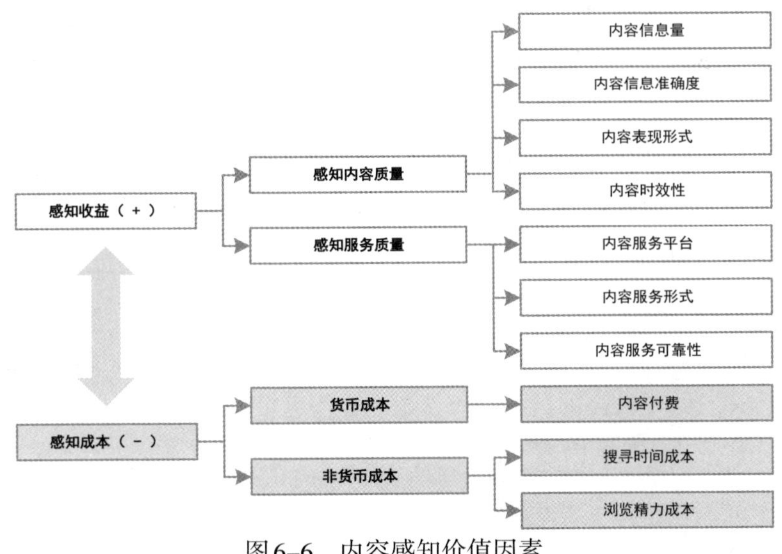

图6-6 内容感知价值因素

在内容领域逐步向消费者需求靠拢的趋势下，一些业内人士提出了由用户定价的新观点。持用户定价观点的人认为，只有用户才是最接近内容“价值”的角色，他们在使用内容的过程中能够掌握最为全面的信息，做出最为客观公正的评价，从而给出一个合理的价格。如果内容平台建立了由用户定价的机制，则可以针对每一位用户给出不同的售价，最大限度地获得消费者剩余。许多综合内容平台需要处理大量分散与琐碎的内容信息，逐一进行定价操作在成本与时间上均不可行，因此其定价通常采用一揽子方案，将相似内容定为一样的价格，但该价格并不能够反映内容的真实价值。用户定价策略则可以在一定程度上节省平台管理的复杂度，并为每一条内容制定出合理的价格。当然，有些人反对该观点，认为用户可能出于利己主义而给出低于理性判断的价格，甚至“0”价格，导致内容产业上游无利可图。关于这个问题，支持用户定价策略的群体从环境与机制方面进行了解释。内容领域的经营通常处于动态定价的环境下，即同样的内容在不同时间、不同场景、不同访问模式下的价格会变动，不同用户的内容消费环境也不尽相同，同一内容有可能对应多个不同价格，内容销售状况并不仅由某一定价结果决定。下游定价机制的使用需要经过精心设计，将正向定价的优势与逆向定价的效率结合起来，并借助用户的竞价行为使最终定价处于合理的区间。同时，用户定价还是一种讨价还价的表现，该定价结果同样需要得到内容生产方的认可，如果定价明显低于其预期，那么该领域的内容生产将会衰退。总之，用户定价策略可以维持内容市场的健康发展，对内容生产方与内容平台形成某种激励，促使更多优质内容产出。

◆ 付费订阅

吸引用户付费订阅是一种获取持续稳定收入的方法，虽然对订阅者在价格方面需要给予一定的折扣，但对于受众规模较大的内容生产方，订阅操作在经济方面还是划算的。付费订阅大多按照订阅期进行划分，如月度订阅、季度订阅、年度订阅，对应的折扣程度可达到月度订阅8—9折、季度订阅5—7折、年度订阅5折及以下。一般来看，单条内容信息量较少，但信息总量较多且更新频繁的内容适宜给予较高的折扣；而单条内容信息量较多的内容，折扣程度相对较低。此外，对于某些内容丰富的平台，还可以设计基于内容板块的订阅模式，如体育内容中关于几个偏好项目的组合；或基于功能组合的订阅模式，如是否包含内容的下载、评论与转发等权限。需要指出，一些内容应用通常也提供各种免费的订阅模式，并不需要用户直接支付。能否采用付费订阅模式，需要依据内容的特征及市场状况。如果一家内容平台的免费内容运营尚且不佳，则很难想象其付费订阅策略会取得成功。从诸多已有的成功付费订阅操作来看，大多需要经历较长期的市场培育过程，在这一过程中，受众会逐渐认可内容价值并形成关注习惯，进而提升对付费订阅的接受度。当然，在免费期经营较好的应用，一旦宣布采取付费订阅模式后快速流失受众的情况在内容市场也很常见。内容经营者在订阅模式设计中需要凸显自己的特点，例如《泰晤士报》强调对新闻内容的深入分析，Hallpressen关注新闻的地域性，Discors为用户提供集成化的订阅渠道，一些应用以专业化水准关注分众领域。总之，如何设计订阅模式、如何推出订阅内容、如何选择适当时机，对于付费订阅取得成功非常重要。

表6–3 基于不同服务类型的订阅模式

名称	服务内容	订阅特征
《泰晤士报》（网络版）	组成专门小组监测能够带来用户注册数提升的优质文章，并将其作为在社交平台上推广的重点，内容以深度分析和独家报道见长。	"读者如果想要看爆炸性新闻，可以去免费阅读的BBC（英国广播公司）或者Twitter，但我们吸引读者的点在于报道、观点和分析的权威性。"
Hallpressen	App中更新的新闻都会被打上地区标签，在应用内部的地图上标注显示，读者拥有相关区域的选择权，无算法依赖，易于读者实现地缘兴趣的定制化。	"关注小地区，关注邻近新闻"是其主要特征，改善了用户的新闻距离体验。
Amedia	引导线下读者来线上注册，让只有浏览行为而未注册的人成为注册用户，继续扩大订阅的基础群体，推动注册用户订阅。	根据用户的浏览记录、访问次数、注册信息等数据，促使有付费意愿的用户订阅。
Discors	推出了集成式的订阅功能，通过向其他专业媒体和内容生产者购买稿件授权，在应用内部集成多家付费订阅媒体的内容，订阅费用为每月4.99美元。	帮助用户实现跨平台、低成本、低风险的整合内容订阅选项。
《图片报》Bild	将Facebook的Instant Articles功能作为用户付费之前免费阅读的窗口，试用2周后寻求订阅的可能。	提供便捷的试用入口，以及简化的订阅流程。
Stratechery	集成了一系列工具，包括博客发布、订阅费用收集、数据分析、文章模板以及论坛社区建设。作者只需要很简单的步骤，就能完成建站与发布流程，节省精力，用于优质内容的生产。	关注商业、战略、技术等话题，优势在于符合分众化的兴趣订阅趋势。
The Quad Guy	提供整合管理工具，专注于内容领域的深耕，保证平台内容的质量。	提供健身教程及健康饮食管理服务，优势在于受众聚焦精准。

（资料来源：根据腾讯新闻整理。）

近些年，公众号付费订阅逐渐兴起，用户对信息价值的认可度明显提升。一些公众号在订阅管理方面，提供了35种价格档位，价格区间普遍为1—208元，定位在百元以下的占比较高。目前，公众号付费支持安卓与苹果iOS平台，微信支付、苹果支付均可使用。但是，内容提供方通过苹果iOS平台会有收益抽成，在安卓平台则无相关的渠道费用。对于内容创作者，在发布普通图文内容基础上，符合相应规则后可以发布付费图文内容，赚取收益。按照现有条件，作者注册超过3个月，近3个月内无严重违规记录，已发表至少3篇原创文章的订阅号可以开通付费功能。成功开通后，作者可对原创文章的部分或全部内容设置收费，用户需要购买后才能阅读全部内容。对于公众号付费订阅有两种观点：其一认为，付费能够激发作者的创作热情，提升内容品质，内容供给与内容需求相互促进，进一步增强公众号的活跃度；其二，认为付费模式可能会带来挤出效应，使公众号区域成为网络大V的盈利场所，普通内容创作者很难跻身付费竞争行列，从而使公众号成为少数人聚集的“精致化”网络空间。

◆ 打赏

打赏是互联网环境下的一种商业模式，打赏的主要贡献群体是粉丝，因此打赏也是粉丝经济的主要特征。打赏的具体操作是，当受众看到符合甚至超出其预期的免费内容时，主动向内容生产方直接支付一定的货币或代币，从而表达对创作者的认可与支持。打赏模式的主要特征是“自愿”与“随意”，可以是简单的意思一下，也可以是重金犒劳。早期的打赏多以小额支付为主，而目前的打赏额度出现了明显的分化，各领域不乏大额打赏，动辄万元以上的打赏也经常出现。打赏模式最早兴起于网络文学创作领域，随后逐渐扩展至音频直播、视频直播、游戏演示等领域，目前打赏已成为诸多分众领域的重要收入来源。在分众领域，许多内容创业者依靠向核心粉丝群持续输出高质量内容，获得支持与炒作，以及随之而来的收益。打赏模式使得创作者与受众之间的关系更为融洽，摆脱了传统的“强制”交易关系，受众可以根据自己对内容的价值判断与经济实力选择是否支付及支付多少，而作者通常会接受这种逆向的差异化定价模式。业内普遍认为，打赏模式能够比定价支付更有效地激励内容创作者，作者只有不断提升内容品质，在行业内取得领先位置，才会获得更好的打赏收益。

从具体的打赏额度看，一项网络调查结果如表6-4所示。根据表中资料，大部分用户的（单次）打赏额度在20元及以下区间，其对应的使用频率、使用数量及接受程度保持着较好的一致性。但是在低额度区间（5元及以下），其场景的适用性略低，如1元打赏在某些应用中无法兑换1个价格最低的礼品。而在200元及以上区间，基本属于“土豪”用户的领域，此类额度的单笔打赏基本都超出了一般网络内容的收益预期。用户的打赏动机包括对主播的认可、对内容价值的认可、对内容工作量的认可、对于互动参与的认可等，也有一些“非理性”用户打赏的主要目的是获得自身的存在感。业内有专家认为，对于高额打赏，特别是在用户不掌握明确的消费信息时的打赏，应通过适宜的规则加以限制。例如，2020年的一则网络新闻爆出一位10岁小用户独自在家迷恋网络直播，累计在平台上打赏了主播总值10万元的礼物，而其父母发现银行卡的储值快速减少，最终通过警方才顺利解决问题。该案例提醒相关群体，内容从业者及分发平台应通过何种机制识别并保护用户的权益，未成年用户的家长应赋予儿童何种程度的消费权限。

表6–4 不同打赏额度的市场调查

打赏额度	使用频率	使用数量	用户接受程度	场景适用性
1元	★★★	★★★	★★★	★
2元	★★★	★★★	★★★	★★
5元	★★★	★★★	★★★	★★
10元	★★★	★★★	★★★	★★★
20元	★★★	★★★	★★★	★★★
50元	★★	★★	★★	★★
100元	★★	★	★★	★
200元	★★	★	★	★
更高额度	★	★	★	★

（注：★的数量对应程度等级。）

打赏模式在短视频领域应用的瓶颈

虽然短视频市场热火朝天，但是变现过程并不理想。根据创头条网文报道，尽管美拍、火山小视频等App陆续上线了打赏功能，但对于作者的收益收效甚微。同头部主播一场超过万元的收入相比，短视频的打赏收入差了很多，许多短视频作者因而出现了“变现焦虑”。例如，美拍提供的各类“道具”能够兑换为收入，用户可购买并赠予作者，属于打赏模式。但美拍的短视频打赏并不流行，许多知名内容作者的打赏折现均在千元以下，远不及直播收入。

又如，火山小视频开通打赏功能的初衷是让创作者多一个变现通道，但该功能在短视频页面的位置并不明显。此外，一些取得成功的短视频打赏也并非基于本身的内容质量，而是作者已在其他领域（如直播）积攒了人气，属于相关领域的“溢出效应”。短视频始终需要以内容为主，相对于直播而言缺乏互动，更容易沉没，与用户的距离也比较远。短视频由于短小、精悍、碎片化，用户在观看的时候会集中注意力，观看过程中不容易产生打赏冲动。在观看行为结束之后，除非内容特别优质，或受众是作者的忠实粉丝，否则其注意力很快会转移至其他内容。正因如此，短视频打赏一直未能在内容平台上爆发。

（资料来源：www.ctoutiao.com。）

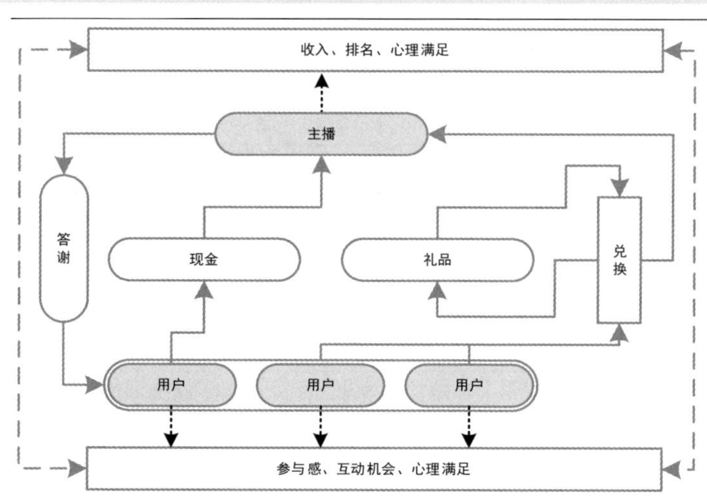

图6–7 打赏模式结构示意图

6.2 间接变现模式

间接变现是指通过第三方参与者（机构或平台）付给内容作者的变现方式，这种变现模式包含多种类型，其转化速度通常比直接变现慢。间接变现的本质其实也是受众的支付转化，如将相关广告商品的消费分成或流量贡献作为内容作者的酬劳。间接变现的特点是，作者当期的变现收入与其往期的资源积累相关，例如间接变现有时表现为预先支付，代表支付方对作者既有“人气”与“声望”的价值认可。此外，间接变现具有明显的非线性优势，同直接变现“卖一得一”的效果不同，间接模式使用得当可以使收益增长呈现加速趋势。当前，间接变现有较强的平台依赖性，综合型优质平台通常能够对变现效果有所加持。

◆ 内容广告变现

广告变现属于传统的间接变现模式，由内容生产者或平台出售广告信息位（栏目），赚取广告投放费用。早期的网络平台广告由于对商品或服务的实际销售转化规模不大，因此广告收入并不高。随着互联网经济的崛起，现代网络广告费用同其传播效应一样快速增长，已成为许多互联网公司的主要收入来源，如有些公司的广告收入可占总营收的60%以上。对于内容领域来说，广告收入也是一种较为持续、稳定的进项，内容产出方与平台均不会放弃此项来源。广告变现水平原则上与广告的转化率密切相关，广告转化的漏斗模型如图6–8所示，根据该模型广告转化包括五个步骤，到达量反映了广告总体的覆盖效果；点击量反映了广告的投放（接收）效果，需要说明，有些网络广告无须点击即可传播广告信息，因此到达量=点击量；访问量反映了用户深度阅读广告信息的规模，如链接到广告投放企业的主站或相关销售平台（电商）查看详细信息等；咨询量反映了用户以交互方式了解商品信息的规模，到达该步骤通常意味着用户正在进行最后的购买决策权衡；成交量反映了实际的购买规模，根据该指标企业可以掌握广告投放的ROI（Return on Investment，投资回报率）。当然，并不是所有企业都以ROI作为广告费的核算标准，这样做未免太苛刻，且很难界定相关销售是否由广告带来。因此，许多企业会将ROI与到达量等指标联系起来，对于广告的宣传效果以及对于受众潜移默化的影响也进行核算，认可广告的当期效果以及远期效果。需要指出，一些直播（广告）带货模式能够精确计算流量以及引流销售效果，通常会选择基于ROI支付广告费并与平台分成。

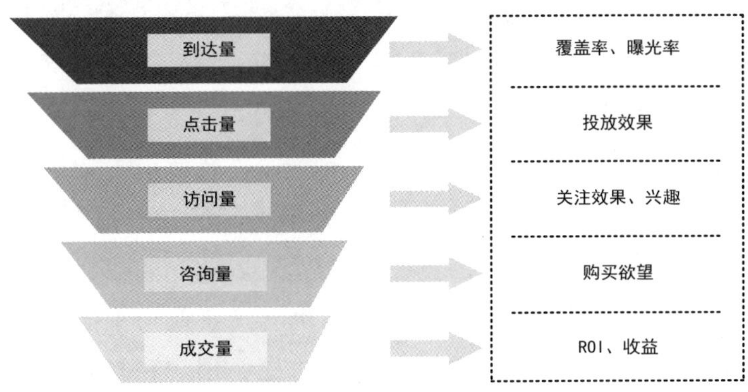

图6–8　广告投放与转化

当前网络广告费用核算主要有三种形式。（1）计次费用核算。常用于信息流广告的核算，基于其显示的次数或用户点击的次数，常用指标包括CPC、CPM及CPA。计次核算模式主要关注广告信息的送达效果，追求在规模与范围上的传播效应。（2）计时费用核算。计时模式是较为传统的广告费用核算方式，多用于电视与广播传媒。在互联网领域，计时模式主要用于展示型广告的费用核算，如门户网页、搜索引擎网页以及一些综合型网页，常用指标如CPT，此类广告通常难以统计广告的送达效果。（3）销售佣金核算。根据广告的实际销售效果进行费用核算，需要对广告与销售数据进行精准的关联。销售佣金的基础指标如CPS，在使用中可进行计次提成（如×元/次），或计量提成（如销售额的5%）。此外，广告方还会根据用户停留时长、跳出率、退单率等指标对广告费用进行修正。

表6-5 网络广告常用指标

参数			核算方式
缩写	英文名称	中文名称	
CTR	Click Through Rate	点击率	点击量/展现量
CVR	Click Value Rate	转化率	转化量/点击量
CPC	Cost Per Click	平均点击（成本）计费	消费量/点击量
CPM	Cost Per Mille	千次展现（成本）计费	（消费量/展现量）×1000
CPA	Cost Per Action	用户行为（成本）计费	CPC/CVR
CPT	Cost Per Time	计时展示费用	累计时长 × 费用率
CPS	Cost Per Sale	基于销售的计费	数量提成或金额提成
CPE	Cost Per Engagement	基于用户参与计费	基于关注、转发、收藏、点击、点赞的次数核算
ROI	Return On Investment	投资回报率	订单额/消费量（即广告费用）

（资料来源：根据网络搜索整理。）

常见的网络广告形式包括：（1）展示广告。展示广告是指以固定位置存在于Web页面的广告，包括页面的各种横边、竖边、通栏等块状空间，广告费主要以投放时间及展示位置进行核算。展示广告主要用于传统网页，可以静态或动态形式呈现，在移动端App也有少量应用，但展示效果无法同电脑页面相比。（2）弹窗广告。弹窗广告是指用户在打开网页或应用时自动弹出的广告，包括静态形式与动态形式，具有强迫推送的属性。弹窗

基于Facebook统计的指标关联

该组数据显示了当同一用户多次见到某一广告后在点击方面的减少比率，以及带来的成本增加情况。

点击频率	CTR变化	CPC变化
1	0	0
2	-8.91%	+49.82%
3	-16.92%	+62.20%
4	-23.34%	+68.02%
5	-29.72%	+98.51%
6	-41.19%	+127.26%
7	-41.38%	+127.32%
8	-48.97%	+138.31%
9	-49.87%	+161.15%

（资料来源：根据易赛诺www.yisainuo.com数据整理。）

广告是早期网络广告的主要形式，曾一度大面积应用于Web页面，在用户进行信息浏览过程中时不时在屏幕边角弹出，影响用户的正常使用。最早版本的弹窗广告主要进行广播式宣传，未对用户特性进行识别与区分，随后出现了基于cookie等页面识别信息的弹窗广告，能够根据用户上网习惯有选择地向其推送广告信息，许多基于Web技术的网游大都通过这种方式传播。许多弹窗广告由于借用了Java技术并利用了Web漏洞，会对用户利益造成损害，如包含木马病毒或蠕虫病毒，造成隐私泄露或网速下降，影响用户的正常使用。总体来看，弹窗广告传播的信息质量不高，其中也不乏低俗、诈骗等内容，大多受到用户的抵制。因此，2014年9月国家互联网信息办公室、工业和信息化部、国家工商总局召开了“整治网络弹窗”专题座谈会，专项研究治理网络弹窗乱象，并启动了整治网络弹窗的专项行动。运作正规的弹窗广告代理商通常有明确的收费标准，同介入网站有正常的合作关系，程序中不包含恶意代码，用户可以自由选择是否关闭且不再弹出。（3）悬浮广告。悬浮广告是指在网络页面中浮动的各种Gif、Flash、图片等，尺寸一般不超过500像素×500像素，以不规则方式移动且不易被用户关闭。悬浮广告主要使用了JSP（JavaServer Pages，一种动态网页技术标准）、CSS等技术，需要在客户端运行相应的代码，会占用用户资源。悬浮广告可以看作弹窗广告的升级版，同样具有强制推送的属性。

（4）闪屏广告。闪屏广告主要利用用户进入App时的加载时间，以占据全屏或高比例（85%以上）的形式展示广告信息，并提供相关的链接，展示时长一般控制在5秒以内。当前闪屏广告在手机端应用极为广泛，各类App都成了闪屏广告投放的渠道，尤其是各应用商店下载量排序靠前的App，其闪屏广告位资源更为优质，广告费用标准更高。闪屏广告费通常以CPM核算，费用在几元至几百元不等。

抖音闪屏（开屏）广告特征

展示规则：App运行后第一入口，视觉冲击力明显，抗干扰能力强，具有用户锁定优势。每日每个用户可看到的开屏广告次数不限。

产品使用：在定向功能方面，CPT不支持定向，而CPM支持年龄、性别、地域、平台定向。在广告展现方面，支持静态3秒、动态4秒、视频5秒，并支持纯展示、落地页跳转与直达链接。符合广审行业限制，并设置额外的禁投行业。

投放效果：静态开屏点击率均值为5%—5.5%；动态开屏点击率均值为6%—8%；视频开屏点击率均值为10%—15%。

标价方式：设置参考溢价规则，年龄、性别等基础指标，不加收；地域差异，核心城市加收30%；重点城市加收10%；平台差异IOS端，加收30%。

（资料来源：根据www.woshipm.com整理。）

（5）贴片广告。贴片广告源于传统影片发行领域，当前在各类网络视频与直播中广泛使用。根据广告出现位置可分为前置贴片、后置贴片及中置贴片，前置贴片尤其受到广告客户的青睐，收看效果较好，许多视频平台对于非会员会强制其观看完整的广告。贴片广告以（累计）时长计费，有时前置贴片广告为追求收益会堆叠多个广告，导致总时长过高并影响用户的使用体验。一般认为，贴片广告（单片）的最佳时长为15秒，总时长控制在90秒以内为宜，超过该时长则会引起受众的反感。（6）信息流广告。信息流广告是指位于社交媒体用户的好友动态、资讯媒体及视听媒体内容流中的广告。信息流广告的形式有图片、图文、视频等多种形式，特点是“算法推荐+原生体验”，可以通过标签进行定向投放，并根据需求选择落地页或者应用下载等，广告整体效果取决于“创意+定向+竞价”三个关键因素。信息流广告的定向方式是其有别于其他广告形式的主要特征，常用的定向类型包括基础定向、用户兴趣定向及其他个性化的定向。这些定向形式通常需要数据管理平台（DMP，Data Management Platform）的支持，根据大数据分析结果对受众进行分类及定向操作。从应用历程来看，2006年，Facebook较早使用了信息流广告，其优势在于定向精准、算法领先、形式丰富且用户体验感较好；2011年，Twitter将内容信息流与商业化内容结合，正式推出了信息流广告产品；2012年，新浪微博推出信息流的商业化产品，将信息流广告模式引入国内；2013年，腾讯新闻客户端信息流广告CPD上线；2014年，今日头条原生广告上线；2015年，腾讯微信朋友圈信息流广告上线；2016年，UC信息流广告及百度信息流广告上线，国内信息流广告市场竞争格局正式形成。

表6–6　信息流广告管理

平台	定向方式			基数	计费形式	管理模式
	基础定向	兴趣定向	其他定向			
腾讯	地域、性别、年龄、学历、手机品牌、运营商、网络环境	一级分类-18 二级分类-128 三级分类-52 +App兴趣标签	相似群体定向 垂直行业定向	8.2亿+	CPM/ CPC/ CPA/CPS	DMP-数据管理
今日头条	地域、性别、年龄、手机品牌、运营商、网络环境、用户行为	一级分类-18 二级分类-128	智能定向 内容分类	7.1亿+	CPM/ CPC	DMP-数据管理
百度	地域、性别、年龄、学历、人生阶段、手机品牌、运营商、网络环境	意图词 意图标签 长期兴趣导向	内容定向 群体定向	6.5亿+	CPM/CPT/ CPC	DMP-智选
微博	地域、性别、年龄、手机品牌、运营商、网络环境、App、用户状态	精准关键词 一级分类-20 二级分类-79	账号关系 博文关系 话题参与 数据市场	4.1亿+	CPM/CPC/ CPE	DMP-数据管理

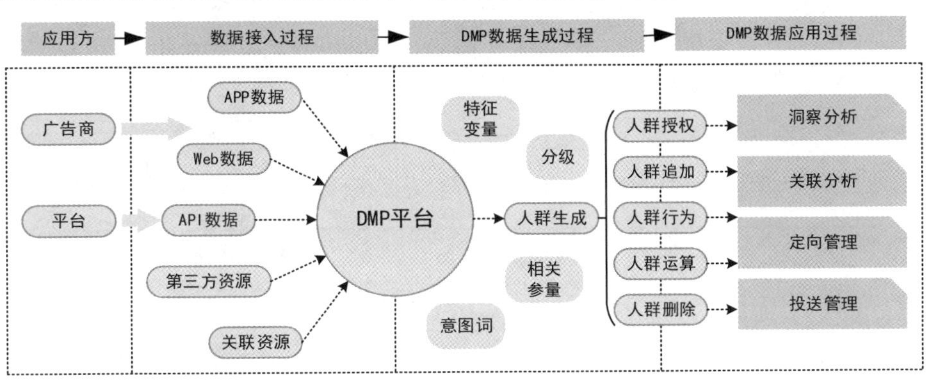

图6–9　DMP应用流程

DMP对信息流管理起着至关重要的作用，现代DMP系统能够高效地处理结构化数据（如文本、数值）以及多种类型的非结构化数据（如图像、音频），并对各类数据进行全生命周期的管理。DMP的主要功能包括：对各类数据实施整合与标准化，使数据在分析与使用中更为统一；对数据采用标签化管理，使数据特征的显示与提取方式更为灵活；强化对数据的细分管理，对数据进行群类的划分，使其具有明确的商业意义，便于营销等业务直接使用。同时，DMP系统应提供充分的链接通道，以及友好的使用界面（主要体现在页面端），利于管理员维护及商业用户的使用。

表6-7 腾讯DMP管理平台功能与权限

功能	权限
数据接入	App行为数据接入；Web行为数据接入。
人群创建	号码文件；App用户行为；Web用户行为；广告点击人群；广告转化人群；拓展人群；地理位置；人群交并差。
人群管理	人群授权；人群追加；人群删除。
洞察分析	多维度分析。
对接投放	对接MP；对接e.qq.com。

（资料来源：de.qq.com。）

腾讯人群管理数据类型

腾讯DMP实际应用中能够支持的数据类型及映射效果如下所示：

ID类型	特征	映射比率
QQ号	5—12位的纯数字串。	100%
QQ号-MD5	加密后的QQ号，为不计大小写的32位数字字母串。	88%
手机号	11位的纯数字串。	87%
手机号-MD5	加密后的手机号，为不计大小写的32位数字字母串。	92%
IDFA	苹果设备ID，32位的数字+大写字母串。	76%
IDFA-MD5	加密后的IDFA，加密前需要格式转化成32位的数字+大写字母，加密后为不计大小写的32位数字字母串。	87%
IMEI	安卓设备ID，14位或15位的纯数字串，或者14位或15位的数字+小写字母串。	83%
IMEI-MD5	加密后的IMEI，加密前需要将格式转化成14位或15位数字+小写字母串，加密后为不计大小写的32位数字字母串。	92%
广告端OpenID	腾讯广告投放端cookie mApping后返回的ID。	100%
Mac地址	硬件标识符，格式为6组16进制数。	13%
Mac地址-MD5	加密后的Mac地址，加密前需要去除分隔符并转为大写。	25%

（资料来源：de.qq.com。）

以腾讯DMP为例，其主要功能板块包括数据接入、人群创建与管理、洞察分析及对接投放。在数据接入环节，用户可以进行人群提取，并设置相应的行为标签，如浏览内容、连续登录、收藏内容、完成关卡等，并通过这些数据进行后期的转化统计、程序化创意、OCPA（Optimized CPA）等。在人群管理环节，可以根据用户的QQ号、手机号、IDFA、IMEI、cookie、MAC地址等信息进行人群创建，并结合应用场景进行相关拓展。人群创建都是在一定条件下进行的，有频繁与某些广告互动的人群，也有特定地点位置间变动的人群，或者是由客户提供的数据创建的人群等。随后的洞察分析可以帮助客户更加全面细致地了解人群的属性、兴趣分类、关注点及地域特点等特征。这些特征可以用来优化广告创意，指导营销策略，为广告投放提供参考依据。在对接投放环节，DMP提供了自助化接口，用户可根据自定义群体进行投放目标的选择，采用正向/排除方法进行具体的操作。

在广告流量管理中，广告商与平台通常需要同时关注多组指标，并在指标间寻求某种均衡，通过有限的预算设置达到预期的曝光率与转化率。广告商首先需要为广告设定明确的推广领域及推广目标，并结合市场竞争情况制定出基本预算及浮动预算，估算出相关收益水平。在此基础上，可进一步分析内容与受众的特点，将卖点与广告创意结合起来，形成文案的基本架构。最后，在预算范围内选择适宜的发布渠道与发布时间。广告投放后还须进行配套的优化管理，要将优化控制在合理的宽度，避免过宽造成的定位失效，或过窄造成的平均成本上升；同时控制好优化重叠区域的比例，防止资金的浪费使用。根据转化水平与广告支出可以将广告状态分为四个象限，如图6-10所示：（1）第一象限。该区域转化效果较好，但性价比不高，优化重点在于强化点击率，以此带动成本的降低，并关注广告的标价。（2）第二象限。该区域转化效果好且具有成本优势，属于理想的转化的状态，优化重点在于充分发挥已有优势，推进增量并获取收益。（3）第三象限。该区域显示广告投放效果不佳，或未能有效送达，优化重点在于提升展示量与曝光率，在此基础上再进一步追求好的转化效果。（4）第四象限。该区域反映的状态最难处理，成本高且效果差，需要进行全面的改进与优化，可将投放精准度作为切入点，进而带动量级的增长。具体的优化操作包括：结合网络采集的数据，适时调整定向、价格、时段等参数；关注数据监控，根据CPA及转化指标对优化效果进行评价与反馈，并对相关业务成本进行调控；结合数据走势与具体的市场反应，对广告创意及相关投放策略进行调整。

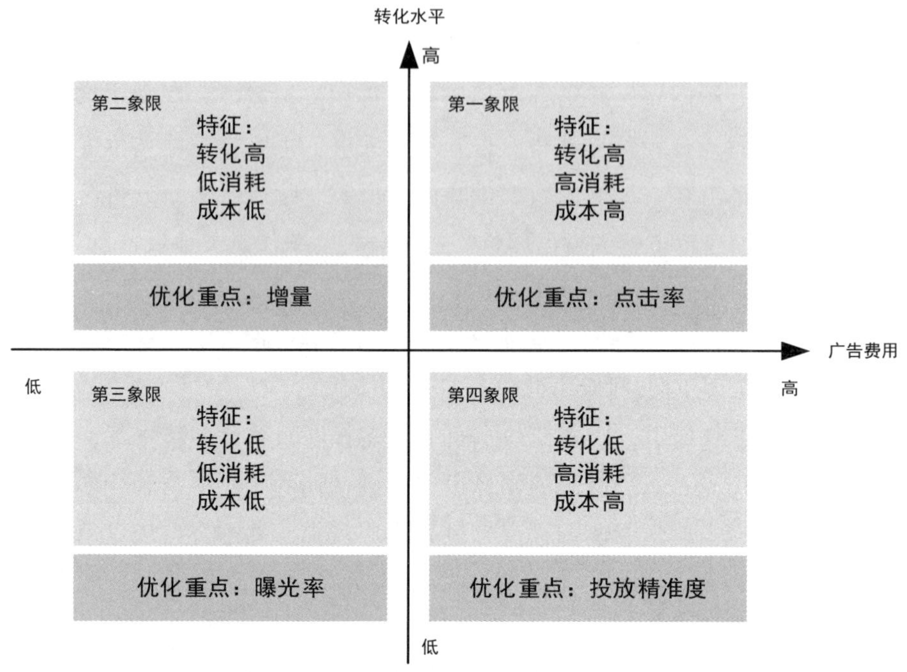

图6-10　广告转化特征四象限

广告转化优化策略

（1）应用下载页优化

①LOGO与简介要清晰醒目，建议使用与平台最为接近的设计模式；②突出核心卖点和优势，例如主打的优惠活动等；③选用高清且富有特色的应用截图，以及真实场景使用截图；④过滤掉已经安装过的用户，注意避免非Wi-fi环境的投放。

（2）落地页优化

①首屏原则，精简信息，吸睛并突出卖点；②表单噱头，位置适当，逻辑通顺，有理有据；③落地页整体长度建议不超过3屏，拒绝冗余信息；④落地页承上启下，在文案和色调上外层与创意保持呼应。

（3）转化工具优化

①设定1—2个转化目标最佳，在设置转换目标时不建议在落地页中设置

多种转化目标，这样会有碍广告系统的智能学习；②落地页中的转化项目应置于首屏或固定悬浮，如果转化项目不凸显会有碍落地页的转化率；③表单字段以2—3个为最佳，表单字段过多会影响用户提交体验，减少表单提交量；④使用视频素材投放广告时，需要凸显表单并易于点击，以提高表单转化率。

（资料来源：根据www.woshipm.com整理。）

◆ 内容电商变现

内容电商是指借助内容传播的渠道资源，向用户展示并推介商品，进而引发用户的兴趣与购买的商业模式。内容领域使用电商模式为其开拓了变现来源，这种变现可以看作“内容+商品”的变现，其中既包含内容的贡献，也包含商品的贡献。早期的内容电商模式以植入型带货为主，如某些内容端口积累了丰富的流量资源，借助其传播的主题进行软广告的植入，这种广告大多停留在宣传层面，端口仍然以内容服务为主，广告收益并不直接与相关商品的销售状况挂钩。随着带货效益的增长，一些内容端口开始刻意开发内容电商模式，将内容制作的重心向商品销售倾斜，内容中广告信息的比例快速提升，有些占比几乎达到90%以上，相关的内容制作、群体细分与定位、分发优化算法、链接导向等均主要围绕带货目标。从内容与电商的结合来看，能够有效地实现优势互补，使网络商业生态更为完善。对于电商来说，其优势在于成本与便捷的配送服务，但近些年许多领域的电商已进入了增长瓶颈期，业务拓展难以找到更好的切入点，而此时内容领域的崛起很好地解决了这一问题。内容传播可以弥补传统电商在商品展示以及同用户互动方面的劣势，以轻松友好的形式同消费者沟通，促使消费者从产生兴趣转向购买冲动。内容电商的优势主要表现在：（1）借助流量资源，能够使营销信息更为精准地送达目标人群，且相应的投送成本同传统媒介相比极低；（2）有更为充足的时间与用户进行沟通，能够细致解答关于产品的相关问题，适用于高卷入度商品，以及非必需商品的推销工作；（3）在沟通过程中可以有效引导用户的关注点，降低用户对价格的敏感性；（4）充分利用用户的黏性与忠诚度，促使用户持续消费或购买诸多关联商品。当然，内容电商在应用中也存在一些劣势：（1）由于内容制作或主播等个性化特征，内容电商很难适应所有用户群体，有明显的传播针对性，较为适合垂直领域的业务；（2）内容电商在实现业务转化前一般需要较长的铺垫期，培育内容生产方与受众之间的信任度，该过程需要足够耐心及资金；（3）对于非头部位置的内容电商，需要借助优质的引爆点推动销售，但这种模式很难长期维持稳定；（4）内容电商的业务需要得到电商平台的支持，以及品牌商质量与信誉的保障，很难独立发展。

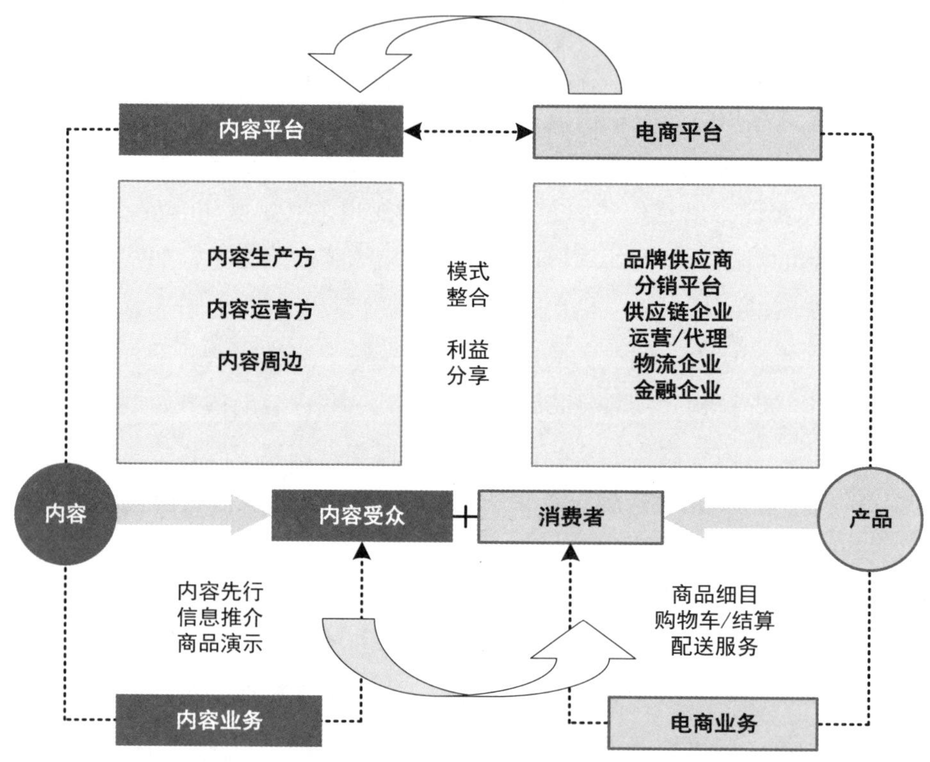

图6-11　内容与电商的协同

根据行业数据以及多家机构的分析，内容电商化自2018年起呈现出加速发展的趋势。内容电商化的现实需求主要在于丰富变现渠道，传统的内容变现及广告收入有限，难以达到内容生产者及内容平台的获利预期。借助电商模式销货可以使变现过程更为简单、直接。内容电商化的优势在于：（1）在内容创作与文案方面具有先天优势，拥有高水准的PGC及众多的UGC，能够持续保持内容的新鲜度；（2）依托受众的流量基础以及黏性特征，能够在短时间内解决广告信息送达率的问题；（3）掌握较多的受众标识信息，能够精准地投放广告，在垂直领域具有显著的优势；（4）同受众的沟通交流过程更为和谐，拥有较长的受众接触时间；（5）借助平台资源分享信息，实现低成本的快速传播。

内容电商化的经典模式是多平台的联合，由内容平台扩充流量并进行信息传播（“种草”），通过引流将用户群转移至电商平台，再由电商平台销售变现（“割草”）。这种模式在形式上保持了各个平台的独立性，以利益机制将双方或多方联系起来，无须过多地资源投入与整合。对于大型平台，通常希望大幅提升流量基数，将更多的参与者纳入这一体系，充分发挥规模效益优势。而对于中小参与者，则倾向于构建小而精的商业闭环，对固定群体进行垂直深耕，力求获得持续收益。从受众角度看，对于内容电商的接受程度在近三年内快速提升。网络调查显示，内容电商的主力受众群体特征是“90后”与“00后”、中高学历、时尚化、个性化，该群体占比接近50%。内容电商受众群体在近几年逐渐延伸至下沉市场，中小城市及城镇的用户比例稳步提升。这些群体将内容消费作为一种泛娱乐活动，以收看短视频或直播为主要乐趣，将购物作为附带活动，许多用户对价格的敏感度不高。内容电商受众在相关品类商品方面的关注程度、粉丝规模及转化情况如图6-12所示，其中诸多品类的状况与传统电

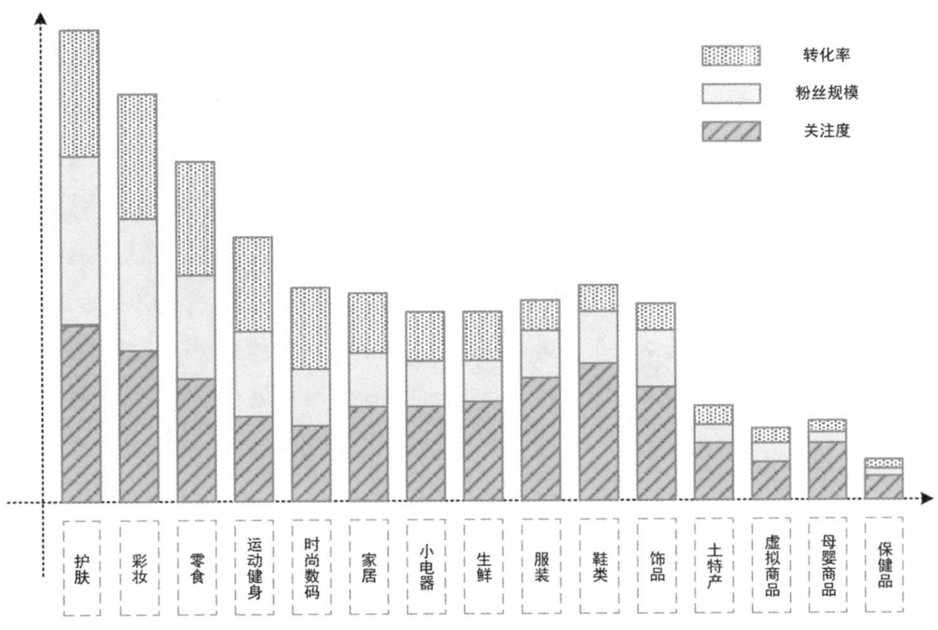

图6-12　内容电商品类关注与转化情况

商形成互补。这种互补主要体现在商品品牌以及同品牌下不同种类与型号商品的销量上。互补的原因在于，一些品牌在传统电商渠道难以达到销货需求，将一些市场竞争力较弱的商品或性价比不高的商品放在成本较低的内容电商渠道，其承担的财务风险相对较小。随着内容电商渠道密集度的提升以及竞争的激烈化，内容平台对于品牌商的商品也逐渐挑剔起来，一些竞争力较弱的商品也很难达到理想的销售预期，或存在较高的退货率。内容电商平台如快手，早期以短视频及直播内容产出为主，以“带货+打赏”作为主要收益手段，随后直播带货成为主流。快手直播以粗放经营方式崛起，审核机制相对宽松，较少使用中间平台（MCN），保持了朴素的商业生态，作者与受众能够在轻松愉快的氛围中进行交易。例如，一些艺术品作者边直播边销售商品，快速获得关注与点赞，有时直播还未做完，作品便已售出。快手直播除了自营商品销售，还有导流链接，链接地址包括淘宝、拼多多、魔筷星选等。

直播带货的禁区

根据我国内容传播法律法规及行业准则，直播带货中需要注意几个禁忌。（1）直播带货前需要详细了解平台的开放商品目录，不能超出带货“边界”，不能销售违规商品，更不能销售法律禁止的商品。对于所售商品，要保证商品的品牌与品质，避免虚假宣传、以次充好，禁止销售山寨、盗版等侵犯版权的商品，或销售过期商品等。在售后服务方面，应提供申诉及退换货流程，保障买方的权益。（2）在直播宣传时，需要对脱口文案严格把关，避免以一些夸大的描述误导消费者，如“最佳”“全能”“最低价”等极端化形容。禁止以虚假的自用体验或专家推荐等口吻推销商品。避免将商品的功能同“风水”“运势”等迷信概念结合起来，情节严重有可能涉嫌违法。（3）在与受众的互动交流中，避免涉及与商品无关的敏感话题，也不要出现挑衅、诋毁、辱骂等不文明用语。禁止以暴露的着装或动作等低俗方式吸引关注。（4）对于交易过程，要遵守平台或关联电商的规则，保证收付款及发货的规范性，禁止通过微信等个人联系方式提供场外交易，也不得擅自推送场外实体店及银行账户等信息。同时，不应泄露其他客户的私人信息，如名称、收入、地址等。

（资料来源：根据网络搜索整理。）

自2017年以来，许多传统电商都遇到了增长降速甚至停滞的问题，原因在于市场竞争的白热化以及流量红利的消失，经典的“秒杀”“满减”“积分优惠”“购物节”等活动的获客能力逐渐降低，另外在成本端已无更多的压缩空间，导致市场竞争优势大幅减弱。同时，随着新兴内容电商的崛起及微商生态的形成，曾属于传统电商的市场出现了分流，一些品牌商转战新兴电商渠道。此时，传统电商意识到了游戏规则的改变，也纷纷展开了内容方面的攻势。传统电商向内容电商转型的主要优势在于：（1）大多数电商有长期经营的积淀，在市场方面有先入为主的优势，有较强的消费者认可度；（2）在商品质量方面有较好的信誉，且拥有健全的售后服务体系，商品退换货有所保障；（3）普遍具有完善的仓储与物流配套设施，能够以较快速度完成多类服务，成本控制能力较强；（4）拥有自己的信息发布与交易平台，基础架构能够支撑内容传播的需要。可以看出，电商内容化比内容电商化相对容易实现，且无须借助过多的外部资源，自身的平台与技术优势基本上能够支持转型发展。电商内容化转型的关键点，包括：如何推出具有鲜明特色的原创内容？如何由传统营销方式跨越至内容营销方式？如何避免同其他内容电商形成同质化竞争？如何有效捕获年轻消费群体？如何协调平台上中小品牌商的运营需求？如何提高客服转化率？如能较好解决这些问题，电商的内容转型将会取得显著的效果。例如，淘宝网在C2C（Consumer to Consumer，个人与个人之间的电子商务）领域积攒了丰富的资源与人气，2016年淘宝直播上线，定位在消费类直播，市场切入非常成功。淘宝直播商品早期集中在女装、美妆领域，后逐渐扩充至食品、电器、家居、珠宝乃至汽车等大件商品。据不完全统计，在淘宝每日数百场直播中，女性主播（20—35岁）占比超过65%，二、三线城市的直播用户群体（数量）占比较大，而在交易贡献方面则以一、二线城市为主，直播的热点区域排序分别为上海、北京、深圳、广州、重庆、杭州。从淘宝直播的发展趋势看，在目前千亿元交易规模基础上有望继续实现质的提升，一些分析评论认为未来可能带动超五千亿元的交易量。直播模式与淘宝平台匹配度极高，C2C模式借助播主宣传，能够以下沉方式同用户进行“平视”对话，更容易引导并说服消费者。现有淘宝主播分为两大类。（1）商家主播，指由淘宝商户安排的直播人员，有时商户老板会亲自上阵，宣传自家商品。商家主播的优势在于，能够更为清楚地介绍商品性能，有足够的权限在线给出任何比例的折扣，并解答用户提出的各种问题。该模式多用于品牌声望较小的商品，以及近几年兴起的各地方“土特产”销售。（2）专业主播，指商户通过签约等形式邀请专职主播为其代言的模式，也称为“达人”主播模式。“达人”可以是淘宝网红、专业主持人、职业播主，以及各领域的明星、专家等，这些角色能带来较强的聚众效应，且可以给出专家意见，商品宣传效果明显。同时，专业主播模式多具备节目设计、品牌运营、粉丝管理、社群互动等综合运管能力，品牌商品托管后可以省去很多烦琐事务，因此许多品牌商乐于选择此方式。在商品的综合宣传包装方面，专业主播极具优势，以美妆产品为例，主播在节目设计中可以邀请美容顾问，向用户讲解产品使用细节，并请模特参与宣传拍摄，实景展示商品使用效果，实现立体式宣传。

不同年龄段对于电商类型的偏好如何？一项网络调查结果如表6–8所示。在消费导向方面，“70后”与“80后”更倾向于根据商品品牌及购物平台获取直接的信息，更为信赖此类信息源。“90后”与“00后”虽然对于品牌及购物平台也很重视，但对于从主播、KOL、网红方面获取信息持开放态度，愿意接受来自多渠道的信息。在信息类型关注度方面，“70后”与“80后”较为接受传统、官方渠道的（商品）信息，如品牌商网站给出的说明。“90后”与“00后”则更喜欢表现力较强的短视频与直播模式，认为能够由此获得对商品更为立体的感知。不同群体对于口碑的认可度相对接近。在平台偏好强度方面，各年龄段群体对于京东与天猫这类平台均有较高的认可度。“70后”与“80后”对于内容型电商的认可度相对较低，“90后”居中，而“00后”尤其倾向于内容型电商。

表6–8　不同年龄段电商消费导向

年龄段	消费导向	信息类型关注	平台偏好强度
“70后”	品牌方：4.5 平台：4.3 主播：2.3 KOL：2.1 网红：1.8 其他用户：1.5	基本信息：4.2 口碑：4.1 图文：3.8 短视频：3.1 直播：1.5	京东/天猫：4.2 淘宝：3.7 拼多多：3.2 多点：2.1 小红书：2.3 蘑菇街：3.0
“80后”	品牌方：4.6 平台：4.5 主播：3.3 KOL：3.4 网红：2.8 其他用户：2.0	基本信息：4.1 口碑：3.9 图文：4.1 短视频：3.2 直播：2.9	京东/天猫：4.3 淘宝：4.0 拼多多：3.8 多点：3.0 小红书：3.5 蘑菇街：3.2

（续表）

年龄段	消费导向	信息类型关注	平台偏好强度
“90后”	品牌方：4.5 平台：4.4 主播：4.3 KOL：4.2 网红：3.9 其他用户：2.8	基本信息：3.6 口碑：3.7 图文：4.1 短视频：4.2 直播：3.9	京东/天猫：4.1 淘宝：4.2 拼多多：3.8 多点：3.5 小红书：3.7 蘑菇街-：4.1
“00后”	品牌方：4.4 平台：4.2 主播：4.4 KOL：4.1 网红：4.5 其他用户：3.8	基本信息：3.5 口碑：3.2 图文：4.0 短视频：4.1 直播：4.1	京东/天猫：4.2 淘宝：3.6 拼多多：4.1 多点：4.2 小红书：4.5 蘑菇街：4.3

（注：偏好分值范围0—5。）

内容电商社会化是指在已有商业模式基础上，融入更多的社交元素，在普通用户之间建立起沟通的渠道，使个体之间的分享、问答、关注、赞赏等行为要素成为内容商业生态的组成部分。内容电商社会化不仅体现在交易过程中，而且贯穿交易前及交易后全流程。社会化强调建立个体之间的信任与友谊，通过这种关系实现口碑传播，注重质的增长而非量的膨胀。社会化模式适宜市场细分领域，追求定位的精准度与高转化率，并营造和谐的商业氛围。该模式在近些年已受到越来越多消费者的青睐，根据普华永道相关市场调查显示，有29%的中国消费者习惯通过社交媒体搜索KOL及名人推荐的品牌与商品，有41%的消费者倾向于通过社交应用获取促销信息，社交“种草”对35岁以下消费群体尤为显著。例如，成立于2013年的小红书是典型的社交型内容电商，同年12月推出了海外购物分享社区，确立了网络社区的发展模式。2014年，小红书正式上线电商平台“福利社”，从社区升级为内容电商，实现了商业闭环，同年完成了A轮与B轮融资。小红书的社区模式为用户提供了交流平台，并将累积的海外购物数据与资料提供给用户，并与日本、澳大利亚的多家保健品牌达成了战略合作协议，解决了用户“能够搜寻到商品却买不到商品”的难题。2015年，小红书先后建立了郑州自营保税仓与深圳自营保税仓，并在第一财经跨境电商投资峰会上获得“新锐成长”奖。2016年，小红书拓展了第三方平台和品牌商家，全品类SKU（Stock Keeping Unit，库存量单位）快速成长，并入围快消品制造商眼中的“十强电商”。2017年，平台的国际物流系统正式上线，支持查询完整的国际物流链路信息，用户可以实时掌握商品的物流状况。2018年，小红书在新一轮融资中由阿里巴巴领投，金沙江创投、腾讯投资、纪源资本、元生资本、天图投资、真格基金、K11郑志刚先生在内的新老股东全部参与了此轮融资。同年，小红书作为上海交易团成员参加了首届中国国际进口博览会。2019年，小红书进一步完善了平台架构，设置了品牌合作平台、好物推荐平台和互动直播平台，并推出了创作者计划，旨在支持广大内容作者。大部分互联网社区使用线上虚拟身份，而小红书作为一个生活型社区，其最大特点在于用户发布的内容都来自真实生活，一个分享用户必须具备丰富的生活和消费经验，才能有内容在小红书分享，继而吸引粉丝关注。在该社区，用户通过“线上分享”消费体验引发“社区互动”，能够推动其他用户去“线下消费”，这些用户反过来又会进行更多的“线上分享”，最终形成一个三次元模式的正循环。

小红书联动推广策略

小红书构建网红联动的七大玩法：（1）网红KOL代言。优质网红KOL有极强的带货能力，借助网红KOL为品牌商背书，借助粉丝群体的规模优势，采用“真实图片+真人体验”形式，以极高可信度向受众传递信息。（2）产品体验测评。通过网红实际测评拉升商品的口碑，网红需要以互动方式向受众全方位展示商品，并进行相关卖点的解读与评价。（3）丰富的互动活动。通过在线互动话题或线下互动等多种形式，与受众建立密切联系，网红以中介身份种草，大幅提升品牌商品的曝光率，互动活动尤其适用于新品推广。（4）视频解密。网红通过直播或录播深度展示商品的使用方法与效果。例如，对于护理类商品，可以详细演示准备工作、仪器使用、保养手法、后期维护等步骤，并通过视频对比使用户看到实际效果。视频过程兼具教学功能，可以作为用户的使用说明书。（5）广告植入。在网红原生内容中植入广告，能够使用户在收看直播时接收到广告信息，达到潜在的宣传效果。植入内容以软广告为主，可以使用视频或字幕等形式，不应过度干扰主要内容的播放。（6）灵活使用商品导购技巧。网红可以结合内容即兴创作，根据粉丝的偏好使用适宜的导购技巧。通常，在视频播放外，需要配合外部链接，为用户提供关联信息。（7）流量分配。通过“平台分配流量+粉丝流量”模式提高曝光率，根据标签对用户进行精准的分类与定位，选用高点赞、高收藏、高评论的“三高”账号优化流量管理。

（资料来源：根据搜狐新闻整理。）

第七章
内容运营

7.1 内容运营架构

内容运营是指对各种内容资源的创意、生产、组织、呈现、营销、分发、送达、变现、反馈等一系列环节的综合管理活动。内容经营者如果要保持行业内的竞争力，并获得持续的盈利，必须具备整体的运营思维，并设计出适合自身的运营架构。

◆ 内容运营生态

当代内容运营竞争已进入白热化，仅靠单打独斗很难获得优势，需要依靠打造立体化的内容生态圈，进而锁定自己的用户市场。内容运营生态的基本框架如图7–1所示，生态构建需要以受众为核心，形成内容生产、内容社群、内容平台、变现渠道、金融工具、配套服务的完整闭环，力求在生态圈内实现用户对内容及与内容相关的所有需求。以受众为核心的基本逻辑：（1）以独特、优质的内容产出吸引受众，向其输出核心价值。内容永远是运营的基础，缺少受众喜欢的内容，无法获得内容竞争优势，使用再多的运营技巧也是徒劳的。内容生产的竞争本质上是对内容作者的争夺，头部资源在市场上总是稀缺的，争取头部资源往往成为运营的发力点。（2）以内容社群使受众获得参与感、存在感，通过“家园”模式提升受众的留存度。构建社群已成为诸多内容领域运营的选项，社群的存在能够实现口碑传递效果，快速增加受众的基数。社群还可以形成大量的UGC内容，使内容源源不断地输出。此外，社群为内容发酵提供了土壤，能够使内容价值的长尾效应得到延续。（3）以内容平台作为运营的枢纽，有效连接上下游以及第三方，为每位参与者提供进入内容活动的窗口。平台化的显著优势在于对各类资源的整合以及由此带来的聚合效应，该效应可以明显降低各方的参与成本。平台化发展已成为当代内容运营的趋势，独立内容从业方虽然能够在某些领域占据优势，得到好评，但是在影响面及转化效果上无法同平台相比，最终结果很可能是被平台或机构收购。（4）以变现渠道促进内容的价值转化，保证内容作者及运营方的收益。变现渠道可以看作平台结构的延伸，需要借助平台的资源，促进内容付费及周边购买的实现。打造优质的变现渠道在于整合与简化，对于烦琐的付费购买流程，用户通常会敬而远之。（5）以金融工具助力付费与结算流程，提升变现渠道的运转效率。内容平台可以通过自建、合作、外包等方式实现现金类金融业务，并配合平台或社群内部的准金融工具，从而构建多维的金融工具包。（6）以丰富的配套服务对受众的内容消费流程形成支持，实现在网络生活及线下生活的高度覆盖。配套服务的内涵十分广，可以涉及导航、搜索、通信、定位、安全、实用工具等。这些应用能够与内容类应用形成嵌入式结合，为用户提供无缝切换，使用户在消费内容的同时满足相关生活服务的需求。

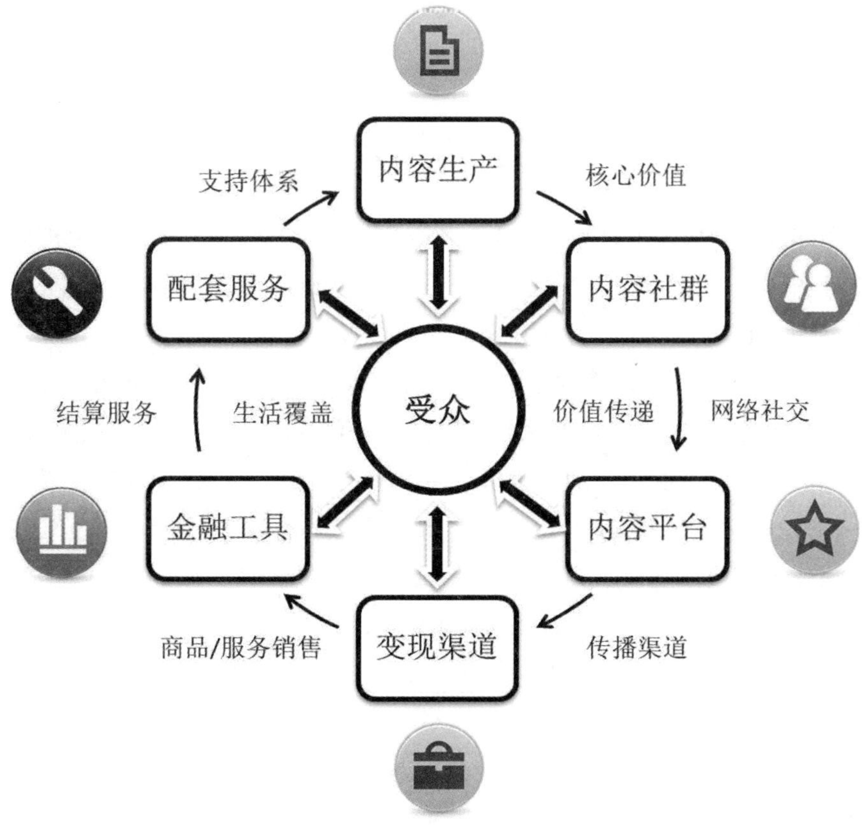

图7–1　内容运营生态框架

百度、阿里巴巴与腾讯（简称为BAT）是我国内容生态圈构建的典范。这三家互联网巨头借助在网络领域的先入优势、强大的资金实力以及领先的开发能力，打造出了各具特色的内容运营生态。

◆ 百度系

百度（Baidu）是国内传统的互联网企业，以搜索引擎起家（2000年），拥有相关领域的关键技术，目前已发展为综合型互联网服务公司。百度在向内容领域进军时，立足于广泛的用户群，逐渐发展出以百度引擎为核心的应用群落，通过百度手机端App连接诸多百度系应用，形成相互间的内容与技术支持。在内容应用方面，百度系自建的应用触及广泛的内容领域，加之纳入体系的爱奇艺、千千音乐等，其内容覆盖面较为完整。知识型社区是百度的优势领域，百科、知道、贴吧等板块拥有极大的信息存量，以及极高的更新速度，已成为绝大部分互联网用户的首选。百度在网络金融领域发展较晚，始于2013年（原名为百度金融），直至2018年才完成业务重组，形成了度小满金融服务体系。推出度小满金融服务有效弥补了百度在该领域的短板。根据百度网站介绍，度小满金融平台旨在覆盖消费金融和财富管理两部分业务，包括消费金融、网络支付、互联网理财、互联网保险、互联网证券等多个板块，能够较为全面地满足用户的金融服务需求。度小满支付通过与手机百度、百度地图、百度糯米、爱奇艺、携程等百度系及内外部商业伙伴合作，构建了完整的横向生态系统。有钱花面向广大个人消费提供信贷服务，提供了创新消费信贷模式，其产品线包括满易贷、尊享贷、小期贷，覆盖了日常消费、医疗美容、教育、租房、抵押贷款等方面，可根据用户的借款需求进行精准匹配。此外，度小满理财集合了多种理财内容，包括一般存款、公募基金、保险、券商资金管理等多元产品，使用户便捷获得普惠金融服务。度小满金融体系依托百度在云存储、大数据及人工智能领域的技术优势，能够为用户提供速度快、安全性高的运算支持，保证了金融服务的可靠性。在实用工具及配套服务方面，百度则具有明显的数量与质量优势，相关应用能够为用户提供近乎完整的网络生活服务，一些应用还可以提供良好的线上与线下（Online to Offline，即O2O）衔接。百度系生态的发展趋势是，通过互联网运算实现用户衣食住行的O2O，并依托网络优势在知识、教育、娱乐、金融等领域进一步增强影响力。

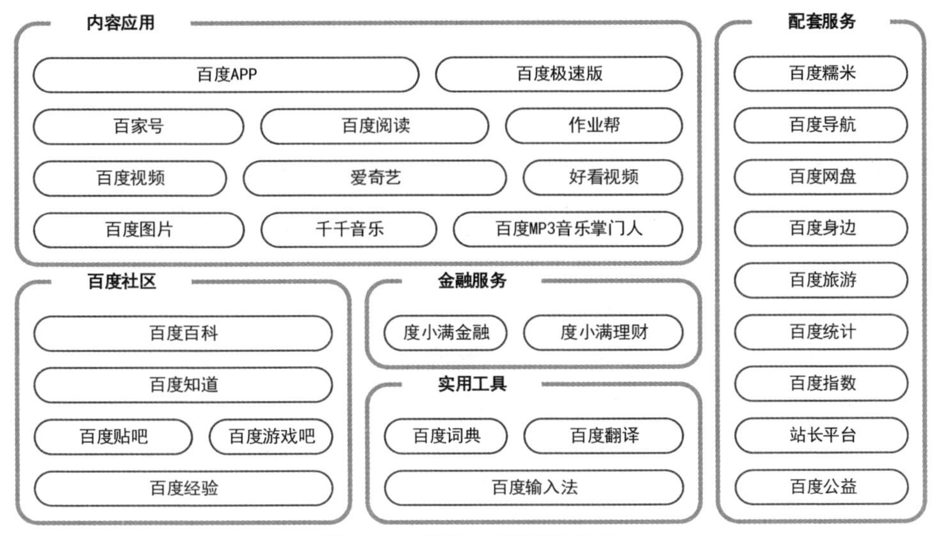

图7-2 百度内容运营生态

◆ 阿里系

阿里巴巴（Alibaba Group）是电商领域的领军企业，成立于1999年，全面覆盖了B2B（Bussiness-to-Bussiness，企业对企业）、B2C（Business-to-Consumer，商对客电子商务）、C2C业务。阿里系运营生态的生长点是电子商务，旗下拥有天猫、淘宝、1688等经典交易平台，以及盒马鲜生、聚划算、一淘等新兴平台。这些平台聚集了庞大的基础用户群，具有极强的品牌效应，在转化方面的技术优势明显。阿里巴巴借此资源切入内容领域，其布局涉及浏览器、新闻资讯、文学、视频、音乐、体育及相关泛娱乐内容。从市场反馈来看，视频与音乐是阿里巴巴的强势内容，业务基础及增长状况良好。阿里巴巴内容运营的显著特色是拥有完整且高效的内容变现体系，“电商平台+金融服务+线下配套”三足鼎立。这些资源不仅为自有生态圈服务，还承接了许多跨平台、跨生态圈的变现业务，如淘宝、支付宝等应用已嵌入诸多知名的直播与视频应用，为多种形式的带货提供支持。同时，阿里巴巴为了全面整合线下配送业务，为变现销货提供优质的服务保障，于2013年建立了菜鸟网络。菜鸟网络主要由阿里巴巴、顺丰、“三通一达”（包括申通、圆通、中通、韵达）共同组建，旨在构建社会化程度高、开放性强的智能物流骨干网络。菜鸟在发展中使用了自建、共建、合作、改造等多种模式，通过网络平台整合社会物流资源，以数据运算服务提升各物流单元的运作效率，充分发挥物流网络的协同效应。据菜鸟网站及相关新闻报道，现有的网络体系拥有仓储配送枢纽7个、仓储站点230多个、仓储面积达到3000万平方米以上、专业运输线路600万条、快递网点达20万个以上、合作运输车辆超过23万台，配送服务覆盖了2700个区县，其中次日达区域占到了1600余个。菜鸟的核心优势在于数据驱动，40%以上的员工属于技术岗位，通过大数据、人工智能、物联网等技术助力物流行业的数字化转型。其服务对象包括电子商务公司、一般物流公司、仓储管理公司，以及各类供应链服务商。阿里系生态的发展趋势是，借助UC实现电商与一般网络生活的衔接，将智能终端进一步拓展至本地生活，并在健康、医疗、泛娱乐领域取得成绩。

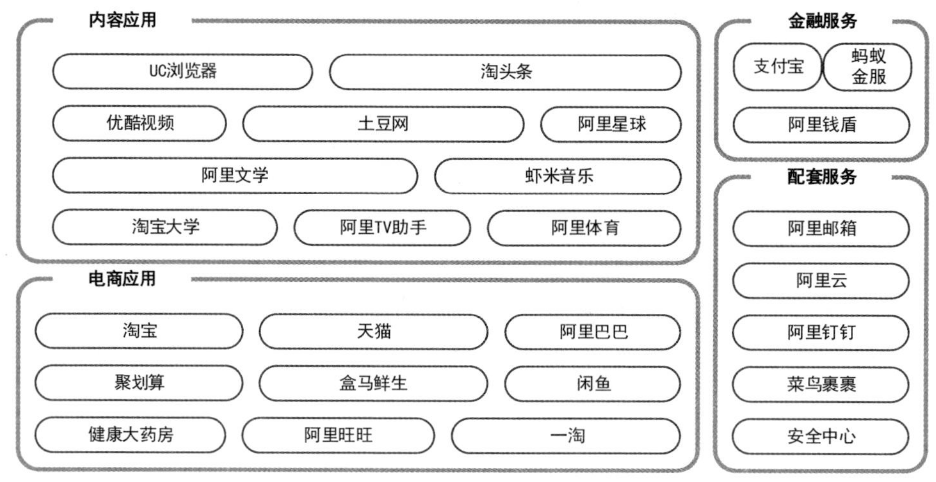

图7–3 阿里内容运营生态

◆ 腾讯系

腾讯（Tencent）成立于1998年，早期以提供网络即时通信服务（Instant Messenger）为主。腾讯QQ成为大众网络沟通的重要平台，在数年时间内，注册用户数与在线数量快速攀升。同时，借助QQ的品牌化，腾讯逐步完善了通信功能（包括语音与视频通话），并陆续推出了多种关联应用（诸如邮箱、下载工具、输入法、词典、工具栏等）。为了迎合智能手机端通信的使用潮流，腾讯在2011年推出了微信，能够跨越通信运营商以及操作系统平台，实现免费的信息发送与分享。随着版本的升级，微信通信也逐步整合了文字、图像、流媒体等信息格式，以各类插件形式丰富服务内容，已几乎成为智能手机的必备应用。从腾讯的大生态圈来看，核心内容领域包含新闻、图书、动漫、音乐、视频等多种形式，应用的IP标签以QQ和腾讯为主。在泛内容领域，各类应用呈现出下沉特点，涉及直播、美食、教育等领域。在各类娱乐内容中，游戏是腾讯的强势领域，在网游、手游的竞技区与休闲区均拥有诸多高价值IP，已成为国内最大的游戏制作与发行平台。腾讯在生活类应用市场也有举足轻重的地位，包括地图、导航、彩票、房产等多个领域。此外，在配套服务方面，腾讯依托技术优势，为微信平台及QQ环境提供了综合的技术支持。腾讯运营生态可划分为两个子生态。（1）微信子生态圈。微信生态具有高度的整合性，包含或关联了腾讯的大部分服务，并同相当数量的外部应用建立连接。其中，微信支付贯穿了腾讯系的大部分金融工具，涉及广泛的生活类支付（如水电费、话费充值、有线电视、宽带、油卡、ETC等），并同诸多第三方支付实现了连接（如购票与电商支付等）；而微信小程序作为第三方程序入口，在微信平台上汇集了广泛的应用与插件。（2）QQ子生态圈。QQ生态主要以QQ通信的IP进行应用衍生，应用之间的关系结构相对松散，其品牌特性要强于关联特性。QQ生态圈主要覆盖了线上与线下的泛娱乐领域，运营方向体现出年轻、兴趣、科技、网络文化等特征。目前，腾讯生态的短板是电商变现，这方面已通过同京东等平台合作得到一定的弥补。此外，值得一提的是腾讯在游戏领域快速崛起。腾讯游戏成立于2003年，目前已成长为国内著名的网络游戏社区。腾讯游戏以打造数字娱乐平台为基础，在国内乃至全球范围拓展业务，主要涉及游戏开发与游戏业务运营，产品线包括休闲游戏平台、单机休闲游戏、大型网游、桌面游戏以及对战平台，旗下运营《王者荣耀》《QQ飞车》《穿越火线》等多款知名游戏。在开发能力方面，腾讯拥有多个游戏自研团队，包括天美工作室、光子工作室、魔方工作室、北极光工作室。在自研基础上，腾讯进一步探索出国际化的游戏合作，整合了从设计、制作到发行的全流程。腾讯游戏在产业布局方面有三个支点：（1）腾讯游戏学院。该学院专注于游戏产业人才培养，设置了系统的游戏类专业课程，并通过专业平台建设支持各类开发者活动。（2）NEXT Studios。该平台支持独立开发模式，旨在鼓励自主创意研发、前沿科技应用及外部交流合作，制作出差异化、高品质、有口碑的游戏产品，使其具备新技术、新玩法、新体验。（3）极光计划。2017年推出的极光计划，意在帮助国内中小游戏开发商以及独立游戏开发者孵化和培育更多有特色的移动端产品。同时，凭借腾讯的平台及社区资源，帮助开发者将产品推向用户，并提供全方位的运营支持。腾讯系生态的发展趋势是，突出社交应用方面的优势，实现“社交+”的业务拓展，强化用户与平台之间的黏性。

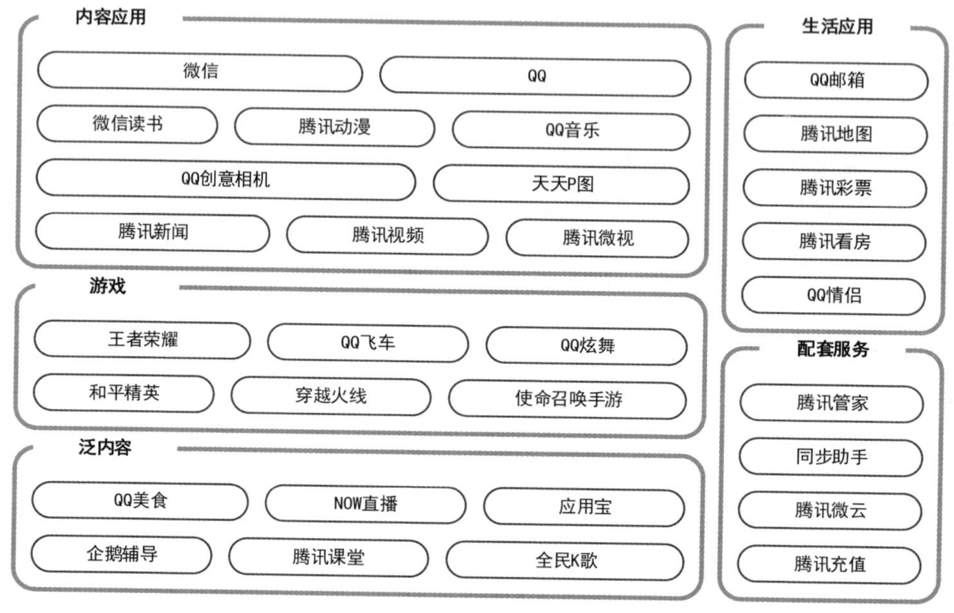

图7-4 腾讯内容运营生态

◆ 今日头条系

今日头条创建于2012年，主打个性化的新闻与资讯服务，后陆续孵化出了抖音、火山视频、西瓜视频等知名应用，拥有大量的年轻受众群。同BAT相比，今日头条系的发展历程相对较短，但却是内容领域“科班”出身，对于原生UGC内容的运营有着很好的把握，在短视频方面的优势尤其明显。今日头条系生态的核心是基于大数据的数据挖掘以及推荐引擎，以高效的数据服务简化用户的内容搜索，用户可以极少的“精力”消耗享受内容带来的乐趣。今日头条系在内容应用领域的布局具有完整的结构，不同类型内容之间形成了紧密的连接，能够为用户带来理想的内容消费体验。同时，今日头条系的一些周边应用同内容应用有较高关联度，如美颜类应用助力UGC的产出，社群类应用提供了内容转化的途径。总体来看，今日头条系生态的外延虽然小于BAT，但是在集聚度与精细度方面独具特色，因此其核心用户群在近些年增长迅速。需要指出，今日头条系受到广泛欢迎的原因在于其“接地气”，例如旗下的皮皮虾属于典型的下沉式社区。皮皮虾于2018年上线，是一款主打轻幽默与神评论的社区型App，使用户能够快乐分享生活中的"微小"元素。该应用首页有推荐、视频和图文三个频道，用户可以搜索多类热门休闲标签，其中包括美食、宠物、电影、热血、动漫、恶搞等话题。皮皮虾上线之初，快速杀入了多个免费应用商店榜单的前列。市场调查显示，在经营多年之后，皮皮虾的用户群呈现出明显的下沉特征。用户群中有相当比例属于中低收入的男性，有些是在校学生，还有一些则是刚步入社会工作的年轻人。这些受众的生活质量普遍低于城市白领，不过分追逐名牌与明星，更偏爱草根化的内容。他们对于信息（知识）的精准度要求不高，游戏化、娱乐化倾向明显，经常靠刷手机打发时间。在皮皮虾社群中，受众追捧的网红更加平民化，他们的装扮、语言、观点更为朴素，与受众之间的交互也更为平等。此外，今日头条系的另一特色是构建了国际化生态圈，以自研与收购相结合的方式快速完成布局。目前，头条旗下的诸多应用已经成功进入美国、日本、欧洲及东南亚多国市场，并得到海外用户的认可。今日头条系生态的发展趋势是，借助已有的应用群落，打造多领域内容的网络社区，并通过市场下沉获得更为广泛的影响力。

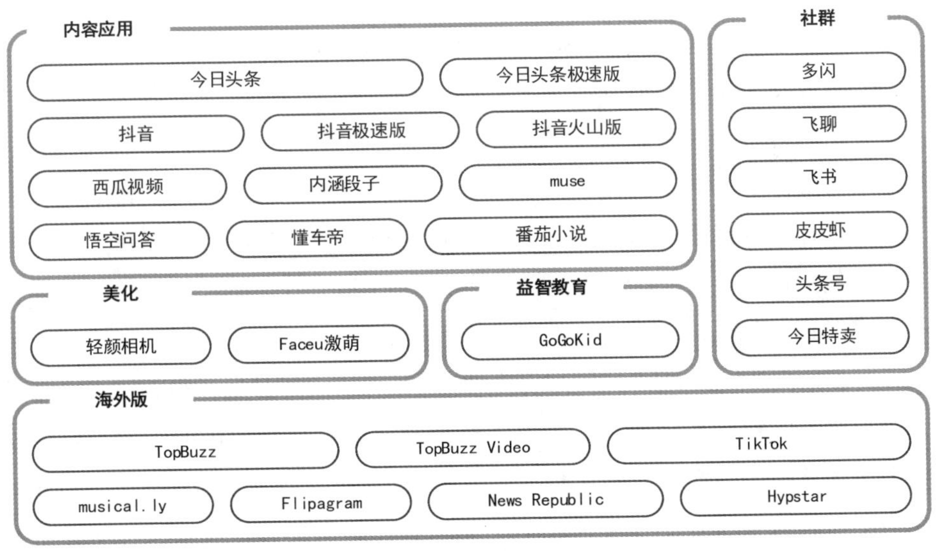

图7-5 今日头条内容运营生态

对于BAT及今日头条系的一些代表性应用进行网络用户测评，涉及指标包括应用（或网站页面）的使用频率、使用时长以及用户主观判断的关联度、美誉度与使用依赖度，其结果如图7-6所示。从综合测评来看，在生态完整性方面，BAT具有明显的优势；今日头条系在内部关联性方面更优；百度系与腾讯系的开放性与可拓展性更强，具备更大的发展潜能。

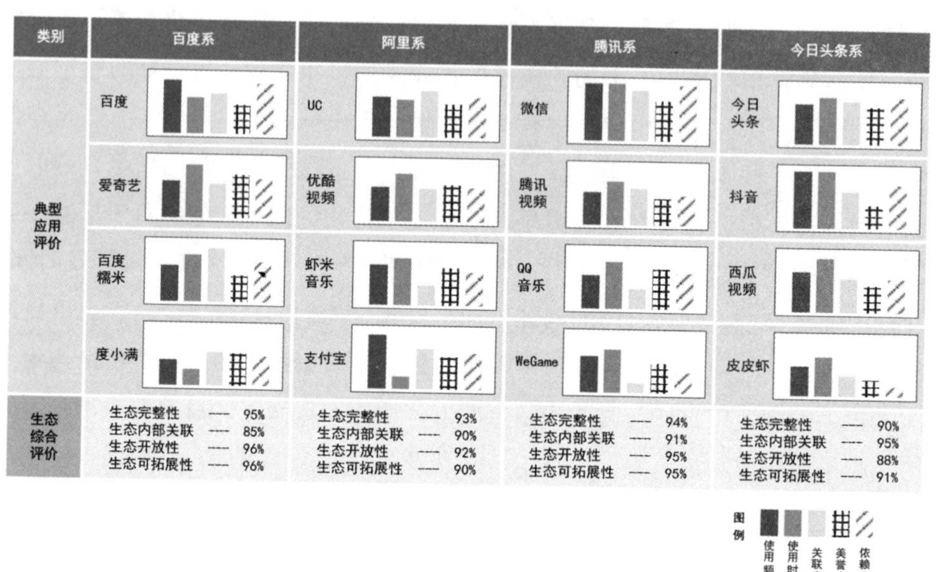

图7-6　典型内容生态圈比较

7.2 内容运营的关键点

不论内容平台是否拥有完善的内容生态，在内容运营中都需要找到一些具体的着力点，为内容传播与转化提供支持。对于不同类型的平台及内容类型，其具体的关键点及操作方法虽然有所差异，但大都涉及传播渠道、传播角色（包括KOL、大V、网红）以及对IP的使用。

◆ 传播渠道管理

内容平台及资源的运营需要借助营销传播渠道进行扩散，虽然许多内容平台自身就是专业的传播业者，但有时也需要得到社会化传播的助力。内容领域常见的营销传播媒介主要包括四类，参见表7-1。（1）自有型媒介（Owned Media），运营方自建的传播渠道，如公司自己的主页、公众号、博客、品牌社区、App等。通过自有型媒介开展传播，成本极低，且能够同自有内容无缝衔接，传播效率相对较高。当代知名的内容经营方均具备专业的传播平台与技术，大多属于传播业界的“行家”，自有媒介完全能够胜任传播的需求。而对于一些中小内容经营者或刚入行的参与者来说，往往缺乏有传播力的自有媒介，在起步阶段或短期内需要借助外部渠道资源。(2) 付费型媒介（Paid Media），属于商业化的传播媒介，包括电视、广播、平面等传统媒介以及其他公司运营的网络与数字化媒体。当运营方自有资源难以达到传播需求时，可以通过付费方式购买相关的渠道服务。使用付费型媒介的优势在于，传播速度快且受众接触面广，媒介的品牌与声誉能够显著提升运营方的传播效应。(3) 获得型媒介（Earned Media），无须内容经营者付费，公共媒介主动为其进行传播。获得型媒介的传播行为通常基于内容经营者的声望与社会关注度，这种传播本身即拥有较好的受众基础，能够为传播媒介赢得用户流量，进而带来相应的利益。使用获得型媒介代表内容经营方已在行业内取得一定的成就，或有一定的社会影响力，受众愿意了解其相关的新闻、消息乃至八卦内容。获得型媒介的传播属于（内容经营方）不可控类型，传播内容既可能是正面的，也可能是负面的，例如，近些年常见的内容领域公共传播消息包括新应用发布、技术更新、融资规模、两强PK、用户增长、主管花边、网红跳槽、违规警告等各种类型。因此，内容经营方在日常管理中需要注意规避各类负面消息。(4) 分享型媒介（Shared Media）。受众个体与个体之间的传播媒介，具有社群化的传播特征，常见的分享型媒介包括社交网站、社交App、博客、网络社区及拥有众多UGC的内容平台。分享型媒介的传播具有较强的自发性，其传播动力主要源自受众的兴趣偏好，有一定的随机性。同时，分享型传播路径主要基于受众个体之间的关联，传播初期的增长速度一般较慢，在进入二次及多次转发后，传播会明显地加速。获得分享型媒介传播表明内容经营已进入较为成熟的阶段，拥有较好的受众基础及参与度。

现代内容运营期望达到病毒式传播的效果，实现广泛且高效率的传播。病毒式传播的模式源自病毒营销（Viral marketing），是一种借助社交关系网络，促进信息自主分发、传递的形式。早期的病毒式传播主要借助公众的口碑效应，受益于互联网社群的渠道优势，病毒式传播的“滚雪球”效应呈现明显的加速趋势，尤其体现在传播的中后期阶段。病毒式传播的特点是：(1) 传播通道的随机性。不同于传统的传播模式（辐射模式），病毒式传播（网状模式）没有明确的传播通道。其传播网络具有随机性高、差异化明显、非均

表7–1 内容营销传播渠道比较

渠道类型	优势	劣势	适用阶段
自有型媒介	成本低 使用便利 衔接度好	传播扩散效应有限，尤其对于中小内容平台	全过程
付费型媒介	传播运营成熟 传播见效快	成本高 传播表达转换	市场进入阶段
获得型媒介	成本低 传播范围广 社会关注效应	需要时间积淀 传播内容不可控	经营成熟阶段
分享型媒介	“0”成本 自发传播 社会发酵	见效慢 传播内容不可控	经营成熟阶段

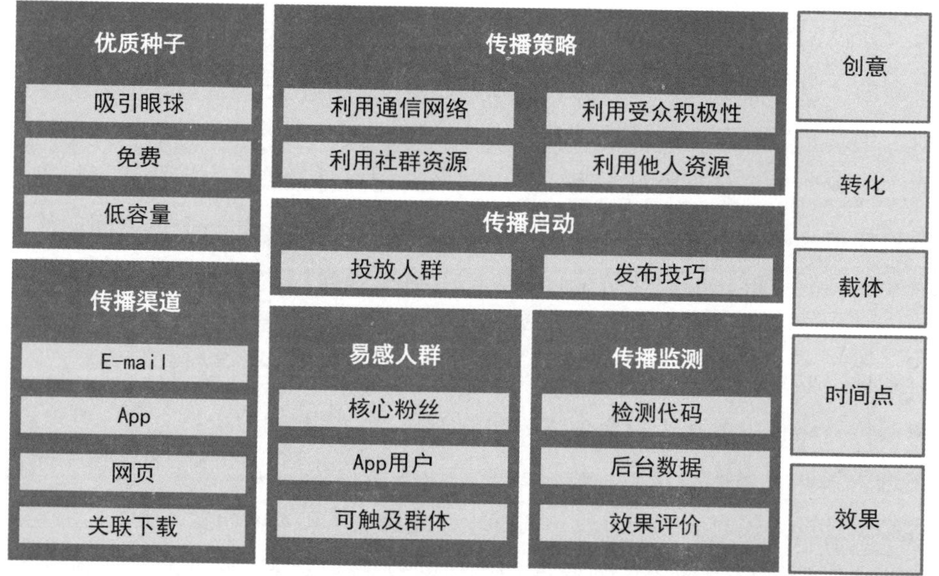

图7–7 内容病毒式传播管理矩阵

衡的特征，传播通道的构成取决于每一个（受众）节点对于信息价值的判断与偏好以及与之关联的下级节点的状况。（2）高效率的接收。大众化传播容易受到环境噪声的干扰，以及受众戒备心理的抵触。与之相比，病毒式传播的接触点更加私人化，如电子邮件、微信、朋友圈、博客、社群论坛等，受众阅读信息的概率更高，且能够屏蔽大量的干扰信息。（3）S形增长曲线。病毒式传播一般都会经历一段种子酝酿期，因此在传播初期增长速度较慢。当达到一定的基数储备后，会呈现爆发式增长。而节点资源的快速消耗，会使其增长进入瓶颈期，传播能力随之衰弱。其中，快速增长阶段是实现商业转化的关键期，传播主体应加以合理利用。为了达到理想的传播效果，运营主体在具体的业务活动中，应充分发挥病毒式传播的内容植入优势、传播激励优势及传播协同优势。病毒式传播管理的核心在于创建可行且良好的传播架构，主要涉及如何设计优质的内容种子（也称为内容“病原体”），选择高效率的传播渠道，使用适宜的传播策略，以合理且有创意的方式启动传播，在易感人群中进行信息投放，同时配合相应的传播监测管理。

八种获得媒体曝光的方法

当代媒体对内容异常挑剔，做出优质内容仅成功了一半，还需要通过运作使其像病毒一样传播开。如何实现这种效果？美国创业公司Word Stream创始人、CTO拉里·金（Larry Kim）在Instagram上分享了八个内容推广战术，让他的公司受到《华尔街日报》、福克斯商业新闻网、Business Insider、美联社等美国一流媒体的关注。拉里·金指出：

（1）应首先建立自己的媒体网络，该步骤非常关键。拥有属于自己的传播网络才能进行诸多后续的运作。传播网络的核心是人际关系，应熟知那些发表你感兴趣主题的人或机构，如记者、编辑、媒体或出版商。其后，同这些角色保持高频的联系，时常向他们推送或分享新内容，提升公司名字在职业圈内的曝光率。

（2）有效利用微博工具，以记者熟悉的语言及形式同他们沟通。Twitter就是一个很好的平台，约四分之三的记者通过Twitter搜索他们需要的信息。金曾经成功地借助Twitter在《卫报》上发布了一则内容，整个过程仅用了几分钟。

（3）与行业大V建立联系，通过他们传播内容可以事半功倍。大V通常乐于转发与其粉丝偏好相关的内容，这也可以帮助他们提升关注度，实现双赢。金曾经与拥有300万粉丝的蒂姆·奥莱利合作，通过链接分享使其内容阅读量提升了数十倍。

（4）注重可视化内容的优化，以“直观”效果助力内容的传播。当代受众对可视化信息非常敏感，制作精良、富含信息的图片与图表总是会受到关注，企业应掌握如何将枯燥的文字信息转化为可视信息的方法，并通过标签设置或模糊搜索，使相关内容能够被受众快速搜索到。

（5）学会设计系列化的故事，延长内容的传播时间。在一些重要内容发布前，至少准备多个后续内容，以系列化模式实现传播的攻势。例如，在Facebook的IPO预热阶段，金便针对内容推广的需求创建了几个关联故事，进而延续了传播的势头。

（6）善于整合博客内容，促进内容发酵。金通常会整合他的博客文章并发布在雅虎小企业板块或其他相关媒体上，这明显提升了内容的到达率。当内容更多地出现在主流媒体面前时，便能够获得更多的公众信任与传播机会。

（7）重视国际媒体在传播范围、多语种方面的优势。相关内容在国际媒体上出现，必然提升公众对内容及发布机构的关注，加大拓展内容传播的边界。金曾在Facebook上运营内容推广活动，提名机构中约有50%为国际化媒体，包括美联社、路透社、道琼斯公司和IDG等。

（8）不要忽视传统媒体，电视和广播仍旧拥有令人难以置信的权威传播效果。当前，多数电视和广播电台也开通了数字平台，优质内容可能会借此出现在YouTube或iTunes频道。金所属的公司与NPR（美国国家公共电台）、BBC和福克斯商业新闻一直保持良好的合作关系。

（资料来源：根据www.meihua.info资料整理。）

◆ KOL

关键意见领袖，简称意见领袖，泛指拥有丰富且精准的信息，被相关群体接受和信任，对该群体的态度或行为有较大影响力的角色。“意见领袖”并不是一个新名词，最早由传播学者拉扎斯菲尔德在20世纪40年代提出。早期的意见领袖主要在小范围内发挥影响力，如在一个团队或组织中，某些角色由于拥有更多、更快的消息来源，且善于对信息进行加工整理，能够左右大多数的态度或倾向。随着社会传播能力的提升，意见领袖的影响力也逐渐扩散至全社会。当前，KOL这个概念主要用于营销领域，泛指能够为公众收集、整理、过滤、解释信息的角色。这些角色由于长期关注某一领域，具有丰富的知识与经验，凭借传统媒介与网络平台将专业信息传递至大众。KOL介入社会化传播通常能够提升传播的效率，强化相关内容的影响力，并容易在公众中引起反响与讨论。当代KOL的主要特征包括：（1）在网络传播时代成长起来的KOL并非都是大人物，其中不乏平民。统计显示，当下KOL的分布呈现分散化与下沉化趋势，成为KOL的门槛逐渐降低，一些非专业人士也可以凭借累积的声望成为KOL。此类KOL更为了解普通民众的需求，能够以平等的方式与受众进行沟通，因此更容易得到受众的信赖。（2）KOL可分为单一型与综合型，传统KOL在社会声望提升后，通常会向综合型发展，在各类社会问题方面均发表意见与评论。例如，一些以评论时尚为专长的KOL涉足美食、电子等话题，其中难免存在不专业或不够深入的问题。而当代KOL的单一化特征越发明显，这体现了受众对专业化信息的需求的特征。随着公众整体受教育水体的提升，以及网络信息源的不断丰富，普通知识可以自查获得，受众之所以会关注KOL，主要原因在于对更为专业、更为稀缺知识的追求。因此，无论KOL属于哪个领域，都需要具备专业、独到的知识或技能，否则很难得到受众的信服。（3）KOL需要同时在前端与后端构建更为立体化的信息渠道。KOL的价值首先体现在其掌握的信息量上，因此需要在前端丰富自己的信息来源，公众化渠道很难使其具备此方面的优势，许多KOL都有自己的私人渠道。通过这些渠道，KOL能够获得更多的内幕或小道消息，进而领先于公众及其他意见领袖。同时，KOL还需要在后端扩大自己的社交范围，提高与公众的接触面与接触频率，保证自己的信息与意见能够经常出现在目标群体的视野。

表7–2　KOL的信息服务功能

功能名称	功能作用	功能描述
信息加工与解释	对信息的复述、引申、添加、修改、过滤、回避。	取决于KOL的认知结构、价值观念、个人利益与文化背景。
信息扩散与传播	借助媒介渠道将加工好的信息传递至受众。	KOL对信息的再传播与再扩散起到关键作用，该过程通常是无报酬的。
信息支配与引导	基于个人威望发挥对受众的影响，引导他们看什么、说什么、做什么乃至想什么。	受众处于信息爆炸与思想爆炸的环境，通常无所适从，KOL能够帮助其获得更充分的咨询以及专业的意见。
信息协调或干扰	基于对传播媒介的认可与否所采用的相应动作。	认可媒介的传播效果，则配合、支持并给予协调；反之，则设置阻碍或进行干扰。

理想状态的KOL应是能力较为全面的角色，在其所属内容领域拥有极高的话语权。包括丰富的个人知识储备、优质的信息来源、极强的社会责任感、显赫的社会地位、良好的人际关系以及广泛的社会影响力，各个特质包含的

具体指标如图7-8所示。

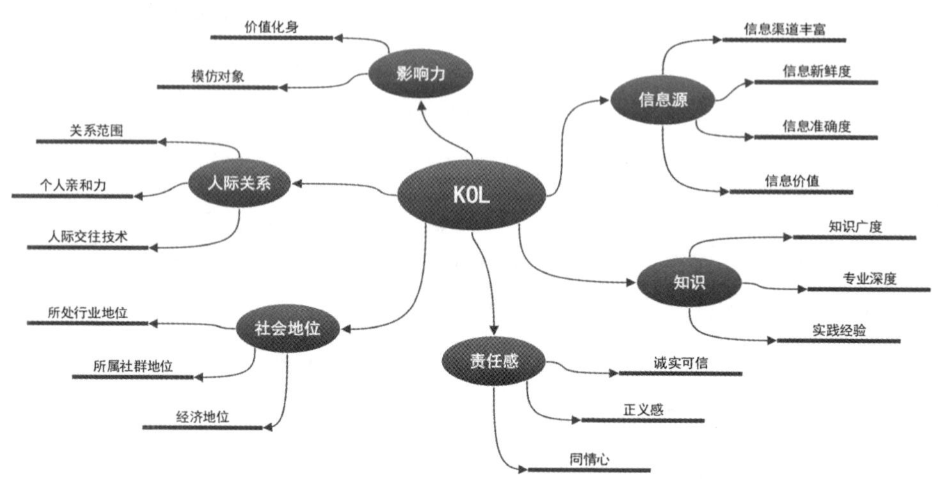

图7-8 KOL应具备的特质

KOL资源使用得当能够显著提升平台的运转效率，尤其体现在流量的贡献方面。（1）新增用户贡献。KOL的声望能够较为容易地为平台带来新用户，该特点很早就被认识到并加以利用。许多App或微博在运营初期为了快速切入市场，经常会邀请明星、知名企业家或社会名流加入，利用名人效应引发关注并扩大用户规模。（2）活跃度贡献。KOL的存在能够带动平台用户的讨论与参与，寂静的平台是没有商业价值的。KOL的一些帖子很容易成为“爆帖”，他们的观点与言论更容易引起共鸣与争论。同时，KOL在平台内容贡献方面占据较高的权重，他们原创内容的更新频率越高，越能够提升平台用户的活跃度。（3）转化率贡献。KOL对于内容运营中的变现环节非常重要，他们的意见与建议通常能够左右一部分用户的行为。无论是针对内容本身的付费，还是与内容相关的商品或周边的消费，都需要KOL的影响力与威望的介入。有时，KOL的一句建议或一条短视频能够带来意想不到的转化效果。

对于平台来说，KOL有两种获得渠道。（1）从外部挖掘KOL。此类方法近似公司猎头，平台（或App）根据主打内容的需求以及预期受众的特征，在外界筛选适宜的KOL，邀请其加入自己的平台。从外部挖掘KOL是一种简单高效的方法，可以通过移植快速获取KOL的已有资源，包括他们的声望、口碑、影响力以及粉丝群体。这种挖掘比较适用于内容覆盖面宽、内容聚焦相对分散的领域。例如，早期许多知识内容运营平台都通过此类方法取得了成功。从外部挖掘KOL的关键点在于特征匹配，即平台需要建立一套完整的评价体系，帮助自己找到符合运营所需的KOL。（2）内部培养KOL。对于一些聚焦明确的内容领域，相关平台可以选择自己培养KOL。内部培养的KOL可以与平台共同成长，并从零开始积累自己的声望与粉丝，能够形成较为牢固的基础，但需要资金的支持以及时间的沉淀。同时，此类KOL在专业领域可以得到更为系统的训练与锻炼，在圈子内有更高的知名度与可信赖度。一些以网络社区为模式的内容平台更适宜使用内部培养的KOL。例如，在许多专题性较强的内容论坛或内容平台，内部培养的KOL通常占据较高的比例。总之，无论通过何种方式获得KOL，其目标是一致的，即有效配合内容的运营与转化，提升内容的经营效率。

表7-3 典型美妆类平台KOL比较

平台	特点	描述	适用类型
抖音	创意+亮点	通过创意点吸引受众的注意力，并体现出标签化特征。	轻度内容
快手	剧情+段子	通过剧情模式与下沉市场进行更好的沟通。	泛娱乐、泛生活化
哔哩哔哩（B站）	测评+教程	通过“UP主”（上传文件者）进行细节展示，向受众呈现场景化的体验感。	深度内容（针对高黏性群体）

（资料来源：www.woshipm.com。）

在获得KOL后要注意对其进行运营管理。KOL运营可分为三个阶段。（1）KOL运营初期。初期运营的重点在于通过平台资源帮助KOL尽快介入内容传播活动。平台可以根据KOL的自身特点，为其设计形象概要并加以包装；对于一些具备市场潜力的KOL，给予适当的资源倾斜，助力其快速成长；为KOL创造更多的推广机会，如各类线上与线下活动；通过专业管理人员的指导，以及渠道资源的共享，为KOL的初期发展赋能。（2）KOL运营中期。中期运营的重点在于形成平台、KOL、用户三者间的稳固关系，提升KOL在目标领域的影响力。平台应该为KOL制定明确的游戏规则与约束，使KOL在框架范围内开展各类活动，避免违法、违约，或引发社会反感等行为出现；通过物质激励激发KOL的能动性，尤其对于成长期的KOL，可适当提高收益分成，给予一定的运营补贴，或帮助其进行内容周边设计，创造收益机会；对于较为成熟的KOL，可以在物质激励基础上结合精神激励，如使用排名、精华、置顶等方式，使其在平台上获得成就感。（3）KOL运营后期。后期运营的重点在于留存KOL，从而获得持续的盈利与影响力。平台应优化合作方式，实现同KOL的利益绑定，使KOL得到理想的收益并有较强的归属感；围绕KOL的能力及粉丝群，为其设计出延伸发展路径，避免KOL停滞不前，进而产生运营的惰性；注重与KOL进行情感维系，通过一些“小”投入提升KOL的忠诚度；通过平台的宣传资源，助力KOL实现更高层面的社会价值。同时，在运营的全过程，平台还需要对KOL的基础信息、业务信息、渠道信息等进行同步维护，完善KOL的档案管理。

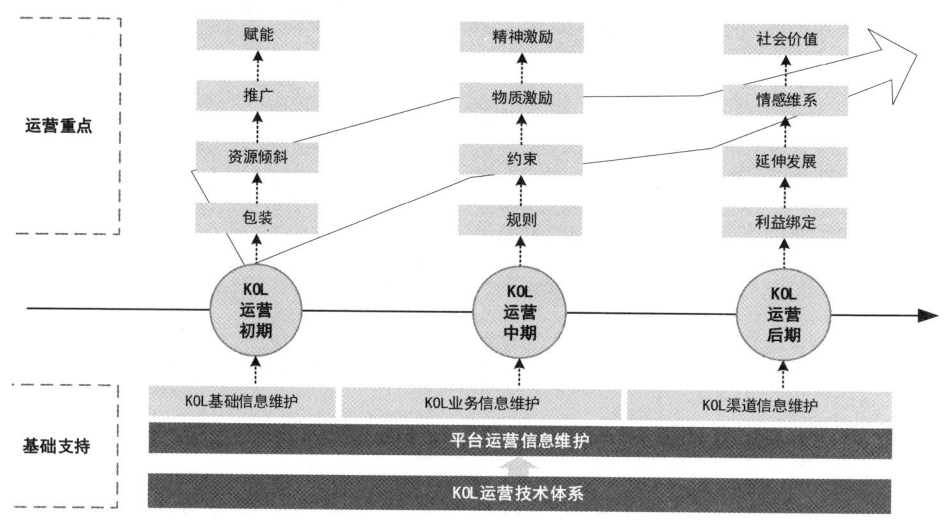

图7-9　KOL运营阶段划分

在内容运营中需要经常对KOL进行评价管理，识别KOL与内容及受众的匹配程度，从而对KOL进行动态的调整与优化。KOL评价体系可分为静态指标与动态指标。（1）静态指标，主要包括KOL的基本信息与状态，具体指标根据不同内容类型有所差异。例如，性别与年龄在美妆类内容中通常占据较高权重，受众大部分为年轻女性，她们更喜欢同年龄段且具有时尚气质的KOL。而该指标在时政、财经类内容中则显得并不重要。又如，KOL所属知识领域及社会背景对于一些专业程度较高的内容经营有重要影响，受众更关注“权威”的态度与意见。KOL状态代表了KOL的现有商业价值，其要素包括拥有的粉丝量、受关注程度以及圈内的号召力，这些指标共同构成了KOL

的静态转化效率。平台采用从外部挖掘KOL的策略时会非常关注这些指标。（2）动态指标，主要包括KOL的成长指标与传播指标。成长指标体现了KOL的预期价值，涉及KOL所处的生命周期、粉丝的增长率以及在相关领域得到的评价与偏好变化情况。对于成长型平台，以及采用内部培养KOL策略的平台来说，关注成长指标更具有实际意义。传播指标包含契合度、触达率与重合率，具有波动特征，在运营管理中属于需要频繁监测的指标。传播指标的变化可以反映出KOL的使用状态，当指标效果不佳时，平台方应通过策略性操作进行调整。例如，可以提高KOL的曝光率，丰富KOL的传播渠道，或举办线下活动等。

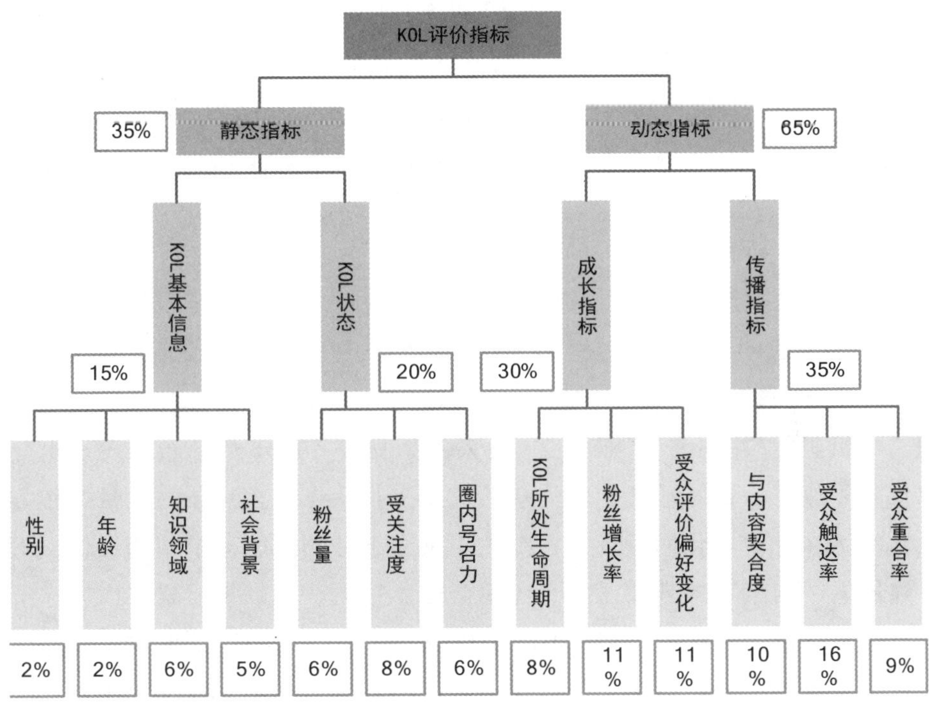

图7-10 KOL评价体系示例

KOL在运营时需要规避一些误区。（1）别人的KOL并非你所需的KOL。KOL的选择与使用需要与企业的平台相适应，能够体现内容或产品特征，双方之间的契合是取得成功的关键。早期有些内容平台喜欢挖掘他人的网红作为自己的KOL，以粉丝量、热度为评价标准，但有时“移植”过来的KOL未必能带来预期的效果。（2）高价邀请的KOL性价比不高。头部资源对于内容运营具有不可估量的价值，因此许多平台不惜高价争取头部KOL，认为只要这样做就会成功，但在实际转化中发现收入与付出不成比例。随着KOL的下沉化趋势，接地气的KOL更受欢迎，其性价比同头部KOL相比更具优势。（3）明星并不一定适合做KOL。各个领域的明星在知名度、人气、热度方面已有先天优势，理论上可以快速转化为KOL，但这种判断并非100%可靠。明星大多有自己的主业，如果不花费相当的时间与精力在内容经营上，不经常同受众进行互动，则很难取得好的商业效果。（4）经营的商品与KOL不匹配。一些平台在借助KOL进行变现时，宣传要素做得很好，但商品要素跟不上。带货商品质量不高，或无法达到KOL所介绍的水平，会导致受众对品牌商的反感，甚至对KOL的不信任。（5）未给KOL营造适宜的施展空间。平台在获得KOL后，需要为其提供完善的运营环境，使其能够顺利开展与内容相关的工作，并使KOL有较强的归属感。有些平台正是因为缺少相应的推荐、培养、维护、激励等机制，未对KOL形成足够的支援，从而导致KOL的流失。

在网络传播社区化趋势的影响下，“高高在上”的KOL无法同受众进行“平视”的交流。KOL在近些年呈现出明显的下沉化特征，许多形式上的KOL同一般网红之间的差距越来越小，网红通过运营成长为某领域KOL的路径也逐渐缩短。从下沉化KOL的称谓来看，体现出更接地气的特征，如“小姐姐”“小哥哥”“萌娃”“达人”系列等。KOL的分布也表现出分散化与碎片化，更好地吻合了受众的信息接收特点。在具体的运营操作方面，KOL在去中心化的背景下，专注于垂直细分领域，追求精耕细作，不单纯依靠“刷量”提升关注度，还用个性、魅力、幽默等元素将内容“干货”包装起来，实现形式与价值的有机统一。下沉化KOL能够在受众面前表现出良好的人格化行为，他们会为自己的粉丝群定制PGC或UGC内容，会花更多时间与受众交流，不厌其烦地解答各种问题，使受众通过屏幕获得真实接触感。下沉化KOL的核心优势在于固有粉丝群体的高黏性、基础流量带来的传播扩散效应以及借助核心群引发的口碑裂变。下沉化KOL已在诸多领域取得了成功，如美妆、时尚、母婴、养生以及部分科技类商品领域。

表7–4　下沉化KOL的传播特征

	活跃度	关注度	粉丝数量	粉丝质量	匹配领域	年龄跨度
小姐姐	高	高	多	中	宽	窄
小哥哥	高	高	多	中	宽	窄
萌娃	中	中	中	中	中	窄
评论家	高	中	多	高	中	宽
技术宅	中	中	少	高	窄	中
时尚达人	高	中	多	中	宽	中
音乐达人	中	中	中	高	中	中
旅游达人	低	低	少	中	窄	中
健身达人	中	低	中	中	窄	宽
搞笑达人	中	中	中	低	中	宽

KOC vs KOL

尽管KOL已成为互联网上某些领域的专家，有自己的粉丝，甚至具备一定的公信力，能够为品牌背书。但是，随着网络社群的发展，虚拟环境中又出现了一类新角色，名为关键消费者（Key Opinion Consumer，简称KOC），主要活跃在下沉化平台，如微信群、快手等，KOC同样具备较强的带货能力，并同KOL形成竞争态势。对比KOL与KOC：首先，KOL是专家，而KOC是朋友。KOC本身就是草根消费者，对相关商品有着切身体验，他们分享的内容贵在真实，天生与消费者之间没有距离。其次，KOC具有“信任”优势，他们通常更注重和粉丝的互动，容易使粉丝对其产生信赖。KOL以内容为纽带，而KOC以情感为纽带，快手上的“老铁”称呼就形象地说明了这种区别。总的来说，KOL是头部，KOC是腰部，用KOC的方式运营的KOL具备下沉优势，而做得成功的KOC也拥有堪比KOL的影响力。KOC的标注粉丝量虽然总体不如KOL，但是潜在的支持群体不容忽视。当下是一个超级个体脱颖而出的时代，借助平台的支持与赋能，个体的优势更容易发挥出来，因此KOC前景看好。

（资料来源：根据www.woshipm.com资料整理。）

◆ 网络大V

网络大V，是指在微博上十分活跃、有着大量粉丝的公众人物。通常把粉丝规模在50万以上的称为“网络大V”，并在其账户名称后面显示一个V字符，后来“大V”变为一种网络尊称。在我国，大V主要指活跃在新浪、腾讯等微博上的知名学者或公众人物，他们凭借专业知识及社会影响力，成为吸引公众视线的焦点，他们的言论与意见更容易引发关注与讨论。要成为严格意义上的大V，其实并不容易，需要扎实的个人积累以及足够的时间积淀，有时还需要借助外部力量的推动。因此，成为大V对于许多普通人来说存在极高的门槛，在去中心化、垂直化的运营趋势下，其活跃程度已有所下降。早期，大V在内容传播中的重要作用体现在转发上，经大V转发的微博能够在极短时间内引爆网络，这促成了以大V为枢纽的商业模式。一些品牌商通过公关平台寻找大V，通过大V的软文获得宣传效应，大V的收入在数万元至数十万元不等。同时，公关平台还可以通过额外支付“水军”，提升大V的宣传力度。与大V合作时需要注意的一些规则包括：大V原发与转发差别定价，原发价格一般较高；同大V签订排他性合约；注意维护大V的公众形象，帮助其参加线下活动；避免通过大V发过于直接的“硬”广告；同站大V相互支持，避免内斗；水军业务可以外包。大V伴随微博而兴起，体现出了极高的商业价值，形成完整的利益链条与运作模式，但在发展中也出现过一些问题。例如，有人借助大V的影响力发布虚假的消息，使大V成为网络谣言的推手，对其他人进行诋毁与攻击，或将公众舆论导向不正确的价值观等，这些问题均在一定程度上影响了大V的公信力。

◆ 网红

网红是指因现实生活或网络生活中的突出行为或事件而被众多网民关注并走红的人。这些人可以利用被关注优势，不断输出内容并变现。网红的概念较为泛化，且具有明显的草根情怀，许多网红都是网络上的普通人，大多属于UGC范畴，同一般受众有较高的亲密度。传播理论认为，网红之所以能够在底层走红，主要得益于互联网对其某些特质的放大效应。许多网红刻意或不经意表现出的行为、观点、技能等，恰好契合了受众在审美、娱乐、品味、臆想等方面的需求，从而受到追捧与追逐。传播界将网红划分为三代。（1）文字时代的网红。该时代的网红主要是网络写手，内容输出以文章及各类观点为主。在互联网传输速率为56KB的时代，网红需要具备较好的写作功底，写作风格符合网络化特征，完全以内容同受众进行交流，个人形象的曝光率极低。（2）图文时代的网红。该时代网红在内容形式上有了更多的选择，已能够借助图像进行内容及自我的传播。图像+文字是内容创作的主要形式，网红需要驾驭更为多样的内容类型，并通过这些介质与受众互动。一些个人形象佳的人更容易成为网红，这一时期流行的网红多具有明显的形象特质或魅力。（3）宽频时代的网红。该时代网红借助网络工具及传输速度优势，能够以视频直播形式出现在受众面前，实现实时的展示与交流，沟通距离感明显减弱。这一时期，网红可以表现的内容形式最为丰富，他们不仅可以本色出镜，也可以通过修图、渲染、背景优化等方式以“理想”状态出现在受众的终端。同时，宽频时代网红的上升速度最快，只要能够把握受众的心理并抓住一个卖点，一夜走红并非不可能。

传统网红收入主要依靠打赏与电商变现。网红可以通过赚取各类打赏道具在相关平台上变现，或兑现为指定商品，也可以获得某种形式的虚拟货币甚至现金。许多草根网红依靠人气值以及表现力，能够在短时间内获得极高的打赏回报。电商与直播的结合为网红提供了另一条变现路径，网红可通过自己带货或向电商引流，在商品销售中提成，但过于频繁地带货有时会引起受众的反感，甚至出现丢粉。随着网红知名度的提升，其变现选择更为多样化。网络广告是较为常见的形式，头部网红可以凭借植入广告的点击或收看量（单条点击费用多在0.01元至0.1元之间），提取一定的渠道广告费。有些网红则可受邀参加软文广告或网络视频广告的摄制，获得一次性报酬。一些领域的顶级网红还有可能跻身明星行列，成为品牌代言人或进行跨界活动。行业中不乏电竞直播网红为电竞设备品牌代言，或视频网红参与电视综艺节目的实例。

当代网红运营已酝酿出较为成熟的模式，尽管底层网红需要依靠自身实力慢慢攀升，但有价值的网红可以通过经纪公司，在商业方面快速取得成功。同时，一些经纪公司会根据内容市场的需求以及品牌商的标准，自我培养并孵化出“定制”网红，为其设计好出镜的平台及事件，帮助其提升曝光率，并同变现渠道建立关联。当然，在机构的助推下，网红也需要丰富自己同受众的交互渠道，如通过网络社群经常与粉丝互动，解答问题或展示内容之外的个人兴趣等，拉近与普通受众及核心粉丝群的关系。常见的网红成名模式包括：（1）以技能技艺成名。此类网红主要发迹于草根，他们的技能技艺并非出自科班，主要依靠自己的天赋、钻研与练习。这种才艺展示容易形成非主流的内容，具有独特的品位，并吸引受众的眼球。（2）以幽默搞怪成名。此类网红依靠大胆的自我展示、对笑点的充分挖掘以及标新立异的表现形式，其作品多为独具风格的幽默搞怪视频。相关的内容作品大多短小精湛，满足受众在碎片时间的快餐式娱乐需求，其中也不乏一些带有深刻社会反响的内容。（3）因意外走红成名。此类网红多因为偶然的闪光点而成为网络焦点，未刻意对自己进行宣传与推广。“意外”主要在于吻合了某一时期受众的审美口味或猎奇偏好，以新鲜度赢得受众的关注。但是，意外成名网红的平均走红时间较短，如果不能够持续输出内容或进行炒作，则很容易从公众视野中消失。（4）因网络推手成名。此类网红一般由机构或平台进行幕后运作，充分调动各类资源为其助力，带有策划与包装的属性，属于网红中的“贵族”。网络推手的力量一般来自两个方面：一是具有较高影响权重的KOL或大V，二是大量的网络水军。以网络推手打造网红，大多是基于商业目的，后期需要通过网红对内容变现，因此推手方需要权衡投资回报率。

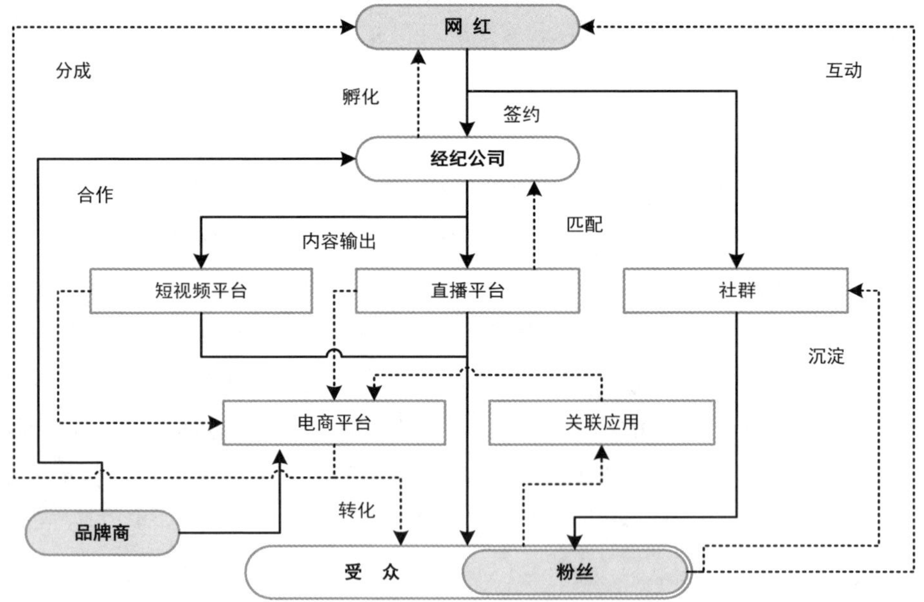

图7-11 网红运营模式

网红的核心作用是导流并实现转化，只要能达到这种效果，并不一定需要真人出镜。从网红的发展历程来看，早期以满足受众的猎奇心理为主，许多初代网红依靠个性化、差异化捕获受众的关注焦点，但普遍缺乏持续运营的能力。其后，出现了依靠颜值的网红，“吸睛”外观成为走红的必要条件，面孔热度成为导流的重要推动力。目前，网红发展已进入了追求人设的阶段，为获得持续转化的能力，网红需要提升自己的辨识度，在垂直领域得到背书与认可。而真实的网红难免在人设方面存在瑕疵，而虚拟网红刚好可以弥补这一缺陷。虚拟网红的前身是虚拟偶像，这一概念源自20世纪90年代的日本动漫领域。随着3D建模、声音库、全息成像、人工智能等相关技术的发展，虚拟偶像的拟真化程度越来越高。在网红经济时代，虚拟角色在聚粉与带货方面有着更高的性价比，因此得到许多品牌商的认可。(1)信息可控性强。品牌商需要的营销定位与营销信息，可以通过清晰的网红设定而实现，并通过网红的言行传递给受众。虚拟网红由外而内的各项指标均可自由设置，几乎可以实现同品牌100%的匹配，这比从真实世界寻找网红要方便许多。(2)具备新颖元素。通过虚拟网红进行营销宣传，能够为受众带来更多的新颖元素，创造出跨次元的表现形式。例如，古驰（Gucci）等一些时尚品牌在使用虚拟网红拍摄故事短片时，融入了更多未来与科幻的要素，在网络社群中引起了极佳的反响。(3)形象稳定性强。受众通常会将真实网红的网络形象与生活形象联系起来，网红一旦出现丑闻等负面新闻，则会直接影响品牌商的形象，并导致其付出额外的公关费用。而虚拟网红为纯工作属性，完全不存在此类问题，具有极强的稳定性。

表7–5 Instagram的虚拟网红

网红名称	粉丝量	参与度	平均获赞量	描 述
Lil Miquela	153万	4%	5.7万	由人工智能公司Brud开发，设定为“19岁”，与众多知名时尚品牌开展合作，并登上了*Vogue*等杂志的封面。
Noonoouri	17.4万	5.8%	0.98万	卡通化的网红形象，设计汲取了真人网红的元素，同Buccellati、Moschino、Dior等品牌开展合作。
Bermuda	11.6万	12%	1.37万	借助合成外观的争议噱头，其被关注度快速提升。
Shudu	14.9万	8.8%	1.29万	源于一位摄影师的艺术设计项目，后经过*Cosmopolitan*杂志的专题故事走红，同Margot和Zhi组成了虚拟模特团。
Ronnie Blawko	13.4万	4.9%	0.64万	由Brud开发，外观时尚，追逐潮文化，喜欢电子游戏。

（资料来源：豆瓣网《Instagram上的新百万博主》。）

虚拟网红虽然名为“虚拟”的，但是其带来的流量效果及商业转化实实在在。行业内人士判断，虚拟网红经济已进入了野蛮生长期，受众基数的增加为该市场带来了明显的红利，商业变现路径也更加短直化。运营平台及MCN机构的推手能够将虚拟网红的特色快速放大，明显缩短其走红周期。虚拟网红不受“P图”与“修饰”的限制，具备成为“超级网红”的潜质。许多成名的虚拟网红不仅活跃在网络社群中，还成功步入了时尚领域，成为奢侈品品牌的形象代言人或新品发布会的主角，由此带来的商品转化也超过了真人网红。当前虚拟网红已实现进阶发展，外形更加真人化，具备了个性与态度，能够借助技术手段参与“实景交互”。这种二次元跨界效果使虚拟网红更具人格化特征，也更容易赢得粉丝的青睐。在此背景下，虚拟网红也引起了我国网络投资领域的关注，一些平台相继推出了虚拟网红项目。现阶段，以哔哩哔哩领衔的多类虚拟角色快速发展，但转化效果并不理想，能够盈利的角色寥寥无几，实现完整的虚拟网红生态仍然任重道远。

初音未来诞生于2007年，人设中包含了极强的日本流行元素，由日本Crypton Future Media公司开发，使用了雅马哈（YAMAHA）的Vocaloid声音技术软件。初音未来是经典的虚拟偶像，也是最早使用准3D全息投影技术开展现场演唱的虚拟歌手。初音未来的主要现场活动包括：2009年东京的“未来庆典”；2010年东京的“未来之日感谢祭”演唱会；2011年东京的“初音未来演唱会派对2011”；2011年洛杉矶的“未来之城”巡演；2011年新加坡的“初音未来演唱会派对2011”；2012年在东京、横滨的巡演；2012年在台湾、香港的巡演；2013年在关西、札幌的巡演；2014年在印尼举办的“初音未来博览会2014”（包含多场演出、Cosplay、手办展示等）；2014年东京、大阪举办的“初音未来魔法未来2014”演唱会；2014年洛杉矶的“初音未来博览会2014”；2015年札幌的初音系列演唱会；2015年上海的初音未来演唱会及周边展；2016年在日本多地（包括东京、札幌、大阪、福冈、名古屋）的巡演；2016年在北美多地（包括洛杉矶、旧金山、纽约、西雅图、休斯敦、芝加哥、多伦多等城市）的巡演；2016年东京初音未来与东京爱乐交响乐团合作“未来交响”；2016年在北京与上海的巡演及展览；2017年上海的“未来有你”演唱会；2018年在美国及墨西哥的巡演及展览。此外，初音未来还在多部二次元作品中进行过客串，包括《冰菓》《俗·再见！绝望先生》《穿越宇宙的少女》《笨蛋测验召唤兽》《超级索尼子》《小花仙》。近些年，初音未来借助互联网传播成为时尚、服装、汽车、电子消费等多领域的品牌代言。

根据内容领域的发展趋势看，无论是KOL、KOC、大V、各型网红，抑或是无处不在的网络达人，在未来的内容经营中均会向着垂直方向发展。垂直化要求他们在内容的深度与精度方面具备更强的竞争力。“泛泛而谈”或“指点方向”式的角色虽然仍会受到关注，但在变现转化方面将逐渐失去优势。毕竟，要使受众肯“掏腰包”购买内容或商品，确实需要更专业的知识以及更高的信赖度。内容领域运营的垂直化并没有明确的切割维度，标签项可以根据内容特质及受众群特征进行自由组合。垂直化划分的一个示例如图7-12所示，可包含颜值、游戏、生活、休闲、学生党、技能、职场、体育等诸多领域，且划分维度在今后会更加深入、细致。

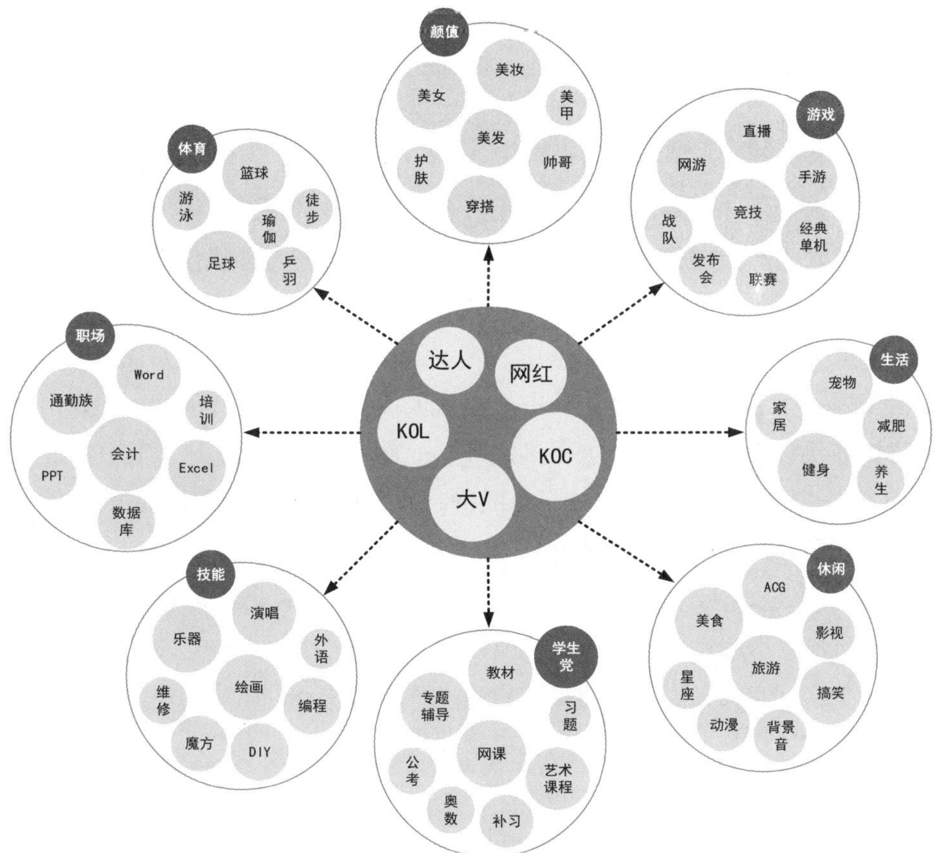

图7-12 内容运营领域垂直化

◆ IP运营

IP（Intellectual Property）原本的含义是知识财产或智慧财产，泛指各类标识、元素、形象以及精神承载。IP本质上是无形的，但可以寄存于多种表现形式，且易于被受众识别。IP需要具备跨界存在的能力，只能用于单一领域不能算作真正意义上的IP。IP可以源自真实情景，也可以是完全虚构的，但在IP运营中需要借助商业操作手段，进行内容添加与包装。业内将IP比喻为“金矿”，只要善于挖掘便能获得源源不断的收益。IP运营一般需要经历三个阶段：（1）IP生成。以原创方式获得独占的IP资源，并获得相应的版权保护。IP生成有时需要运气成分，一些成功的IP在其初创之时，也许仅仅是一个很小的商业项目。（2）IP放大。以综合的商业运作手段增强IP的曝光度、认可度及影响力。IP放大的关键在于增加受众群的规模，并培育受众与IP之间的情感联系。该过程可能需要较长的时间，许多经典IP可能在沉寂多年之后才爆发出市场潜力。（3）IP延伸。将有价值的IP资源拓展至宽广的商业领域，使IP形成立体式的布局。IP延伸的关键在于，基于现有IP讲出更多的故事，并使其能够存在于更丰富的语境之下。（4）IP变现。IP运营的收官阶段，需要充分发挥出IP布局的优势，利用好各个IP节点的商业资源。IP变现应综合使用泛娱乐产业链条上的各种转化途径，创新盈利与分账模式，实现可持续的共赢发展。

IP可分为三类：（1）产品化IP。产品化IP是最原始也是最常见的IP，IP价值主要寄存于有形或无形产品中。产品化IP有较强的客体属性，受众对IP的辨识需要借助客体实现，如一部影片、一件玩偶等。（2）个人化IP。个人化IP是指以人为主要载体的IP，在网络时代获得赋能，有极强的衍生能力。个人化IP所指的个人，可以是真实存在的人，也可以是虚拟的人，同之前介绍的网红形态类似。（3）平台化IP。平台化IP也称为企业化IP，是IP运营的高级阶段。平台化IP能够整合丰富的渠道资源，将原本单一的IP同运营平台进行整合，实现更强的传播与盈利能力。当代IP运营依靠单个资源很难适应激烈的市场竞争，以平台IP实现群落化发展，不仅能够提升IP运营的“厚度”，还能强化IP的抗风险能力。

IP延伸拓展是IP运营的关键，只有形成“点—面—立体化”的IP结构，才能够充分发挥IP资源的价值。IP拓展可分为横向与纵向两个维度，如图

7–13。横向IP拓展是指丰富IP的介入领域与跨度，使IP具备完整的布局架构。常见的IP横向拓展诸如文字领域、动漫领域、影视领域、游戏领域、音乐领域等。纵向IP拓展是指强化IP在某一领域的深度，充实IP的布局架构。例如，IP动漫可以生成系列漫画、系列动画、剧场版动画、特别版动画、漫画设计画册，以及手办、纪念品、漫展等相关的周边商品。IP拓展运营并不一定要充实全部架构，但需要使横向拓展与纵向拓展相互协调，并使之与IP价值相匹配。

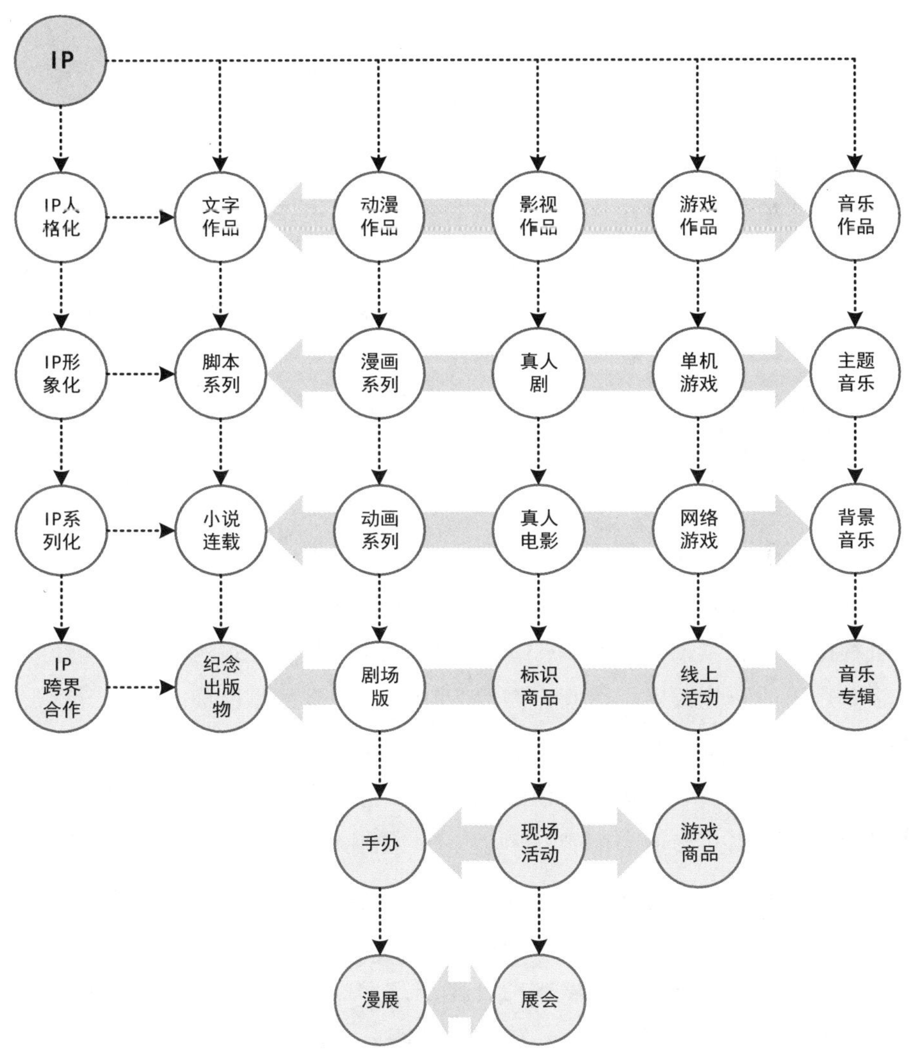

图7–13　IP拓展运营矩阵

IP拓展策略可以灵活运用。（1）纵向拓展优先。对于一些受众基础弱、影响力不强的IP，可以优先强化IP在某一分支的深度，并以适量的红利供给IP的运营。当IP基础得到巩固后，再进行横向拓展则相对容易。许多日系经典IP都是遵循这一路径发展起来的，且能够保持较长时间的价值挖掘。（2）横向拓展优先。对于一些运营能力强的平台，为追求短期高效的经济收益，可以使用优先横向拓展IP的模式。使用该模式需要具备极强的横向合作能力，许多IP不是一两家企业能够支撑起来的。如动漫IP需要连接作者、出版商、游戏公司、网络公司、影视公司等主体，并与玩具代工厂、服装代工厂、演艺公司等进行合作，才能够实现大跨度的横向拓展。横向拓展在实际应用中，需要大规模的资金支持，这使许多小型平台无法承担。

常见的IP运营管理主要包括五个部分。（1）IP孵化。IP创作者需要具备丰富的运营经验，了解IP创作的特点与趋势，并很好地把握受众的品位与偏好。在IP孵化的筹备阶段，需要组织团队搜集相关资料，预判IP的可扩展范围以及IP的生命周期。IP孵化需要进行原始设计，通过繁重的文案工作与艺术创作获得理想的IP。有时，还须对IP属性进行充分的市场调查，以用户视角完善IP特征。（2）IP延伸管理。IP价值与其延伸能力成正比，优质的IP能够持续释放商业价值。运营部门需要在IP产权保护基础上，将其拓展至广泛的内容领域及实体领域，如改编为文学作品、动漫、影视剧、网络游戏，以及围绕IP衍生的玩具、纪念品、食品、服装、饰品、现场活动等。IP延伸通常可以扩大IP的社会影响力，显著提升其盈利效果，优质的延伸管理可以塑造知名IP并延长其商业寿命。（3）IP与品牌商合作。与品牌商建立合作关系能够提升IP的转化效果。运营方需要为IP选择适宜的品牌商，并进行全流程的跟踪管理，包括合作签约、共同制定市场方案、销售管理、分成管理、备忘与总结等。如果与品牌商合作顺利，有可能会升级双方的合作关系，进行更多的授权，或共享更多的市场利益。（4）IP粉丝运营。IP运营不能忽视受众端，需要重视对粉丝群的培育，可以借助网络明星或艺人的影响力，聚集粉丝并向其传递IP价值。在粉丝运营中，要注意对IP的包装与推介，招募粉丝运营团队，并与营销等关联部门合作。（5）IP运营监控。监督具体IP运营计划的实施，包括IP拓展方案、IP营销方案、受众管理方案，并评估其执行效果。同时，监控工作还需对行业总体发展进行评估，判断IP定位是否仍然准确、IP与品牌商是否仍然匹配、IP拓展是否仍然有挖掘潜力，从而对IP发展规划进行优化调整。

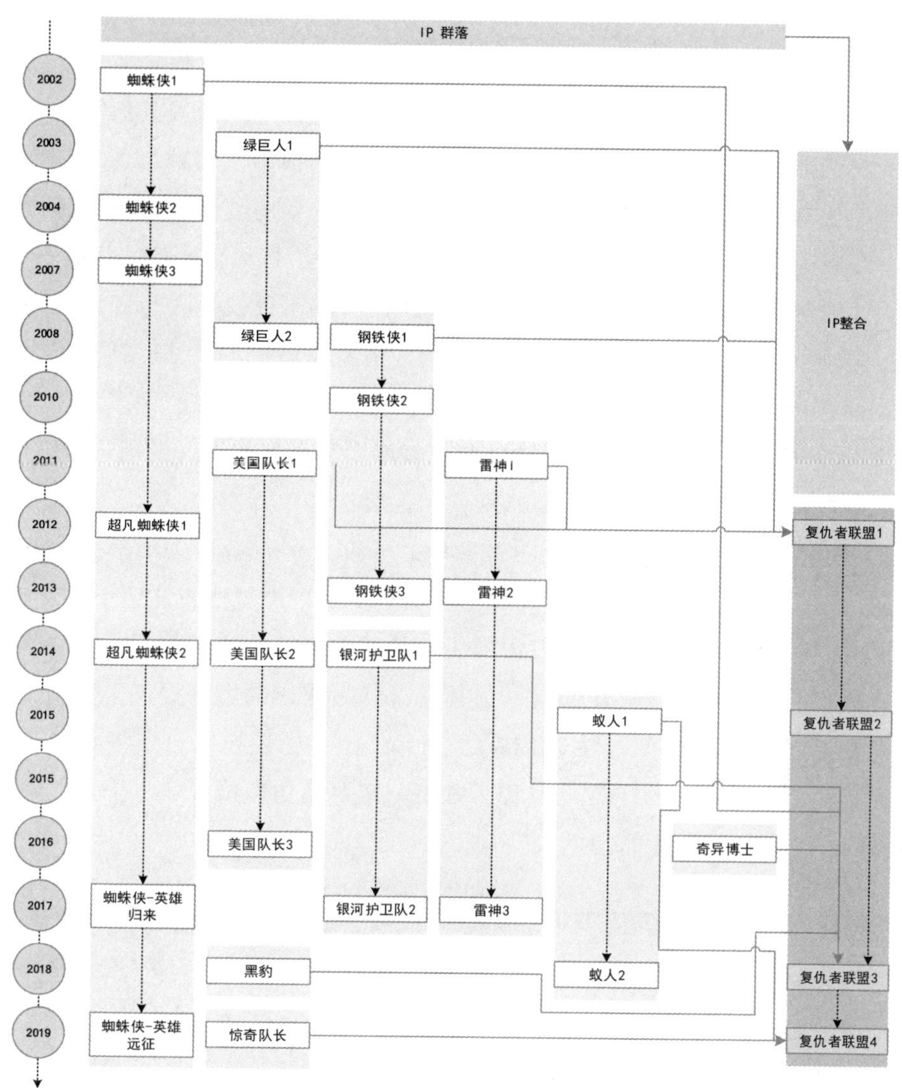

图7-14　漫威IP发展路径

漫威的IP组合运营在近些年已成为业内的标杆，并且有两个IP进入网络排名前十（蜘蛛侠，第8位；漫威品牌，第9位），其余是精灵宝可梦（第1位）、Hello Kitty（第2位）、星球大战（第3位）、米老鼠（第4位）、马里奥（第5位）、哈利·波特（第6位）、蝙蝠侠（第7位）、龙珠（第10位）。漫威

IP运营的经典之作是《复仇者联盟》系列，体现了IP群落发展及商业整合的思路（参见图7–14）。漫威IP始于早期美式漫画，后在动画等领域得到延展，已经有较长时间的沉积，在多年龄段均有受众基础。漫威在21世纪的IP运营时间线由2002年跨越至2019年，其中蜘蛛侠持续周期最长，共经历了三个阶段，并更换了三位主演，是漫威单一IP中价值最高的。漫威其他的经典IP也大都拍摄了2—3部，跨度在五年左右。在IP整合阶段，漫威打造了复仇者联盟，成功发挥出了IP群落的优势，获得了极强的票房吸金能力与IP延伸效果。漫威的IP布局使其在同类型的超级英雄电影中占据无可比拟的优势。

详细考察漫威的IP运营结构会发现，IP整合并不仅仅是收割IP群落的红利，同时也带动了一些低知名度IP的经营。从漫威IP市场认知（基于国内市场）调查来看，强势IP只有4—5个，《复仇者联盟》中出现的许多角色，受众并不一定熟悉。但这并没有制约《复仇者联盟》系列的发行及周边的销售，许多消费者可能只知道钢铁侠与蜘蛛侠，也会选择走入影院观看《复仇者联盟》。同时，由于《复仇者联盟》的热映，一部分消费者再去了解其他的漫威IP，如《黑豹》《蚁人》等影片的销售明显受到了《复仇者联盟》的影响。该现象很好地诠释了IP群落化发展的协同效益与规模效益。此外，IP群落化成功塑造了新世纪的漫威IP品牌，为其进行群落外IP的发行提供了便利，如同样获得好评的《毒液》与《死侍》。当然，IP运营还要结合资源特点与平台的实力，找到合适的IP发展路径，并不一定要模仿漫威模式，毕竟能够达到漫威经营规模的企业非常之少。

表7–6 漫威IP市场认知状况

IP分类	IP名称	接触率	消费率	传播度	喜好度
独立IP	蜘蛛侠	93%	90%	★★★	★★★
	钢铁侠	95%	91%	★★★	★★★
	美国队长	88%	82%	★★★	★★
	雷神	85%	80%	★★★	★★
	绿巨人	78%	70%	★★	★★
	银河护卫队	75%	71%	★★★	★★
	奇异博士	52%	46%	★	★★
	黑豹	52%	41%	★	★★
	惊奇队长	43%	33%	★★	★
	蚁人	41%	21%	★	★
IP整合	复仇者联盟	91%	83%	★★★	★★★
企业级IP	漫威	85%	80%	★★★	★★★

（注：★的数量对应程度等级。）

7.3 内容运营的技术支持

现代内容运营需要与技术发展密切结合，技术不仅能够带来效率层面的显著提升，还会直接或间接地影响运营的模式，并促进商业层面的创新。内容运营主要基于各类IT技术，包括理论层、系统层、网络层、应用层、服务层，其中同内容经营关联度较高的主要是网络层、应用层与服务层（参见表7–7）。内容平台在运营管理中需要保持对技术更新的高度敏感，高关联度的技术革新会最先传导至内容经营领域，而低关联度技术的变化也有可能引起内容经营的深刻变化。因此，内容经营主体应设置CTO（Chief Technology Officer）或类似CTO的角色，把握行业及企业的技术发展方向，协助CEO制定企业技术发展与应用战略，监督组织内的各类技术活动，为内容运营提供R&D支持。在具体的业务活动中，CTO需要全程参与各种技术类项目的立项、设计、实施、评估等环节，并协同多部门为其提供资金、人员、信息等方面的支持。同时，CTO还可与公司人力资源部门合作，为员工安排运营技术培训，增进企业内外部的技术交流。

表7–7 IT技术与内容运营的关联

层 级	技术名称	涉及内容	同内容运营的关联度
理论层	IT理论研究	运算理论/存储理论/各类算法	★
基础层	IT产品设计	IC设计/接口设计/数据库设计/网络设计	★
	IT产品制造	PCB/芯片/元器件	★
系统层	IT系统集成	主机/服务器/数据存储设备	★
	IT系统解决方案	OS/信息系统/数据库系统/应用平台	★★
网络层	网络基础架构	布线/基站/后台管理	★
	网络连接服务	接口/服务商	★★
	网络通信服务	协议/标准	★★★
	网络存储服务	存储格式/网络节点	★★★
应用层	IT应用开发	App开发/Web开发/嵌入开发	★★★
	IT应用数据	采集/分析/挖掘	★★★
	IT应用维护	应用维护/数据维护	★★
服务层	第三方服务	技术服务/法律服务/商业资讯	★★★
	IT人才培养	大专院校/培训机构	★★★
	IT组织与协会	标准制定/技术研讨	★★

（注：★的数量对应程度等级。）

◆ 大数据+

大数据（Big Data）是海量化的信息资产，需要借助新的数据处理模式以及决策分析系统，才能够发挥出其商业价值。大数据在采集、存储、管理、分析等环节，对运算能力有极大的要求，因此有很强的技术依赖性。大数据已广泛应用于现代商业活动，内容运营也不例外。“大数据+”对内容运营的意义在于，能够对受众往期行为进行系统的总结与分析，能够检视已有内容在受众中的传播与影响，能够为新内容的生产提供参照标注，能够辅助进行精准的营销推广。此外，大数据的使用还可以在一定程度上控制内容运营成本，并降低运营风险。

内容大数据的特征（4V）包括：（1）数据容量（Volume）。大数据时代的数据规模以2的次方向增长，远超传统的数据库承载规模，运营主体需要优化存储管理。对于内容平台（企业）来说，日常可捕获的数据非常多，几乎所有电子信息均可以某种形式储存起来。许多企业的日均业务数据增量都达到1GB以上，如果算上内容本身的数据量，通常可达到TB级别，且数据增速还在随着受众市场规模的增长稳步提升。（2）数据类型（Variety）。内容平台拥有更为丰富的数据类型，需要通过不同的格式进行存储与使用。三种常见的数据类型：结构化数据，可以通过关系型数据库表单进行存储的数据（如数值与文本信息）；半结构化数据，具有结构化数据属性，但存在结构调整空间及属性组合的数据，常用于网络环境下复杂对象的存储（如XML和JSON）；非结构化数据，有特定（自定义）格式的数据，无法通过关系型数据库存储，只能建立相关的索引（如图片、音频、视频信息）。（3）数据速度（Velocity）。大数据的处理与应用需要高速实现，涉及数据生成、数据采集、即时处理、数据分析等，均要使用户快速得到结果。因此，大数据的使用需要体现出速度优势，传统的批量化处理与队列模式很难适应这一要求。运营主体除了完善自身的技术能力，通常还需要借助外部资源帮助其进行数据处理，如各类数据外包服务。（4）数据价值（Value）。数据蕴含商业价值，只有从数据中提炼出有用“信息”，才能够为运营决策提供参考。同时，大数据的“海量”特征有可能掩盖非常重要的信息，造成数据价值密度的降低，在使用中需要依靠更好的数据挖掘工具进行价值开发。

内容大数据的运营维护需要建立在适宜的技术架构之上（如图7-15），使之符合4V的标准，自下而上分别是数据存储、文件系统、数据工具以及应用组件。同时，在不同的层级需要配置运维控制、访问控制、安全控制及存储控制。在运维架构基础上，可以通过各类工具进行数据的采集/转换、数据

I/O操作、数据筛选与统计分析、数据模型化，并借助机器学习等工具生成有应用价值的数据集。

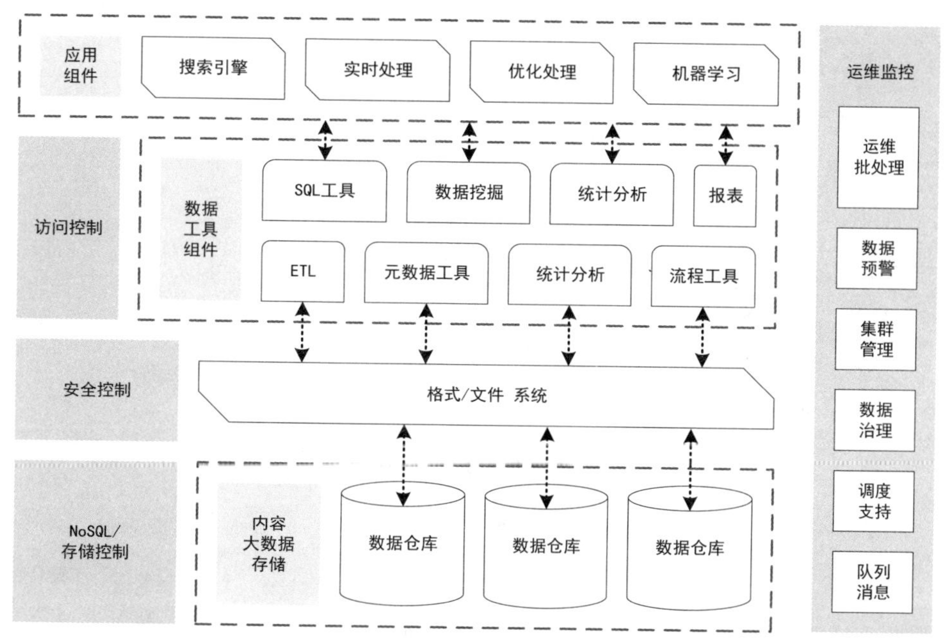

图7–15 内容大数据运维技术架构

以视频网站为例，运营方在日常管理中需要涉及的业务数据非常繁杂，包括用户数据（用户注册、用户存量与增量、用户活跃度、用户投诉等）、内容生产方数据（作者类型、内容标签、内容容量、上传活跃度、与受众交互等）、交易数据（充值、购买、订阅及平台金融等）、链接数据（流量导入、流量导出、第三方广告、嵌入应用等）等。对于内容平台来说，业务中的诸多问题都可以从用户行为数据中找到答案，包括：哪些视频内容最受欢迎？观看这些视频的群体有何特征？哪些时间段是收看视频的高峰？视频收看的次数与时长是多少？视频收看百分比是多少？视频收看中是否有人为拖拽？哪些受众喜欢发弹幕参与评论？什么样的视频容易被分享转发？对于结构化的用户行为数据，可以使用标准的处理流程（如图7–16），从数据采集开始，进行数据预处理、数据统计分析与异常分析，最后通过模型化方法进行探索性研究。

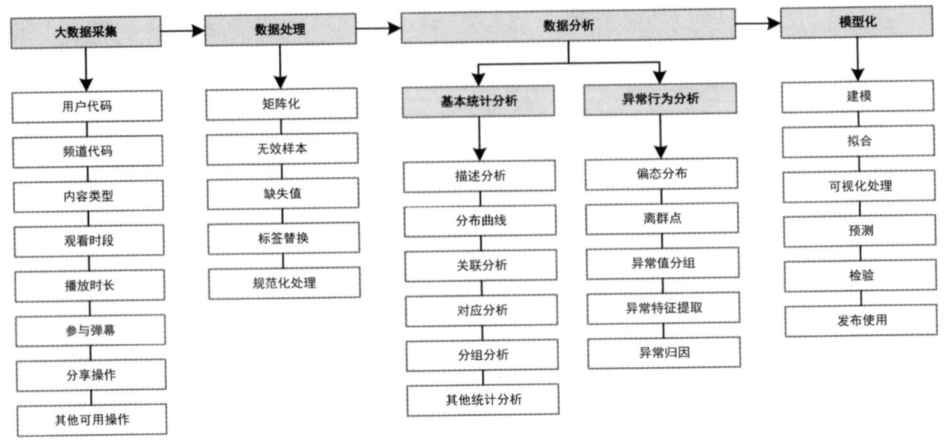

图7–16 用户行为数据处理流程

大数据管理岗位的业务要求

（1）基础技术要求。熟悉关系型数据库及SQL查询语言；熟悉Hadoop、Mpp、Oracle数据仓库工具的使用；熟练使用开发语言，如Java/python/C#及shell编程；熟悉HDFS/Hive/Flink/Hbase/Spark技术。

（2）工程参与能力。熟悉Hadoop大数据生态圈，能够进行源码研究与设计；熟悉数据抽象化及模型化；熟悉分布式数据产品的设计与开发；熟悉linux开发环境；熟悉ETL的开发与运营维护。

（3）综合设计能力。数据建模；数据体系架构设计；数据仓库设计；数据模型优化；系统集成设计。

（4）数据业务能力。数据的清理、加工、分析处理；数据分析脚本的开发；数据挖掘的设计与执行；BI的设计与使用。

（5）相关经验。累计时长的程序设计与测试经验；搜索引擎开发经验；数据库开发经验；Web设计与维护经验。

（资料来源：根据www.xuexila.com资料整理。）

◆ 云计算+

云计算（Cloud Computing）是一种分布式计算模式，通过网络连接数量众多的计算节点，以分散方式完成大规模运算服务。基于“云”模式，在计算过程中无须依赖特定的节点，能够实现较好的负载均衡与并行处理，同时兼具网络存储的功能。云计算将计算能力商品化，为用户提供即时的信息处理服务，很好地迎合了互联网商业活动的需求。现代云计算服务内容不断充实，包括数据存储、数据维护、数据分析、网络优化、商业智能等内容，许多云服务商能够提供整合的服务包。云计算在使用中具备费用、速度、性能、效率、缩放性、可靠性、安全性七个方面的优势（见表7-8）。应用于内容领域时，这些优势能够很好地与内容大数据特征相匹配，满足内容领域分散性与即时性的运算需求。对于内容运营平台，特别是中小型平台，自身不具备充足的IT技术能力，借助云服务可以屏蔽技术层面的业务，从而专注于顶层业务活动。云计算有三种部署模式。（1）公有云。公有云通常指通过第三方提供的云服务，部署在开放网络环境下，核心属性是共享服务资源。公有云是云计算最常见的形态，可以由大型互联网企业构建，也可由政府主导构建，基础投资规模较大，运算能力与可靠性有较好的保障。对于客户企业来说，使用公有云的最大优势是成本低、接入便捷以及后台业务的托管。在全球云计算服务市场上，知名企业有亚马逊AWS、微软Azure及阿里云，而阿里云在国内市场（45%）占据绝对优势。（2）私有云。私有云仅为一家企业提供服务，相关设施由企业独占，属于专有服务资源。私有云可根据客户企业的需求进行定制化，在数据可靠性、安全性及运算效率方面实施有效的控制。私有云可以部署在企业数据中心，由企业防火墙提供安全保护，也可以部署在企业网络之外，由可靠的数据中心托管。与公有云不同，私有云的建设需要客户企业的参与，像SUN与IBM等公司均能够为客户企业提供设计、安装、配置、调试、升级等服务。私有云的显著优势是，具备高等级的数据安全控制，并易于同企业已有的IT业务实现无缝连接。（3）混合云。混合云兼具私有云的安全性特点和公有云的算力优势，是一种折中的部署策略。混合云在使用中，可以将私有数据迁移至公有云进行运算，充分利用外部节点资源，并将结果返回本地数据中心。同时，企业在面对业务量波动时，也可以拥有弹性的伸缩空间。综合来看，混合云的优势主要在于内外部资源整合，以及应用中的灵活性与敏捷性。

表7-8 云计算应用优势

主要优势	特 点	描 述
费用	低成本启动	无须单独购置相关的软硬件产品，无须现场数据中心的运维支出。
速度	快速使用服务	企业用户端按需配置，无容量规划压力，计算资源快速部署。
性能	低网络延迟的运算	在广域网络上运行，能够利用网络上的高速运算硬件，优选计算节点。
效率	避免烦琐的底层业务	现场数据中心的机架与堆栈业务实现代理运行，用户可专注核心业务。
缩放性	弹性伸缩能力	用户可根据业务需求的变化，增加或减少部署相关的IT资源。
可靠性	保证业务运转连续性	提供简化的数据备份，冗余镜像处理，快速实现灾难恢复。
安全性	提供整体安全策略	数据安全中心能够保护数据、应用及基础结构免受潜在威胁。

（资料来源：根据微软azure.microsoft.com整理。）

云服务的类型分为三种。（1）IaaS（Infrastructure as a Service），意思是基础设施即服务，指把IT基础设施作为一种服务通过网络提供给用户，并根据用户对资源的实际使用量或占用量进行计费的一种服务。IaaS是最简单的交付服务，通过租用形式提供计算服务，并通过虚拟化技术实现对资源的管理，常用于开发测试、存储备份、网站托管等业务。IaaS的优点在于其对业务变化的快速响应，以及较低的后续费用。（2）PaaS（Platform as a Service），意思是平台即服务，指把服务器平台作为一种服务提供给用户。PaaS建立了集生成、测试、应用、部署于一体的环境，能够承载企业的简单云功能与复杂云需求，实现“即付即用”的效果。PaaS多用于框架开发、数据挖掘及商业智能等领域。企业应用PaaS可以获得更强的跨平台开发能力，对应用进行全生命周期管理，并提高开发编码的效率。（3）SaaS（Software as a Service），意思是软件即服务，指把集成的软件作为一种服务提供给用户。SaaS平台拥有完整的硬件体系，并将所有应用所需软件统一部署在自己的服务器上，为用户提供简单的接入通道。该模式应用场景广泛，尤其适用于技术与资金能力薄弱的中小型企业用户。使用SaaS，企业无须涉及任何基础的软硬件管理，实时获取更新服务，增强移动部署能力，并完全实现按需付费。近些年，SaaS已得到越来越多企业用户的认可。同时，许多知名IT企业也在不断充实在SaaS领域的建设。综合来看，内容运营的实际需求同三种云服务的对应情况如表7-9所示。其中PaaS和SaaS能够较好地满足其高权重需求，便于内容运营活动的开展。同时，对于许多中小内容运营平台，PaaS或SaaS是更为实际且经济的选项。

表7-9 云服务功能与内容运营的匹配

覆盖项目	IaaS	PaaS	SaaS	内容运营需求
基础设备	√	√	√	★
数据中心	√	√	√	★★★
防火墙	√	√	√	★★
安全认证	√	√	√	★
存储管理	√	√	√	★★
网络服务器	√	√	√	★★★
操作系统	—	√	√	★★
数据库管理	—	√	√	★★★
开发工具	—	√	√	★★★
分析工具	—	√	√	★★★
应用程序	—	—	√	★★
托管业务	—	—	√	★★

（注：★的数量对应程度等级。）

关于企业私有云部署

企业部署私有云平台，需要注意以下几点：

（1）做好基础架构融合规划。企业对于私有云的投资建设可通过整合企业已有的IT基础设施实现，无须从“0”开始。企业需要对现有的存储设施、服务器、网络等硬件进行兼容性测试，确保私有云解决方案与IT基础架构的匹配。

（2）整合资源，构建企业大数据。数据已经成为企业的核心资产，私有云中心的构建很大程度上基于对企业数据的整合。几乎任何与业务相关的内容都可以数据化，包括结构化数据与非结构化数据。企业需要将这些数据集中存储在云平台，并对数据进行归档、整理、分析、挖掘等处理，从而提取出有效信息。

（3）使资源高度共享化。私有云发挥功效的关键要素是实现高度的资源共享，但有效实现高度资源共享并不简单，这不仅涉及技术方面的问题，还跟企业IT管理架构密切相关。一般来说，高度的虚拟化管理能够带来便利的资源共享，包含服务器虚拟化、网络虚拟化、存储虚拟化和桌面虚拟化等不同层级。企业用户在部署私有云时，需要对虚拟化程度有所考虑与设计，配备与之相符的技术和运营环境。

（4）评估弹性空间与可扩展性。云计算的本质是即需即用、灵活高效的IT服务，在部署私有云计算平台时，必须考虑系统弹性和可扩展性的真实需求。无论在存储还是运算方面，许多企业现有的传统架构都不具备良好的扩展性，需要进行综合评估并按需增减、调整IT资源。

（资料来源：根据网络搜索整理。）

◆ AI+

AI，即人工智能，是研究、开发、模拟、延伸和扩展人类智能的理论、方法、技术及应用系统的技术科学统称，属于计算机科学的前沿领域，囊括了自动处理、语音识别、图像识别、语义理解、机器学习和专家系统等领域。AI发展至今已涵盖了广泛的学科理论，包括计算机科学、认知科学、数学、神经生理学、心理学以及信息论与控制论。从AI产品市场的分类来看（表7–10），已包含硬件、软件、数据服务及智能解决方案。AI在内容领域的应用主要集中在模拟信号识别、符号处理以及智能推理与推荐，随着内容运营范围的拓展，“AI+内容”将有更多的结合点。

表7–10　AI产品市场

产品分类	主要类别	热门应用	代表品牌
硬件系列	传感器/语音硬件/视频硬件/智能机器人/开发套件	边缘计算/视觉模组/智能物联	视派尔/奥比中光/创百智能
软件系列	SDK集成/API接口/生活类应用/企业应用	软件集成/网络（软件）安全	惠合科技/极视角/云净网
数据服务	图像采集/音频采集/信息标注/相关培训	数据审核/数据过滤	卓思维/云景任务/凡芃网络
解决方案	智能客服/智能园区/商业智能/智能信息服务	智能生活集成方案	数腾天下/品览/易判

（资料来源：百度AI市场aim.baidu.com。）

目前，市场上有许多由中小公司开发的AI工具包，用户可以根据需求单独或打包购买，也可以按使用量付费，非常灵活、便利。AI工具包大多涉及文本采集与处理、图像（图片）采集与处理、语音采集与处理、视频综合采集与处理等。例如，图像与视频处理工具通常包括贴纸、滤镜、背景替换、美颜等多种功能，且能够按照某种标识预设自动帮用户完成，或根据用户特征推荐最优的处理方案。AI工具包很受UGC群体的青睐，许多独立内容作者都使用免费或低价的AI工具美化自己的作品，达到最好的展示效果。用户可以在各类AI市场平台上找到需要的产品，看到详细的产品说明与样品展示、产品的API说明、应用场景说明、价格列表以及服务更新说明等。

在内容领域，AI的应用需要建立在大数据与云计算基础上，丰富的数据储备及快速分布的计算模式能够帮助AI发挥出更高的效能。AI应用于内容生产包括三个层级：（1）基础能力层级。这一层级需要具备充足的数据积累，需要有算力层面的硬件与体系支持，并有丰富的算法解决基本的编程问题。对于开发者来说，前两项较容易得到解决，而算法研发通常需要较长的时间以及反复的测试，投入成本相对较高。（2）技术能力层级。技术能力是指将基础能力转化为各类处理单元或模块的能力，属于AI应用的中间层级。对于内容生产活动，主要是针对语言、音频及图像元素的处理，这些元素能够组合为各种类型的内容产品。该领域诸多技术并非内容生产独占，通常需要借鉴相关AI技术领域发展的最新成果，如图像分析与处理广泛使用了信号识别方面的技术。（3）生产实现层级。属于对AI技术在应用层面的使用，用户在该层级主要接触封装好的函数或工具包，主要关注参数设置及内容生成效果，无须进行底层的技术操作。目前，该领域的实用工具已较为丰富，在文本内容创作方面，AI新闻撰写、AI财经评论撰写、AI舞台剧本设计、AI小说设计等应用已较为成熟，产出的内容形式已非常接近人工作品。以“AI+新闻”的发展历程为例，谷歌（2001年）开发了机器人新闻选编工具，汤姆森（2006年）开发了财经新闻写手，Narrative Science（2011年）开发了将财经数据转化为报道的智能算法，《华盛顿邮报》（2012年）引入了Truth Teller自动新闻审核，AI产品Wordsmith（2014年）针对用户特征定制版面，《洛杉矶时报》（2014年）使用Quakebot自动生成快速报道，《世界报》（2015年）使用AI进行选举报道，腾讯（2015年）推出Dreamwriter自动撰写新闻，新华社（2015年）推出快笔小新进行财经与体育新闻报道，阿里巴巴与第一财经（2016年）联合开发了DT稿王。从使用情况看，AI已能够较好地胜任财经、体育、突发事件类的新闻稿撰写，能够在2—3分钟内完成素材采集、成稿、校对、发布的全流程，且稿件质量相对稳定。

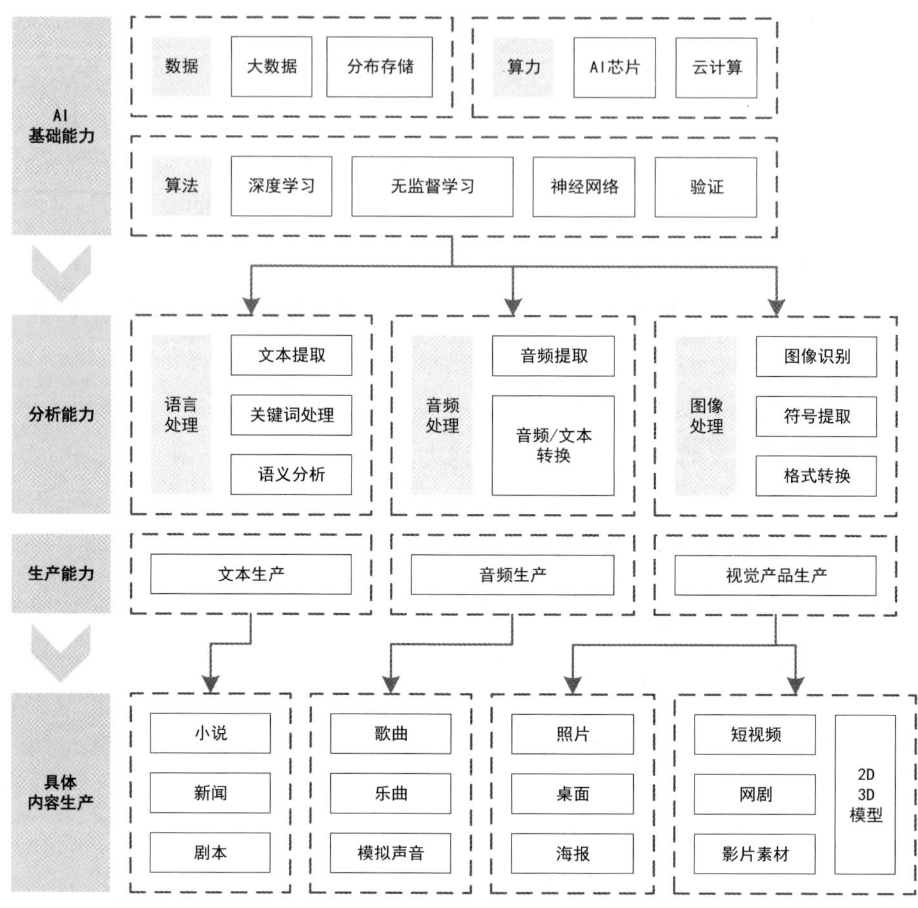

图7–17　AI在内容生产中的使用

Facebook的AI应用场景

根据搜狐新闻报道，Facebook在全球拥有二十亿用户，约占世界人口的26%，他们每天都在生产海量的非结构化数据。这些数据如果搭配适当的AI工具，能够成为极具价值的资源，推演出许多有逻辑性的结论或解决方案。Facebook对AI的应用场景非常广泛。例如，Facebook推出了基于深度学习的文字理解引擎DeepText，它能够解读20多种语言，每秒钟理解数千篇文本，准确率几乎与人类相当。该技术已经被用在Messenger上，用于推荐合适的对话回复。在图像识别方面，Facebook已达到了97%以上的准确率，并继续进行像素级的物体识别研究，相关技术可用于图片分类及修复。Facebook还利用AI解决广告作弊问题，有些违规广告避开了Facebook的检查流程，违反了网络社区准则，AI均能够进行深层次的识别。与之类似，Facebook还能够阻止平台上极端主义及恐怖主义内容的传播，净化网络环境。此外，Facebook还尝试通过AI读取用户的脑电波，使用户的感知系统与Facebook高度融合，根据用户的习惯及行为特征预判用户的潜在需求。总体来看，AI应用可以提升内容传播的准确性和吸引力，创造更好的用户体验，为Facebook带来更高的经济价值。

（资料来源：搜狐新闻。）

第八章
内容产业规制与政策

8.1 内容产业规制

内容消费的兴起促使内容产业越发成熟，产业规制的完善是其重要体现。内容领域自发展之初便存在各种制约产业发展的因素，这些负面因素的存在或影响内容生产方的利益，或影响内容受众的利益，或影响内容平台及第三方的利益。如不能把内容产业参与主体之间的权利关系梳理清晰，产业发展则缺乏持续推进的能力。

◆ 内容版权与侵权

内容产业发展的核心规制点是版权问题，版权（Copyright）归属与权益直接决定了收益的边界与划分标准，影响内容领域运行的各类经济关系。版权包含人身权与财产权，版权所有者拥有的基本权利有发表权、署名权、修改权、发行权、复制权、网络传播权等。由于现代内容的数字化与网络化特性，有相当比例内容作品的出版与发行，无法像传统出版行业那样经历完整的流程，其间必然存在版权操作层面的漏洞。总体来看，内容领域的侵权成本相对较低，许多侵权行为不具有明显的特征，权利人在进行权利申诉时很难获得100%的支持，即便打赢官司，得到的赔偿也非常有限。

数字内容出版具有极高的灵活性，同传统出版相比，可以更快的速度发布，供受众使用。常见的出版方式包括：（1）出版商网上出版。具有资质的出版机构或公司，将取得正式版权的出版物，如图书、期刊、音像制品等，转化为数字格式在网络上发布。此种出版方式可看作传统出版方式的延伸，其得到的版权权益保护与普通出版物一致。出版商在进行内容转换与出版的操作中，需要对相关环节把关，减少被侵权的概率，保护作品权利人的合法利益。（2）网站平台代理出版。代理出版具有较为宽泛的外延，网站平台可以从具有资质的出版机构获得代理权，或直接得到作者授权，代行网络出版。网站平台由于具有技术方面的资源与优势，网络出版

（称为Online Publishing或E-Publishing）的效率更高、成本更低，已成为占比极大的出版运作模式。网站平台在具体操作中，需要综合利用技术与法律手段对下载及转发权限进行控制，保障出版物的版权权益。（3）个人出版或发布。个人以自助的方式将作品进行编辑、加工，并在网络上发布，作品可以放在个人主页、论坛或专门的交易平台上。有相当比例的个人出版主体是基于兴趣爱好，出版不以营利为目的，多用于分享和交流。个人出版模式流程短、成本低，无须烦琐的出版流程，是众多UGC喜欢的出版模式。但是，个人出版一般无法取得正式的版权，相关权益保护存在真空地带。

网络出版服务许可证

根据《网络出版服务管理规定》（2016），在中华人民共和国境内从事网络出版服务的主体均需要申请并办理网络出版服务许可证。申请从事网络出版服务，申请者应当向所在地省、自治区、直辖市出版行政主管部门提出申请，经审核同意后，报国家新闻出版广电总局审批。互联网出版物主要包括互联网图书、互联网学术出版物、互联网文学出版物、互联网教育出版物、互联网地图、互联网游戏出版物、互联网报纸、互联网杂志、互联网音像出版物、互联网电子出版物、手机出版物。

申请网络出版服务许可证需要具备的基本条件：（1）有确定的从事网络出版业务的网站域名、智能终端应用程序等出版平台；（2）有确定的网络出版服务范围；（3）有从事网络出版服务所需的必要技术设备，相关服务器和存储设备必须在中国境内；（4）有确定的、不与其他出版单位相重复的主体名称及章程；（5）有符合国家规定的法定代表人和主要负责人；（6）除法人和主要负责人外，有适应网络出版服务范围所需的专业人员；（7）有固定的工作场所及从事网络出版服务所需的内容审校制度；（8）法律、行政法规和国家新闻出版广电总局规定的其他条件。

数字内容作品已成为侵权案件的高发领域。（1）在文字内容领域，主要表现为非法复制、传播、使用等侵权行为。常见的典型案例类型包括在非授权情况下转载他人（或其他网站）作品、在非授权情况下修改他人作品并发布、在自己的作品中使用他人的情节设置。其获利形式包括直接销售与间接收益两种，间接收益已成为案件集中的领域。例如，自2015年以来，有接近50%的网络文学作品侵权案涉案主体都是通过网络广告联盟获益，其盗版作品则是免费向用户提供，单主体（网站）侵权作品规模普遍达到2000—3000部，一些网站的侵权作品能够达到万部，乃至数万部以上。（2）在图形图像领域，侵权呈现出“琐碎”的特点。一张图片或其中元素被盗用的案件很难被作者直接察觉，许多侵权行为都处于“隐身”状态，仅有较少大规模商业化使用的案例浮出水面。该领域的侵权特征是取证烦琐、涉案金额低，版权所有者一般缺乏采取法律追究的动力，这使得侵权群体进一步减少了顾忌。（3）音频领域一直是版权的重灾区，在数字平台上对音频内容进行复制、修改、使用更为容易。音频侵权主要表现为平台对于音乐作品的非授权分发，以及各类用户的下载与使用（如作为背景乐播放或使用其中的旋律等元素）。数字音频领域的治理虽然起步较早，但仍然无法有效减少案件数量与涉案金额。以国内市场为例，网络音频纠纷的索赔金额多在数十万至数百万元，平台机构批量涉案可达千万元级别。（4）在影视作品领域，随着移动端带宽的增加，非法传播与使用越发频繁，主要的侵权案例都集中于非授权观看或下载。许多下载工具或在线播放器无须获得授权，也缺乏相关的版权检测，能够非常容易地传播“盗版”作品。同时，围绕影视作品还有一些关联侵权，如字幕侵权、IP侵权等。根据近几年中国信息通信研究院统计数据核算，各类数字内容侵权立案比例为：文字作品占47%—49%；图片作品占23%—26%；音频作品占8%—9%；影视作品占15%—16%。

对版权所有者进行一项侵权现象的主观调查，结果如图8-1所示。调查对传统内容与数字化内容进行了比对，涉及内容类型包括文字作品、图片作品、音乐作品、影视作品、表演作品、口述作品（其中数字内容中的表演及口述作品为相应作品的数字化版本），调查变量为认知的侵权量、侵权带来的经济损失程度以及针对侵权的起诉意愿。根据对照可以看出，数字内容的被侵权量略高于传统内容，侵权造成的经济损失基本相当，但针对数字内容的起诉意愿普遍偏低。该结果显示出数字内容领域的版权规制仍有提升空间，需要建立完善的维权体系保护权利人的利益。

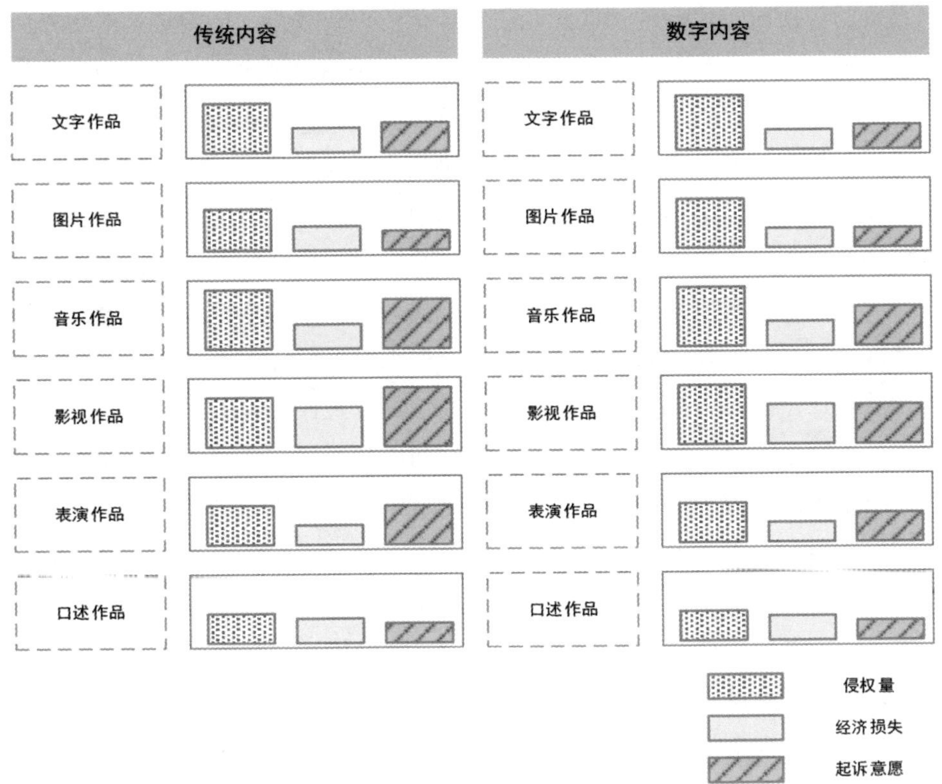

图8–1　传统内容与数字内容侵权现象比较

数字内容侵权的复杂性主要表现为：（1）侵权主体的辨识。在网络上任何主体都能够轻松接触到各类内容，内容内在的传播属性也使其具有极高的曝光度。不同主体在使用或分享内容的同时，有可能就超越了某些版权的边界。对于网络企业或商业平台，其侵权行为容易识别或鉴定，但对于规模庞大的普通受众，其侵权行为则很难发现或辨识。例如，对普通的UGC来说，在内容生产中借用或改编他人内容的要素，并将其用于商业或准商业用途，此类侵权行为屡见不鲜，但很难逐一追究。同时，作为版权的所有者，也不一定能够发现所有侵权行为，或从成本角度考虑认为没有必要诉诸法律。（2）非营利性侵权。根据著作权的限定，侵权须包含主观故意及营利目的，如仅是学习、研究、鉴赏等目的，则无须获得著作权主体的许可。在互联网上，确实有许多主体在未获授权的情况下使用或转发他人作品，但也未借此营利，因此在侵权界定上需要斟酌。但需要注意，当这种传播行为达到足够的规模时，也会产生同营利行为类似的侵权效果，会间接地对版权所有者造成经济方面或其他方面的伤害。在相关法律法规实际的运用中，此类行为虽然最终能够被认定侵权，并停止其侵权行为，但相关民事责任的追究并不容易处理。(3)取证的复杂性。数字化取证需要技术手段的支持，许多网络侵权行为的发生具有即时性，过往则很难追踪到具体的线索。许多网络侵权还会使用相关技术隐匿操作，这进一步增加了取证的难度。另外，在对被侵权主体进行损失评估时，遇到的阻碍更多。例如，测量数字内容的非法传播量，需要获得具体的终端用户数量，但大多侵权传播平台不会记录或留存相关信息，同时用户也会通过匿名或注销等方式保护自己，调查数量将会明显低于实际的侵权数量。(4)管辖区域问题。版权在应用中有极强的地域性，由于各国（或地区）对版权的认定标准不一，在保护范围、保护期限、保护形式、保护成本等方面必然存在差异。因此，在不同国家（或地区）首发的版权产品需要依从当地的法律标准，相关的权利带有明显的地域特征。在数字内容领域，绝大多数内容作品基于互联网传播，其传播边界很难精准控制，因此容易产生对版权权利认定的差异，造成不易处理的法律或仲裁纠纷。同时，侵权主体的国别、所在区域、侵权行为发生的区域等也都会成为司法管辖的影响因素。

虽然数字内容领域的侵权行为数量庞大，但版权所有者起诉的比例非常低，同前述起诉意愿调查相对应。主要原因是数字内容领域侵权与维权的不对等，其表现是侵权与维权成本相差悬殊。从侵权角度看，数字化复制简单、快速，在零成本状态下获得可观的利益，并容易隐藏或消除相关踪迹。而从被侵权角度看，通过调研获知，被侵权主体普遍认为识别侵权主体、获取侵权证据有较高的难度（见表8-1），许多人由于不愿介入烦琐的法律事务，进而选择了放弃维权。治理数字内容侵权问题，一方面需要完善法律法规层面的规制结构，制定适用于数字特征领域的规范与标准；另一方面需要完善技术层面的手段，强化对数字内容版权的保护，并增加侵权成本。

表8-1 内容侵权起诉的阻碍

主要难点	困难认可比例	难度级别评价
侵权主体的识别	58%	★★
侵权证据的获取	85%	★★★

（续表）

主要难点	困难认可比例	难度级别评价
侵权行为的技术证明	75%	★★★
法律流程过长	35%	★★
公证流程与费用	21%	★
补偿收益获取	47%	★★

（注：★的数量对应程度等级。）

数字音乐领域最早开始系统化的版权保护。自从1995年MP3承载音乐作品开始，各种数字化格式的乐曲文件开始大量在网络传播，用户可以从不同的音乐网站下载自己喜欢的内容，既可以试听也可以永久保存。据搜狐新闻报道，早期的知名音乐站点，如MP3.com，曾拥有来自全世界的6.77万名注册艺术家、42.42万首原创音乐作品，日访问量高达55.7万人次。压缩音乐文件及网络技术使传统音乐产业受到了史无前例的冲击，音乐经营模式因此改变。美国唱片工业协会（RIAA）的数据显示，从1999年至2002年间，网络音乐对唱片业造成的直接经济损失达到了20亿美元。传统音乐（唱片）公司被迫联合起来对各类互联网音乐侵权事件进行诉讼。随着侵权案件数量的增加，以及相关问题的凸显，网络音乐版权法律体系也随之得到了完善。2001年10月，我国在修改后的著作权法中增加了著作权财产权内容，规定在互联网上传播音乐可算作对词曲作者著作权利、表演者权利和录音制作者权利的侵犯。当时，拥有音乐作品的网站类型繁杂且数量众多，如音乐网站、音乐资讯网站、大型门户网站及子站点，还有大量的个人网站或页面。在这些平台中，仅有极少数规模较大的网站与版权音乐商合作，与版权持有人签署了相关协议并支付费用，而更多的网站则明显属于"转载"或"盗用"，在不同程度上侵犯了作品版权。需要指出，严格的版权保护有可能限制内容的广泛传播，例如，在2002年6月，美国版权局要求互联网电台对版权音乐向听众收费，平均单首费用约0.07美分，结果导致在两个月时间内近百家网络广播电台停止了相关作品的播放。该政策的实施将众多中小网络音乐平台挤出了传播渠道，音乐作品的传播规模必然随之下降。针对这一问题，网络版权音乐设计出了多种价格模式，如单曲价格、一揽子（月度、年度等）价格、新旧作品差别价格、在线欣赏与下载差别价格、不同音质差别价格等。完善收费模式一方面保护了版权方的利益，另一方面也保证了作品的有效传播，使数字音乐市场良性发展。

◆ 内容版权规制体系

数字内容版权由于其技术的复杂性以及传播的多样性，行业规制需要构建系统化的架构。从国内实践及国际经验来看，主要包括三个层级。第一层级是法律法规体系。法律通常具有最高的约束力，法规则作为法律的补充与完善。法律法规的建立与完善需要较长的时间，严谨的立法程序大多需要经过烦琐的论证与修改，而法规的出台也需要经由听证等过程。法律法规的设置成本与执行成本较高，需要专业执法部门进行操作，在灵活性方面存在欠缺。第二层级是行政管理体系，以对口部门为主要执行机构，其管理活动有较强的行业针对性。行政管理通常带有主动干预的特性，干预过程同样需要依据相关的法律法规或具体部门的指导文件。政管干预除了规范与约束职能，在某些方面还具有指导与建议的特征，辅助行业的发展。第三层级是社会化组织，主要指各具体领域的行业协会。社会化规制属于行业规制的最外沿，通常具有一定的自律属性，能够在法律法规以外，以较低的成本规范行业的运行。同时，行业协会还可以作为各类矛盾的缓冲地带，发挥居间协调的作用，以和谐的方式处理各种纠纷。总体来说，规制体系以核心法律法规作为总的规范原则，可采用“精简”法律模式，也可采用“宽覆盖”法律模式，第二与第三层级则配合法律体系灵活组合。例如，欧洲（大陆）规制体系以法律体系的宽覆盖为特征，行业协会能够在外围发挥较多的功能；英美规制体系强调精简法律的广泛适用性，第二、第三层级相对弱化；亚洲（地区）的规制体系中，第二层级成为第一层级的顺延，并承担重要的功能。

表8–2 版权公约与相关法律法规体系梳理（含过往）

层级		相关文件
国际	公约与协议	《伯尔尼保护文学和艺术作品公约》、《世界版权公约》、《世界知识产权组织版权条约（1996）》、《世界知识产权组织表演和录音制品条约（1996）》、世界贸易组织协定中《与贸易有关的知识产权协议》(1994)》《保护表演者、录音制品制作者和广播组织的国际公约（1961）》、《保护录音制品制作者防止未经许可复制其录音制品公约（1971）》、《关于播送由人造卫星传播载有节目的信号的公约（1974）》、《避免对版权使用费双重征税多边公约的附加议定书(1979)》《避免对版权使用费双重征税的双边协定范本(1979)》《避免对版权使用费双重征税的多边公约（1979）》

（续表）

层 级		相关文件
国内	基础法律	《中华人民共和国民法典》《中华人民共和国刑法》《中华人民共和国著作权法》《中华人民共和国行政处罚法》
	法规条例	《中华人民共和国著作权法实施条例》《著作权集体管理条例》《信息网络传播权保护条例》《计算机软件保护条例》《实施国际著作权条约的规定》《作品自愿登记试行办法》《计算机软件著作权登记办法》《互联网著作权行政保护办法》《著作权质权登记办法》《著作权行政处罚实施办法》《使用文字作品支付报酬办法》等
	规范性文件	《关于规范著作权合同备案申请表及证书的通知》《关于规范作品登记证书的通知》《关于规范电子版作品登记证书的通知》《计算机软件登记分类编码指南》《关于对出版境外音像制品合同进行登记的通知》《著作权行政投诉指南》等

（资料来源：根据国家版权局www.ncac.gov.cn资料整理。）

《中华人民共和国著作权法》是各类版权资源保护的基础性依据，旨在保护文学、艺术和科学等作品作者的著作权，以及与著作权有关的权益，鼓励有益于精神文明、物质文明建设的作品的创作和传播，促进国家文化和科学事业的发展。根据2020年11月11日第十三届全国人民代表大会常务委员会第二十三次会议通过的对《中华人民共和国著作权法》的修改意见，受该法保护的作品形式有：（1）文字作品；（2）口述作品；（3）音乐、戏剧、曲艺、舞蹈、杂技艺术作品；（4）美术、建筑作品；（5）摄影作品；（6）视听作品；（7）工程设计图、产品设计图、地图、示意图等图形作品和模型作品；（8）计算机软件；（9）符合作品特征的其他智力成果。根据国家版权局统计资料，历年在版权登记数量方面较多的作品类型分别是美术作品、摄影作品、影视作品、音乐作品、文字作品。这些类型作品在版权申请与保护方面已极为成熟，同时这些类型的作品普遍有较高的商业价值，容易成为被侵权对象，因此版权所有者会积极取得版权的保护。对于各类作品，著作权法赋予了十七项权利（见表8–3），这些权利同样适用于数字内容的司法使用。

数字内容版权规制涉及的主体较多，增加了规制的复杂性。首先，各类内容生产者相互之间存在大量内容抄袭与侵权使用现象。PGC由于曝光度较高，在涉及他人版权问题时会相对注意，而大量的UGC则压力较小，经常出现侵权行为或侵权“擦边球”，规制成本极高。其次，各类网络服务商在提供相关服务时，会直接或间接地触犯他人版权权益。例如，各类网站或App

的转载行为、网页信息搜索与链接、网络解码转码、云存储与下载、P2P下载等，经常成为辅助侵权的参与方，此类型案件数量非常多。此外，诸多内容活动的参与者也存在侵权的可能，如一些视频字幕制作或推荐广告等。从侵权行为角度出发，版权相关的具体指标及适用性需要不断更新，许多国家的版权法在数字时代都进行了升级或补充。

许多版权权利在初次针对数字内容时，需要新的司法解释与尝试，形成新的判定惯例。这既需要版权司法体系与时俱进，也需要权利所有者及社会层面的共同推动。例如，在多媒体内容领域，影片及长视频的权利认定与保护已经较为成熟，与之相比，短视频领域的侵权与纠纷虽然也很多，但在法律认定方面处于发展完善中。2018年快手与华多公司的短视频案件被称为国内短视频著作权首案，法院根据著作权解释第一次认定了短视频的作品属性，为短视频版权保护确立了标准。随着数字作品与平台模式的不断演化，类似的司法创新在数字内容领域将持续跟进，由实践需求带动法律法规体系的完善。

表8–3 著作权权利说明

编号	权利	描 述
一	发表权	决定作品是否公之于众的权利。
二	署名权	表明作者身份，在作品上署名的权利。
三	修改权	修改或者授权他人修改作品的权利。
四	保护作品完整权	保护作品不受歪曲、篡改的权利。
五	复制权	以印刷、复印、拓印、录音、录像、翻录、翻拍、数字化等方式将作品制作一份或者多份的权利。
六	发行权	以出售或者赠与方式向公众提供作品的原件或者复制件的权利。
七	出租权	有偿许可他人临时使用视听作品、计算机软件的原件或者复制件的权利，计算机软件不是出租的主要标的的除外。
八	展览权	公开陈列美术作品、摄影作品的原件或者复制件的权利。
九	表演权	公开表演作品，以及用各种手段公开播送作品的表演的权利。
十	放映权	通过放映机、幻灯机等技术设备公开再现美术、摄影、视听作品等的权利。
十一	广播权	以有线或者无线方式公开广播或者转播作品，以及通过扩音器或者其他传送符号、声音、图像的类似工具向公众传播广播的作品的权利，但不包括本款第十二项规定的权利。
十二	信息网络传播权	以有线或者无线方式向公众提供，使公众可以在其选定的时间和地点获得作品的权利。
十三	摄制权	以摄制视听作品的方法将作品固定在载体上的权利。
十四	改编权	改变作品，创作出具有独创性的新作品的权利。
十五	翻译权	将作品从一种语言文字转换成另一种语言文字的权利。

（续表）

编号	权利	描 述
十六	汇编权	将作品或者作品的片段通过选择或者编排，汇集成新作品的权利。
十七	其他	应当由著作权人享有的其他权利。

（资料来源：根据《中华人民共和国著作权法》最新修改意见整理了其中个别条目。）

快手-华多短视频著作权案

北京市海淀区人民法院网公布的快手（原告：北京快手科技有限公司）-华多（被告：广州华多网络科技有限公司）案件被列入2018年年度十大热点版权案件。

案件描述：华多公司的App“补刀小视频”在未经授权情况下，上传并转载了快手App上的热门短视频作品，这些作品是由快手用户自己拍摄或制作的。快手公司认为，快手依法享有对这些视频内容在全球范围内的独家信息网络传播权，华多公司的行为侵犯了其应有的权利，因此提出诉讼并要求华多公司赔偿其经济损失。而华多公司则认为短视频不属于典型意义上的作品，不应受著作权法保护。

法院解读：从作品的关键素来看，涉案短视频虽然时长仅十余秒，但是包含了多人的表演，讲述了完整的故事，并具有一定的原创性，可认定为视频作品。短视频在内容上具备了视频作品的典型特征，如场景、对白、动作等表达形式，并能够展示出一定的主题与思想，可以为用户带来愉悦。同时，短视频以数字格式在终端App上传播，内容制作有自己的风格，同典型的传统视频存在差异，可视为类电影作品。据此法院做出判决，判令华多公司赔偿快手公司经济损失1万元及相应合理开支。

行业影响：在法律层面首次认可了短视频的版权属性，有效界定了相关主体的权利义务，为网络视频领域的规范化树立了标杆，充分适应了当代内容传播行业的发展需求。对短视频作品权益的保护能够激发创作者及运营平台的积极性，维护其应有的收益及名誉，鼓励原创作品的出现，改善行业内容的供给状况。

（资料来源：搜狐新闻。）

版权纠纷的处理流程如图8-2所示，主要步骤包括：（1）权利人的材料准备及审核。权利申请人需要有充足的材料及合理的诉求，法院才会为其立

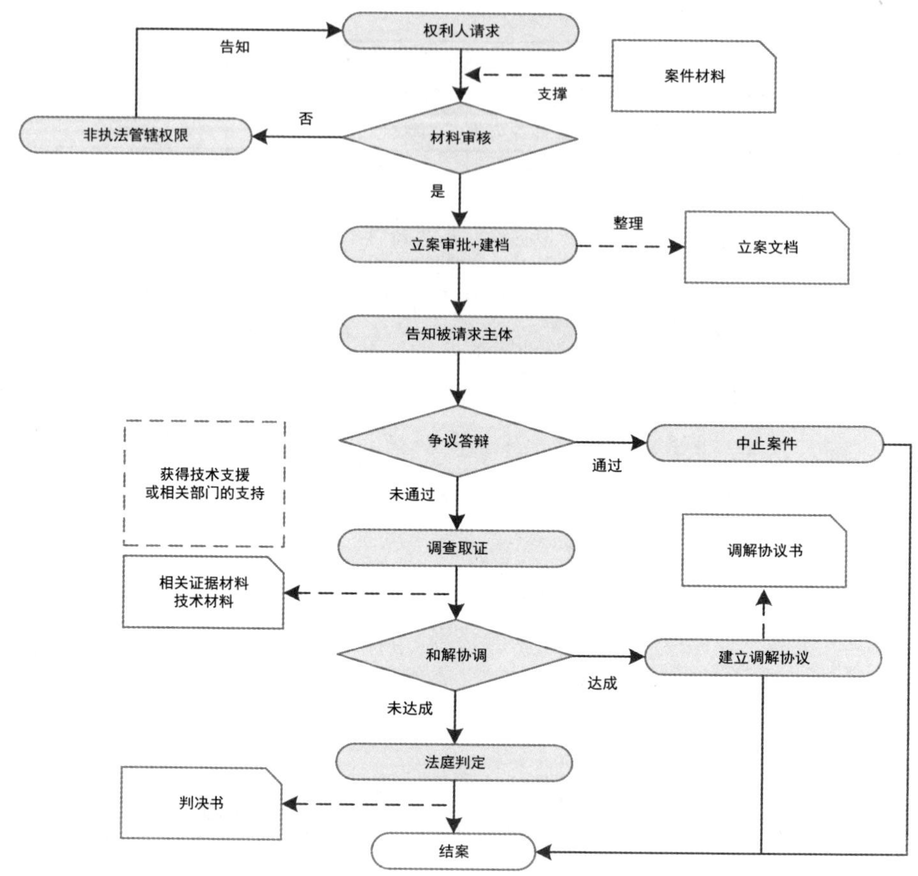

图8–2 版权纠纷处理流程

案。相关材料需要征明其版权内容确实受到侵犯，且符合法律的管辖权限。对于侵权材料，权利诉求方应做到尽量翔实。当然，对于一些技术性细节，法院在立案后，也会根据审判的需求进行补充取证或技术论证。对于管辖权问题，侵权诉讼方也应做好“功课”，确认相关数字内容的侵权行为是否符合上诉条件。（2）纠纷争议答辩。当法院初步认可权利方的利益诉求后，会告知被请求主体，邀其进行争议答辩。答辩过程需要双方在场，就侵权的技术性问题进行问答与解释。该步骤通常是在权利申请符合基本要求但相关证据不十分充足或缺乏明确的先验案例时使用。（3）法院调查取证。法院需要根据权利申请方的材料，并结合审判的需要，进行适当的补充。有时，法院会通知权利申请方协助其进行证据获取，或通过第三方得到相关的信息。对于数字内容来说，其取证环节会涉及较多的技术问题，需要得到技术部门的支持，并将技术性理解“翻译”为适用于法律的说明。（4）和解协调。当侵权案件涉及金额不高或社会影响不甚严重时，法院会发起和解协调。如双方能够达成和解协议，由侵权方向被侵权方做出赔偿并停止侵权行为，纠纷将以较低成本结束，且无须后续的法庭程序。从目前统计情况看，有许多轻度数字内容侵权案件都是以该方式结束的，权利申请方也普遍对处理结果满意。（5）法庭判定及处理。如案件较为重大或双方无法达成庭外和解，则由法院依法审理，双方可以在法庭程序中继续举证与辩护。法院根据法律及事实依据做出判决，并形成最终的判决意见。

近些年，基于版权保护意识的增强，个人对数字内容版权提起的诉讼在不断增加。例如，据中国之声报道，某车主自驾新款车到户外旅行，自制了一段2分钟视频，并上传至视频社群。一段时间后，他偶然发现该作品未经同意被用作商业广告，在网络上广泛流传，便诉诸法律。申诉方认为，该短视频作品有极高的原创性，融合了拍摄、剪辑、音效等完整的制作过程，具有商业价值，个人权益受到了侵害。后经法院审理，认定相关公司构成侵权行为，须向原告支付合理的经济赔偿。以此案件为开端，个人内容创作版权能够得到有效保护，并获得与机构同样的经济补偿，显著提升了对UGC群体的保护力度。

基于数字内容的复杂性，我国行政部门的总体策略是“分类监管，突出重点”。国家版权局根据网络音乐、网络云存储、应用程序App、网络广告联盟、网络转载等领域版权保护的不同特点，实施针对性强、各有特色的分类管理，取得了显著效果。在重点监管方面，针对当前网络领域最突出、相关产业反映最强烈、现实性较强的几大问题，国家版权局出台了一系列版权保护措施，陆续开展了规范网络音乐版权、规范网络云存储空间版权、打击智能移动终端第三方应用程序侵权盗版的专项整治行动，同时，持续加强网络视频版权的监控，进一步规范网络转载中的版权秩序。在具体监管措施方面，近些年的“剑网行动”协同全国各地的版权执法部门，在横向联合及信息共享的机制下，提升了打击网络侵权的精准度，每年处理数百起典型案件，有效净化了网络版权环境。此外，国家版权局还建立了重点领域的版权预警制度，及时提示版权方及相关发布平台关注侵权行为，力求做到防患于未然。按照国家版权局《关于进一步加强互联网传播作品版权监管工作的意见》及版权重点监管工作计划，在网站定期更新重点作品版权的保护及预警名单，一个示例如表8-4所示。

表8-4 版权保护预警示例

类别	作品	权利人	时间	授权网络服务商
电视节目	中央广播电视总台春节联欢晚会及相关节目	中央广播电视总台所属央视网、央广网、国际在线网站、央视新闻、央视影音、CCTV微视	2020年—2021年	腾讯 爱奇艺 咪咕 新浪微博 QQ音乐
	2019年第8届国际足联女足世界杯相关节目	国际足联、中央电视台	2019年6月—2019年8月	央视网
线上发布	罗小黑战记	北京卓然影业有限公司	2019年—2029年	爱奇艺 优酷 腾讯视频 哔哩哔哩
	诛仙Ⅰ	新丽传媒集团有限公司	2019年—2029年	爱奇艺 优酷 腾讯视频
	冰雪女王4：魔镜世界	北京中影营销有限公司	2019年—2028年	腾讯视频 爱奇艺
	奔跑的少年	永康天韵影视传媒有限公司	2019年—2069年	腾讯视频
	犯罪现场	寰亚电影发行（北京）有限公司	2019年—2029年	腾讯视频 爱奇艺
院线电影	我和我的祖国	华夏电影发行有限责任公司	2019年9月	无
	攀登者	上海电影（集团）有限公司	2019年9月	
	中国机长	北京博纳影业集团有限公司	2019年9月	
	夺冠	北京嘉映春天影业有限公司	2020年1月	
	紧急救援	人民交通出版社股份有限公司	2020年1月	

（资料来源：国家版权局www.ncac.gov.cn。）

除了法律法规体系，行业协会在维护版权权益、促进行业发展方面，也能够扮演重要角色。行业协会本身可以作为行业规制系统的组成部分，对法律不易涉及或干预成本过高的区域进行补充，并发挥行业运转“润滑剂”的功能。中国版权协会（Copyright Society of China）是国家新闻出版广电总局（国家版权局）主管的全国性版权专业社会团体，是我国版权领域唯一具有广泛代表性的社会团体，2002年获批建立，前身是中国版权研究会（1990年）。协会遵守我国宪法及有关法律、法规和国家政策，遵从社会道德规范，团结热心版权事业的团体和个人，推动版权法律实施，组织、推动版权的理论研究与学术交流，促进我国版权制度的不断完善。同时，为著作权人及作品使用者提供相关服务，维护权利人的合法权益。中国版权协会下设艺术品版权工作委员会、鉴定委员会、反盗版委员会、版权贸易委员会、版权产业委员会、软件版权保护委员会和法律事务委员会。其中，反盗版委员会负责协调各地和有关产业部门反盗版机构的工作，配合版权执法部门开展打击侵权盗版的活动，在全国建立起一种及时发现、举报、投诉、鉴定并配合司法、行政机关打击盗版的行动机制；鉴定委员会依靠版权所涉领域的专家，对作品的侵权纠纷等进行技术鉴定，为司法机关审理版权纠纷案件以及版权行政管理机构进行行政管理提供科学依据；版权贸易委员会组织版权贸易交流，提供版权贸易信息，指导、规范版权贸易活动；版权产业委员会组织版权行业开展版权活动，为版权产业界服务，并促进版权相关产业的发展。

表8-5　国内主要版权协会

协会名称	成立时间	职能描述
中国文字著作权协会	2008年	文著协是以维护著作权人合法权益为宗旨，从事文字作品著作权集体管理服务、保护和管理的非营利性社会团体，是我国唯一的文字作品著作权集体管理机构，是依法负责全国报刊转载、教科书等法定许可使用文字作品著作权使用费收转的唯一法定机构，是国家新闻出版广电总局（国家版权局）主管的国家一级协会，也是国际复制权组织联合会（IFRRO）会员。
中国音乐著作权协会	1992年	音著协是由国家版权局和中国音乐家协会共同发起成立的目前中国大陆唯一的音乐著作权集体管理组织，是专门维护作曲者、作词者和其他音乐著作权人合法权益的非营利性机构。
中国电影著作权协会	2009年	电影著作权协会是由中国合法从事电影生产、经营的企业法人自愿组成的具有法人资格的非营利性社会团体，是中国电影作品权利人的著作权集体管理组织。其主要任务是依据相关法律，经权利人授权，集中行使权利人的有关权利，与使用者签订著作权许可使用合同，向使用者收取使用费，向权利人转付使用费，进行涉及著作权及与著作权有关权利的诉讼、仲裁，从而保护权利人的合法权益。
中国摄影著作权协会	2008年	中摄权协作为国家政府指定的国内唯一从事摄影著作权集体管理的社团法人机构，以维护著作权人合法权益，促进摄影作品的创作和传播为宗旨，通过著作权管理和举办展览、培训、影赛、作品限量鉴证（交易）等活动，推动摄影行业有序发展。
中国音像著作权集体管理协会	2005年	依法对音像节目的著作权以及与著作权有关的权利实施集体管理，根据会员的授权以及相关法律法规，与音像节目的使用者签订使用合同，收取使用费；就侵犯协会管理的音像节目著作权的行为，向著作权行政管理部门申请行政处罚或提起法律诉讼及仲裁；促进中国音像节目著作权在海外的权利受到保护，以及海外音像节目在中国内地的权利受到保护，与海外同类组织签订相互代表协议。

（资料来源：国家版权局www.ncac.gov.cn。）

各类版权协会在开展活动时应突出“协”的特点，协助版权立法与司法部门推进法制建设，提升法律法规的约束力，同时要协调业内各种主体之间的利益关系，为其业务活动提供有效的支援。版权协会在内容行业运转中起到了枢纽的角色，需要衔接好法律部门、行政管理部门、科研部门、内容企业（主体）、关联企业（主体）之间的关系，其执行效果对于行业健康发展非常重要。协会的职能主要体现在纵向沟通、横向协调、侧向支援以及对行业的监管辅助、对科研活动的介入方面，并依靠自身的社会影响力，组织并提供社会化服务。版权协会的存在，能够以较低的社会成本保障行业法律、规范、政策的落实，使业内及相关行业（领域）对内容版权的概念及标准达成共识，促进行业的良性发展，维护多方的合理利益。

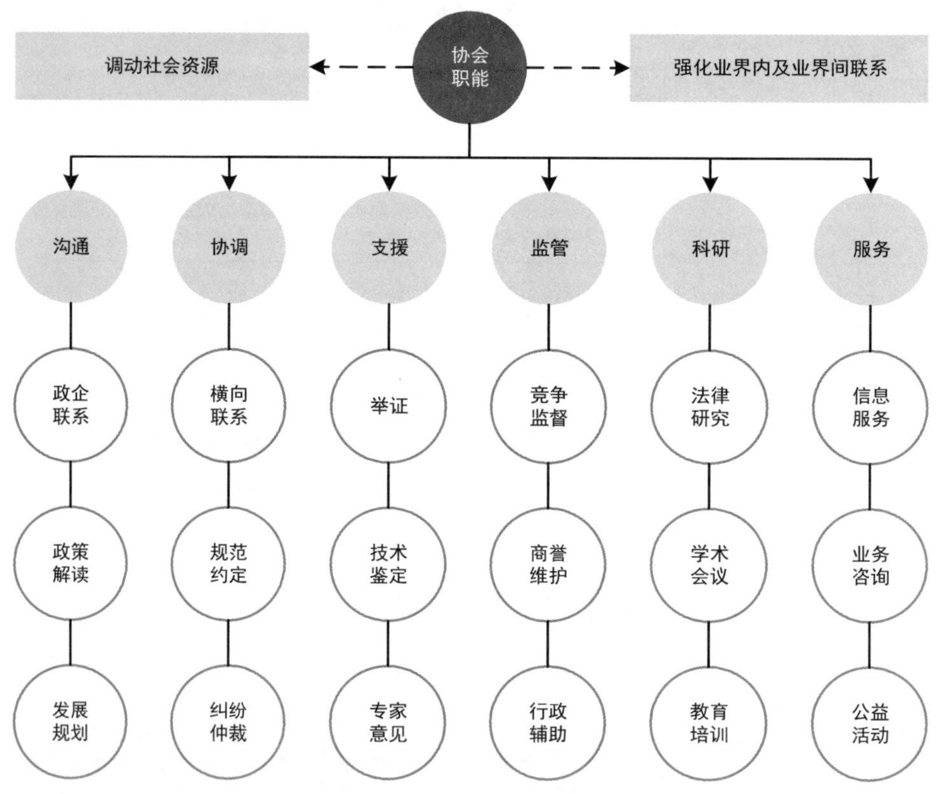

图8-3　版权协会职能体系

随着数字内容在国内外市场流通，内容经营方需要掌握更多涉外版权保护的信息，或得到相关组织的服务，常见的国际版权协会如表8-6所示。近些年我国一些优秀数字内容作品进入国际市场，或获得国外内容的经营权，参与国际版权保护是必要的步骤。内容在通过网络进入他国市场时，如何取得版权的认定？拥有哪些权利？如何处理侵权纠纷？经营方可通过相关协会获得具体的信息，提前做好预防工作。国际版权协会还可以参与具体的维权，例如，2007年11家国际知名唱片公司共同起诉了雅虎公司，案件涉及46张专辑共计229首（MP3）歌曲的录音制作权益。起诉方认为，被告方对歌曲信息进行搜集、整理、分类、编排，提供在线试听、免费下载的相关链接等服务（来自第三方平台），具有诱使、参与、帮助他人实施侵权行为的属性，侵犯了歌曲版权所有者的复制权、信息网络传播权等权利。该案件由北京市第二中级人民法院受理，一审判定雅虎搜索引擎及第三方音乐平台共同承担侵权的法律责任。

表8–6　主要国际版权协会（部分）

机构名称	缩写	机构概况
国际作者和作曲者协会联合会	CISAC	该协会成立于1926年，为非政府、非营利组织，是全球创作者协会的联合体，其成员来自120个国家，涵盖了音乐、电影、戏剧、视听、文学、摄影和视觉艺术等全部门类。其目的是为了确保在所有艺术门类中，创作者能够得到公平的报酬。
国际唱片业协会	IFPI	该协会是代表全球唱片业的国际性组织，其会员包括来自全球66个国家和地区的1400多家唱片公司。协会致力于在全球范围内增进唱片音乐的价值、保护唱片制作者的合法权益、拓展唱片音乐的商业使用。
商业软件联盟	BSA	该联盟是一个致力于促进软件行业健康发展的国际组织，其途径是通过构建完善的法制体系，营造良好的竞争环境。其总部设于美国，在80多个国家和地区开展相关活动。
美国电影协会	MPA	该协会成立于1922年，是由全球领先的电影、电视及家庭娱乐节目制作发行公司组成的非营利性行业组织，其成员包括诸多好莱坞制片公司。其主要活动是在全球范围内积极开展反盗版宣传和维权，协助各国/各地区建立合法有序的电影市场，并关注电影行业最新技术的应用。
日本唱片业协会	RIAJ	该协会成立于1942年，是由日本唱片公司组成的行业团体，会员超过60家。其主要目的是确保唱片制作人的权益而实施各项法规和措施，开展与唱片的广播权及租赁权相关的使用费征收和分配的集体管理业务，并进行相关的调查统计工作。

（资料来源：根据国家版权局网站资料整理。）

国际文化产业园区发展联盟在京成立

根据中国新闻网2019年6月15日资讯，由中国文化产业协会、国家文化产业创新实验区牵头，中外20个知名文化产业园区倡议发起，成立国际文化产业园区发展联盟。该联盟属于非营利组织，旨在以国际化平台促进各国文化产业的交流与合作，并助力国际文化产业发展论坛等相关活动。

国外知名园区和项目共10个，分别为创意克罗伊登（英国克罗伊登地区文化产业发展计划）、莎士比亚的英格兰（英国）、斯特拉特福市（英国）、InGAME游戏研发中心（英国）、“创意北京－柏林”（德国柏林自由大学文化产业发展计划）、莱北克（RBH）艺术中心（德国）、柏林木材厂文化产业园（德国）、瓦尔塔纳咨询（荷兰）、阿姆斯特丹文化产业孵化基地（荷兰）、韩国文化产业振兴院。

国内知名园区10个，分别是北京798艺术区、751D·PARK北京时尚设计广场、北京尚8文化产业园、上海德必WE国际文化创意中心（外滩）、天津国家动漫产业综合示范园、河北美术学院东方文化创意产业基地、西安老钢厂设计创意产业园、江西景德镇陶溪川文创街区、广州羊城创意产业园、杭州LOFT49创意产业园。

（资料来源：中国新闻网。）

◆ 内容版权的技术控制

当代数字内容规模庞大，在获得法律法规的保护之外，还须做好自身的防护。数字内容在网络上可被盗取的环节很多，对于内容载体及传播途径可通过技术性处理，减少被侵权的可能。内容版权的技术性控制需要因地制宜，很难通过一种模式实现。以电子书为例，主流的数据存储格式有十多种，包括电脑端常用的TXT、PDF、UMD、CHM、PDG、BRM等，以及移动端常用的EPUB、JAR、亚马逊的mobi等。此外，还有一些终端App专属格式，里面除了可存储文本与图片信息，还可放置某些动态信息。因此，对于电子读物的内容解析、内容识别、权限控制很难实现完全的标准化。

为保障数字内容版权权益，建立内容安全防护体系通常是必要的措施。现代数字技术的发展能够为各型数字内容提供多角度的版权保护，能够介入内容生产、内容分发、内容消费各个环节。生产环节的防护主要是对数字内容进行格式转换，或进行某种形式的加密，从而避免他人对内容进行编辑或修改。分发环节的防护主要是在渠道方面加以控制，限制非法的下载与转发，建立同终端的识别关系，明确分发的具体流向。消费环节的防护主要是建立授权制度，控制用户对内容的排他性使用，防止用户对内容进行权限外的操作。从实际应用情况看，生产环节的防护易于实现且成本低。但在网络环境下，对于分发环节与消费环节的技术保护显得更为重要。当前的数字内容防护体系已较为完善，能够针对内容本身及相关网络行为进行控制。从实际的内容管理角度看，作者或运营商可以对不同类型的原始文件进行调整，如文字内容、图像内容、网页内容及多媒体内容，从而使内容文件获得基础性保护。此外，运营商还可以采取综合的防护措施，进行网络行为控制并建立系统化版权维护方案，对于高价值或敏感内容可以使用硬件加密防护。

当前，行为控制已成为配合传统技术防护的重点，尤其体现在在线内容方面。以在线教育内容为例，早期许多教育内容都是基于Web页面开发，使用HTML技术标准。HTML在Web页面应用方面简单且高效，但HTML文件基本上是纯文本文件，这意味着软件应用程序和普通用户可以轻松地读取、修改或保存Web页面信息。HTML的开放特性使得任何用户都可以查看源代码，或未经授权将其应用于其他地方。其后，一些开发者使用了特定的浏览器插件控制CSS或JS（JavaScript）文件代码，防止用户查看或下载源码，起到了一定作用。侵权方虽然不能下载相关文件，但却可以通过录屏的方式间接获取，将其转换为一般的视频文件，同样会造成内容开发者的经济损失。针对该问题，一些公司在技术层面进行了处理，通过对源文件加密，并结合特定的观看通道控制，限制了用户的截屏与录屏操作。有些制作方还将该技术与使用有效期结合，有效降低了内容被盗的风险。

表8–7 数字内容防护体系

模式	类别	防护策略	
		防护对象	操作方法
内容分类防护	文字文档	Office文档、PDF文件、CHM文件等。	通过加密防止非授权的编辑、复制、打印；文件不落地，在线浏览；对有效期与观看次数的限制；设备绑定与授权。
	图形图像	CAD图纸、各种位图及矢量图片文件。	格式加密；打印控制；转换为exe文件（如CAD2EXE、dwg2exe、bmp2exe、dxf2exe、dwf2exe）。
	网页文件	HTML、Flash、FLV、SWF等。	打包并压缩文件；下载控制；反编译控制；基于固定地址信息的授权。
	多媒体文件	各种类型的音视频文件。	在线播放控制，文件不落地；自动授权控制；会员管理；自动绑定控制；离线授权、离线播放、一机一码。
综合防护	行为控制	使用水印、压缩及网络标识等方式进行防录制、防下载控制。	
	系统化方案	建立或加入DRM数字版权控制系统，设计授权列表与分发方案，并对内容文件使用情况进行实时监控。	
	高等级控制	采用硬件加密，向用户分发加密狗授权。	

DRM（Digital Rights Management）即数字版权管理，是指保护版权所有者权益的综合技术手段。DRM可以保护数字化内容及关联硬件，通过对终端使用权与复制权的控制，或增加复制过程的难度，达到限制内容被非法分发的效果。DRM技术的工作原理：（1）建立数字内容授权中心，确定相关的授权标准；（2）对编码压缩后的数字内容，利用密钥（Key）进行加密保护，加密的数字节目头部存放着密钥标识（KeyID）和节目授权中心的URL；（3）用户在使用时，根据数字节目头部的密钥标识和URL信息，通过数字节目授权中心的验证授权，并得到相关的密钥解密，才可播放节目。需要保护的内容经加密处理，即使用户下载到本地，没有得到数字内容授权中心的验证也无法查看，从而严密地保护了内容的版权。DRM应用广泛，主要用于多媒体文件的版权保护，也适用于一般的加密文档。

在视频播放领域，DRM解决方案提供了完整的授权与认证关联（如图8-4所示）。其中涉及三方的关系，分别是内容供给方、许可发放方、终端用户，三方通过密钥及证书建立联系，用户只有在得到验证后才能在本地播放版权视频内容。图示方案中包含的11个步骤分别是：（1）内容打包程序用一个许可密钥种子和一个密钥标识生成一个密钥。许可密钥种子是在内容打包程序和许可证书分发程序之间共享的标识，它是一个不少于5字节长的随机值。（2）内容打包程序使用密钥加密内容，并把密钥标识和用于版权许可分发的互联网地址置入内容头部，然后内容打包程序把内容头部和加密内容一起打包到一个媒体文件中。（3）内容打包程序把媒体文件传递给用户。（4）用户的播放器向媒体版权管理服务器发送请求，确定其所要播放的媒体文件是否得到许可。（5）媒体版权管理服务器搜索版权库以获得播放内容的合法版权许可。（6）如果媒体版权管理服务器搜索所需的版权许可失败，它会向版权许可分发程序申请一个版权许可，质询用于请求内容头部所包含的版权许可及与用户电脑相关的信息。（7）版权许可分发程序使用共享版权许可密钥和密钥标识生成与第1步中由内容打包程序生成的相同的密钥，然后版权许可分发程序发送该密钥。（8）版权许可分发程序生成了一个版权许可，并将加密的内容密钥添加到版权许可中，再添加一个从媒体版权许可服务中获得的证书，然后使用证书中的公有密钥对版权许可进行签名。（9）版权许可分发程序将签名后的版权许可传送到客户电脑的媒体版权管理器上。（10）媒体版权管理器验证该签名，并将该许可放在许可库中。（11）媒体版权管理器进行解密，并将所请求的多媒体内容包发送到播放器。

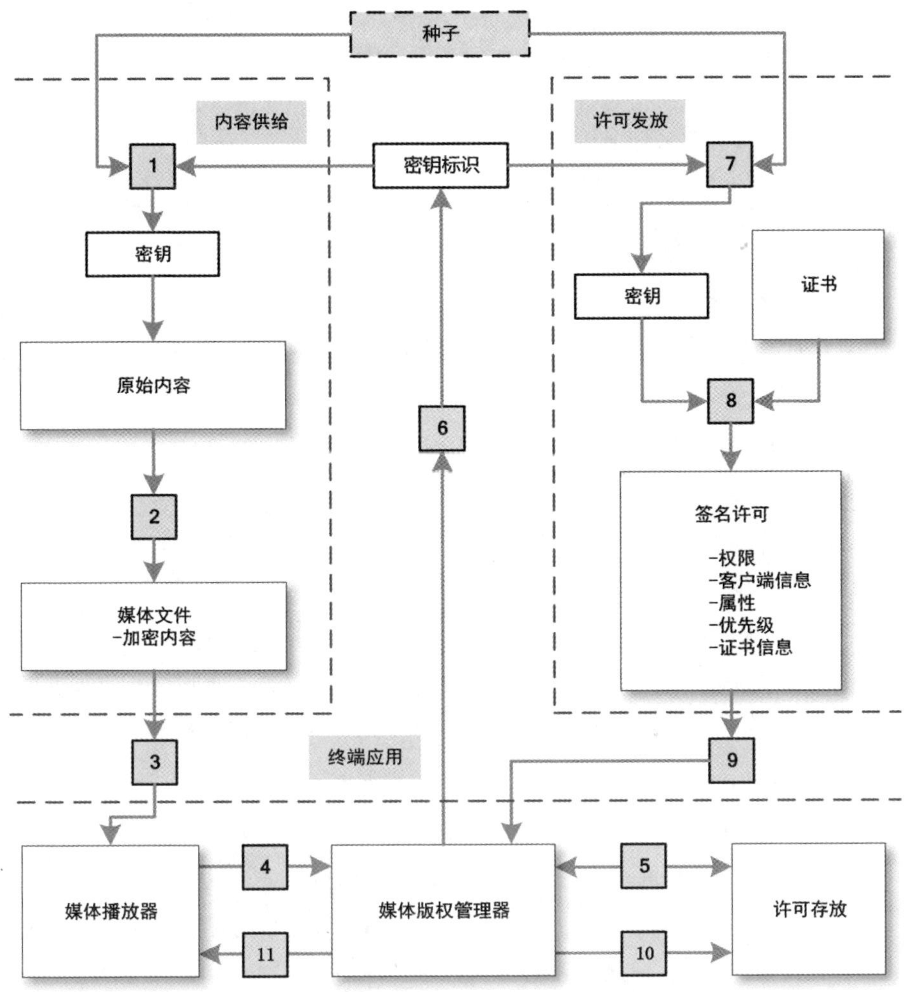

图8–4　DRM媒体播放解决方案（资料来源：www.drmsoft.cn。）

China-DRM　WMDRM的主要技术特点

（1）加密端具有批量打包加密、自定义加密、绑定文件名、绑定数据库编号等打包功能。

（2）许可证发放管理程序（服务器认证端）安装在客户服务器上，证书由商家的服务器进行发放。

（3）灵活开放的业务功能接口，商家可以为不同的视频产品制定不同的收费标准和许可证权限，可以通过数据库自由控制不同用户的播放权限。

（4）收费模式与业务逻辑部分源代码开放，用户可以二次开发，可以采取包月制、点卡制、会员制等灵活的方式计费。

（5）支持SQL Server、Access、Oracle、Mysql、Sybase等数据库接口，并支持远程数据库访问。

（6）支持静默与非静默许可证传输。

（7）提供公钥、密钥、种子创建程序，客户可以随时进行自定义调整。

（8）用户可以使用自己的认证域名和认证地址。

（9）附带批量编码转换功能（AVI/WAV/MPG/MPEG/VOB/WMV/WMA/MP4/ASF/RM/RMVB），可自定义输出品质及压缩比率。

（10）可以与用户现有平台无缝结合，可以直接调用用户已有的会员系统或计费系统，无须对用户已有平台做任何修改。

（11）协助用户设计商务流程，并根据用户需求进行相关功能的定制。

（12）可以多个文件共用一个播放许可证，一次向所有文件发放证书。

（13）可以向用户预发放多个证书，无须播放时才申请证书。

（14）用户端可以将证书与文件一同下载到本地。

（15）实际应用中，可以将整套系统安装在用户服务器上。

（16）可以控制用户是否能够将音频、视频文件传输到MP3、平板电脑、智能手机等一些便携设备上，并可以对传输到便携设备上的文件进行授权使用，包括传输次数以及播放期限。

（17）用户提供一套前后台范例程序，提供示例代码，便于用户搭建自己的商务应用。

（18）可以很容易地集成直播加密模块，用户可以建立自己的直播加密系统。

（19）DRM授权与硬件绑定服务，精确地控制用户可以在哪些设备上播放授权文件。

（资料来源：根据www.drmsoft.cn资料整理。）

数字水印（Digital Watermark）是一种基于内容的非密码机制的计算机信息隐藏技术。该技术把标识信息（数字水印）通过算法直接嵌入数字载体（包括多媒体、文档、软件等），或是间接地修改特定区域的标识结构。数字水印不影响原载体的使用价值，也不容易被探知或再次修改，但可以被生产方识别和辨认。通过隐藏在载体中的标识信息，可以达到确认内容创建方、分发方、使用方或判断载体是否被篡改等目的，是保护版权、维护信息安全、实现防伪溯源的技术手段。

数字水印的技术特征有：(1）隐蔽性。隐蔽性也称为不可感知性，即水印嵌入算法后不应产生可感知的数据修改，在通常的视觉条件下应该是不可见的，数字水印的存在不会影响作品的视觉效果。(2）主动保护。去除数字水印（理论上可行）需要有极高的技术难度，任何破坏或消除数字水印的企图都将导致载体被严重破坏，从而无法正常观看或使用。(3）抗篡改性。数字水印一旦嵌入载体，攻击者就很难改变或伪造数字水印信息，以此达到保护版本的效果。(4）鲁棒性。数字水印有较强的抗噪能力，在经变换、压缩等处理后仍可以清晰显示出原有信息。(5）信息容量。嵌入载体的数字水印信息量必须足以表示多媒体内容的创建者或所有者的相关标志，以及购买者的识别（序列）号。在发生版权纠纷时，相关信息能够被提取出并用于证明权利的归属。(6）可靠性。数字水印可以是任何形式的数据信息（如数值、文本或图像），信息的嵌入与正常读取应保证准确率，可通过校验等方式实现。同时，数字水印系统在使用中还应降低误检、漏检、虚检的概率。常见的数字水印技术方法有基于LSB的数字水印方法、基于差分扩展的数字水印方法、基于直方图调整的数字水印方法、基于Hear小波变换矩阵的数字水印方法、基于DTC变换域的数字水印方法等。

随着数字内容的发展，水印类型逐渐细化为文本水印、图像水印、音频水印、视频水印以及用于三维网格模型的网格水印等。数字水印应用在不同类型的内容上，需要有较强的抗噪性，避免在一般的传输以及基本使用操作时受到干扰。以图形图像内容为例，其抗噪性主要体现在各种运算中，包括基础代码格式转换、有损压缩运算（如JPEG转换）、信号增强运算（如锐化或增加对比度）、噪声运算（如高斯或颗粒添加）、线性滤波运算（如低通或高通）、仿射运算（如旋转与缩放）等。目前，数字内容水印系统在技术上已非常成熟，可以针对内容被保护级别，增加嵌入水印的数量，使其具有一定的冗余度，根据版权需要存储复合格式的数据信息，改善水印嵌入的强度与稳定性，并对失真度加以控制。

数字电影水印技术

数字电影水印技术是指在数字电影的拷贝母版中嵌入目视无法识别的数字水印，一旦盗版片源出现在市场上，通过数字水印检测系统，1小时内就可以精确定位盗录发生的场次、影厅、放映服务器，为片方、发行方、反盗版机构和院线检测盗版来源提供可靠的信息源和司法证据。自2016年起，美国电影协会联合中国新闻出版广电部门，利用数字水印检测系统，对美国电影协会旗下六大会员公司（包括二十世纪福克斯电影公司、派拉蒙影业公司、索尼电影娱乐公司、环球公司、沃尔特·迪士尼工作室、华纳兄弟娱乐公司）发行的影片进行盗版追查，其中《加勒比海盗5》《金刚狼3》《速度与激情8》《神奇女侠》《变形金刚5》《美女与野兽》等17部热门大片，因嵌入数字水印及时遏制了盗录行为。2017年美国二十世纪福克斯电影公司与China DRM（中国广播影视数字版权管理）实验室签署数字版权保护战略合作框架协议，正式加入China DRM生态体系，有效保障了《王牌保镖》及《东方快车谋杀案》等影片在中国地区的发行权益。

（资料来源：根据国家版权局资料整理。）

面对互联网时代数字版权保护出现的新问题与新挑战，供应商与内容生产者都在寻求最佳的解决方案。近几年区块链（Block Chain）技术的成熟为数字内容版权保护提供了新的模式，一些公司已经开发出了“区块链+数字版权”的应用模式。在技术层面，数字版权能够与区块链的特性有效契合，利用区块链技术的不可篡改性，将作者、时间、内容等不同标识一体化，从而使违规侵权的可能性大幅降低。区块链的本质是一种计算技术的综合，涉及算法、数据结构、密码技术、网络计算，在架构上属于分布式数据账本，具有去中心化、全程留痕、可以追溯、集体维护、公开透明等特点，这些特点保证了区块链信息的透明与可信。区块链可以通过加密技术、时间值、分布式共识机制和智能合约等，在各节点实现去中心化的协作，降低信息被篡改的可能，同时还能减少时间成本与资金消耗。

区块链技术的应用优势主要体现在：（1）在版权确立方面，区块链可提供不可篡改的版权记录，免去第三方的信托；（2）在版权使用方面，区块链可在节点社区广播中完整记录作品在用户、内容产出者、供应商之间的交易过程，实现版权交易高度透明，同时，根据智能合约的指令，用户可向提供数字版权的一方进行自动化的支付；（3）在维权方面，区块链技术可以将侵权记录进行数据化处理，属于可信度高、取证成本低的司法取证手段，为版权保护提供了技术支持与立案依据。

区块链技术在全球范围内数字版权的保卫战中已初见成效。位于纽约的Mine Labs最先开发出了基于区块链的元数据协议，这个名为Media chain的系统利用超媒体传输协议（IPFS）保护数字作品的产权。此外，据搜狐新闻频道报道，韩国EXA公司是众多将“区块链+数字版权”应用的开发商之一，其中的BRN产品能够有效地将区块链技术应用在版权登记、版权许可、版权转让上，有助于解决数字版权产业确权难、维权难的痛点。此外，美国甲骨文公司、谷歌科技、日本索尼音乐、法国育碧游戏等也都筹划使用“区块链+数字版权”的应用方案，该模式预计将覆盖全球近百个国家的数字内容产业。

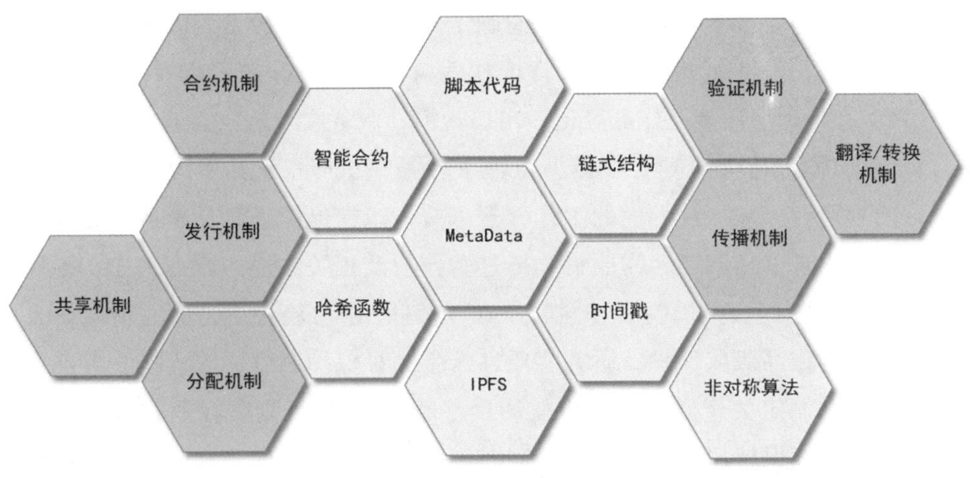

图8-5　区块链技术体系

8.2 内容产业政策

产业政策是指为促进产业发展或达到特定经济目标而使用的宏观管理策略集合。狭义的产业政策仅包含政府部门出台的产业指导文件，而广义的产业政策则可涉及法律体系、行政管理、重点项目等多个方面。产业政策的实施利于行业保持稳定的发展方向，以较低的社会成本实现产业发展目标。内容产业属于成长中的产业，合理的政策选择能够助力其发展，并增强相应的国际竞争力，不同国家或多或少制定了相关的政策，并取得了显著的效果。

◆ 我国内容产业政策

从我国内容产业的实践来看，政策的制定与落实有利于在宏观层面为行业设定明确的目标及发展路径，使行业发展少走弯路。相关的政策分支能够维护内容行业的公平竞争，保护生产方与消费方的权益，并为行业发展提供信息、技术、资金、人才方面的支持。内容产业政策的制定与实施原则包括：以市场导向为主导，政策内容应符合行业发展规律，力求达到供给与需求相平衡；以现有法律为标准，无论在国内市场还是国际市场，政策应指引行业在合法范围内从事经营；以间接干预为手段，力求以政策性杠杆引导企业的发展，避免直接介入企业决策；以服务体系为抓手，通过落实各型服务平台，为内容企业提供全方位的支持。

我国基础层面的政策指引是各个五年期计划，内容产业同样如此。例如，《"十三五"国家知识产权保护和运用规划》在创新引领、统筹协调、绿色发展、开放共享等基本原则指导下，明确了知识产权领域的发展方向，包括改善知识产权的保护环境，充分发挥产权效益，大幅提升知识产权综合能力。《规划》在指标层面涉及作品登记、出口规模、服务收入及社会满意度等，具有极强的综合性。《规划》整体上覆盖了各类知识产权，其中大部分篇幅均包含内容产业。从《规划》的工作部署来看，产权保护仍然是重点。为克服版权领域出现的新问题，需要持续推进著作权及相关法规的修订工作，并研究商业模式的产权保护制度。同时，在"互联网+"趋势下，研究新媒体条件下的新闻作品版权保护，研究实质性派生品种保护制度，探索建立诉前保护制度，并制定关于滥用知识产权的反垄断指南。《规划》在产权保护提升方面，在继续保持司法体系功能的同时，提出了强化知识产权的刑事保护制度，强化进出口贸易知识产权保护，加强新领域、新业态知识产权保护等内容。从实践情况看，《规划》提出的服务平台建设对于内容产业有明显的支持作用，信息统计与信息服务提升了内容运营主体对行业发展的认知，人才培养机制完善了数字内容专业人员梯队建设，金融服务满足了中小内容企业的资金需求，开放政策加速了我国内容产业"走出去"的步伐。

表8-8　知识产权领域重点工程

类别	名称	主要内容
产权保护	法律完善工程	(1)推动修订完善知识产权法律、法规和部门规章。 (2)支持开展立法研究。
	产权保护工程	(1)加强"12330"维权援助与举报投诉体系建设。 (2)推进跨部门跨领域跨区域执法协作。 (3)完善知识产权快速维权机制。 (4)开展系列专项行动。 (5)推进知识产权领域信用体系建设。
	海外维权工程	(1)建立海外维权援助机制。 (2)健全风险预警机制。
产权服务	产权评议工程	(1)提升知识产权评议能力。 (2)培育知识产权评议服务力量。 (3)推进重点领域知识产权评议工作。
	服务平台建设工程	(1)建设公共服务网络。 (2)创建产业服务平台。 (3)整合服务和数据资源。
	投融资服务工程	(1)建设全国知识产权运营公共服务体系。 (2)深化知识产权投融资工作。 (3)创新金融管理运行方式。
行业促进	产权强企工程	(1)推行企业知识产权管理规范。 (2)制定知识产权强企建设方案。 (3)鼓励企业国际化发展。
其他	文化建设工程	(1)加强宣传推广。 (2)加强普及型教育。 (3)繁荣文化和理论研究。

(资料来源:《"十三五"国家知识产权保护和运用规划》。)

发展内容产业与我国的文化振兴、发展数字经济、推进消费结构升级战略相一致。2009年出台的专项《文化产业振兴规划》做出了明确的指引，其规划目标包括:(1)进一步完善文化市场的主体。按照创新体制、转换机制、面向市场、增强活力的原则，基本完成经营性文化单位转企改制，文化市场主体进一步完善，活力进一步增强。(2)进一步优化文化产业结构。重点行业和项目对文化的拉动作用明显增强，文化创意、影视制作、出版发行、印刷复制、广告、演艺娱乐、文化会展、数字内容和动漫等产业得到较快发展，以资本为纽带推进文化企业兼并重组取得重要进展，力争形成一批跨地区跨行业经营、有较强市场竞争力、产值超百亿的骨干文化企业和企业集团。(3)进一步提升文化创新能力。文化体制机制创新取得实质性进展，文化产业发展活力明显增强，以企业为主体、市场为导向、产学研相结合的文化创新体系初步形成，文化原创能力进一步提高，数字化、网络化技术广泛运用，文化企业装备水平和科技含量显著提高。（4）进一步完善现代文化市场体系。市场在文化资源配置中的基础性作用得到更好的发挥，文化产品和生产要素合理流动，城乡文化市场进一步发展，现代流通组织和流通形式逐步成为文化流通领域的主要力量，文化消费领域不断拓展，在城乡居民消费结构中的比重明显增加。（5）进一步扩大文化产品和服务出口。一批外向型骨干文化企业和国际知名品牌初步形成，对外文化贸易渠道和网络进一步拓展，文化产品和服务出口大幅增长，文化贸易逆差明显缩小，成为我国服务贸易出口的重要增长点。在行业指引方面，《文化产业振兴规划》较早预见到了数字内容的发展趋势，在发展新兴文化业态部分提到，要“采用数字、网络等高新技术，大力推动文化产业升级。支持发展移动多媒体广播电视、网络广播影视、数字多媒体广播、手机广播电视，开发移动文化信息服务、数字娱乐产品等增值业务，为各种便携显示终端提供内容服务。加快广播电视传播和电影放映数字化进程。积极推进下一代广播电视网建设，发挥第三代移动通信网络、宽带光纤接入网络等网络基础设施的作用，制定和完善网络标准，促进互联互通和资源共享，推进三网融合。积极发展纸质有声读物、电子书、手机报和网络出版物等新兴出版发行业态。发展高新技术印刷。运用高新技术改造传统娱乐设施和舞台技术，鼓励文化设备提供商研发新型电影院、数字电影娱乐设备、便携式音响系统、流动演出系统及多功能集成化音响产品。加强数字技术、数字内容、网络技术等核心技术的研发，加快关键技术设备改造更新”。对于数字内容产业，相关政策的落地还须进行适应性调整。常见的政策措施包括降低资金的准入门槛、强化政府的支援性投入、调动社会层面的金融支持、相关税收优惠政策等。

金融领域对文创的支持

近年来，我国相关部门不断深化文化金融合作，推进建立健全多层次、多渠道、多元化的文化产业投融资体系，致力解决文化企业“融资难、融资贵、融资慢”问题，初步建立起文化产业投融资领域的政策体系框架。《关于金融支持文化产业振兴和发展繁荣的指导意见》(2010)、《关于深入推进文化金融合作的意见》(2014)等政策文件对金融与文创的对接给出了明确的指示。在实施效果方面，《报告》指出，针对文化企业普遍具有轻资产、规模小、高风险、抵质押难的特点，银行业积极作为，创新信贷产品和服务模式，为文化产业发展提供了强有力的信贷资金支持。在信贷产品创新方面，《报告》调查的111家银行中，有45家银行针对文化产业成立了创新信贷产品，占比40.54%，发行创新产品较多的有中国银行、北京银行、杭州银行等；创新产品的加权平均贷款利率为6.11%，较1年期以上贷款基准利率上浮约25%……创新产品加权不良贷款率为0.32%，明显低于同期银行业整体不良贷款率1.74%；创新产品主要包括文创贷、影视贷、知识产权质押贷款、商标权质押贷款、艺术品质押贷款、著作权质押贷款等10个种类。在服务模式创新方面，《报告》调查的111家银行中，有58家银行针对文化企业创新了服务模式，占比52.25%；在21家主要银行中，有19家银行创新了服务模式，占比90.48%。《报告》表示，从不同规模银行针对文化企业服务模式创新开发来看，在9家国有大型银行中，有8家银行针对文化企业创新了服务模式，占比88.89%；在12家全国性股份制银行中，有11家银行针对文化企业创新了服务模式，占比91.67%；在90家中小商业银行中，有39家银行针对文化企业创新了服务模式，占比43.33%。

(资料来源：数据取自《银行业支持文化产业发展报告》(2018)。)

◆ 内容产业政策的国际借鉴

国外内容产业的发展路径各具特色，其成功的经验值得我国内容产业参考与学习。美国采用的是较为典型的市场主导模式，这与其内容市场的自然成长相适应。从数据指标看，内容消费在美国消费者支出中的占比最高，其中数字内容及相关的消费占比更是接近30%，对其经济发展有明显的贡献。在行业发展中，美国已有的商业环境及文化氛围均适合数字内容产业的发展，加之企业技术创新及商业模式创新的能力，市场主导模式能带来极高的经济效率。这一特点使得美国的数字内容在国际范围内具有极强的竞争力，其产出的音乐、游戏、影片等内容的主要营收都来自国际市场。欧洲国家在内容领域普遍采用的是市场与政策相平衡的发展策略，在内容生产与交易方面以市场为主，政策主要用于完善与内容消费相关的基础设施，如通信与网络领域的设备与技术。欧洲内部市场的一体化水平保证了内容消费需求端的稳定，这在一定程度上改善了内容创作者及内容平台的收益。同时，欧洲许多国家（如法国与德国）在内容产业发展中非常注重机构与产业的合作，研究机构或院校与内容企业的合作不仅能够在技术层面提供帮助，在内容创作方面也能够提出更多好的创意，主要体现在图像制作、网页设计、视频编辑等领域。此外，一些欧洲国家（如英国）在内容人才培养方面有较多的投入，建立了相关的基金并鼓励成立社会培训机构。亚洲国家以日本为代表，注重以政策推动产业发展。日本文化产业部门较早就建立了文化振兴及数字内容发展的相关政策，并通过各类研究学会或委员会对企业具体发展方向给出建议。同时，日本的策略具有明显的国际化特征，其内容产业的产出能力超过了国内消费规模，需要借助国际市场实现收益。这一特点已经渗透进了日本的内容产业链，许多内容在创作之初便定位为国际市场，例如，在许多日本的动漫与游戏产品中可以找到明显的美欧元素，包括产品名称、角色名称、剧情背景等。同日本类似，近些年快速崛起的韩国内容产业也受益于政策的推动。韩国在政策落实中以机构设置为特色，如文化内容振兴院、文化产业振兴中心、京畿数字内容振兴院、游戏产业开发学院等。

从国外内容产业政策的衍生规律来看，政策通常需要建立在完善的法律法规基础上，以法律为主干，以政策为补充，促进内容产业的发展。该体系的一般逻辑架构是，由基础法律拓展至数字内容相关法律法规，配合通信领域的数据安全与保护性法律或条文，进而制定相关的促进或规范性政策。当然，对于不同国家，相关法律与政策的比例关系、功能承载必然存在差异。（1）在美国，数字内容产业的发展依托其完善、细致的法律法规体系，政策性文件相对弱化。美国数字内容法律具有极强的前瞻性，如《千禧年数字版权法》《澄清数字化版权与技术教育法》等文件均在20世纪90年代中后期通过并施行建立，法律规范领先于行业应用的步伐。同时，美国数字领域法律还具有极强的操作性，如《在线著作权侵权责任限制法》《防止数字化侵权及强化版权补偿法》等法律对于侵权程度的判断及相关的处罚力度都有细致的说明。此外，美国法律还较早关注了消费者权益的保护，《数字媒体消费者权益法》《数字消费者知情权法》都站在消费者视角对信息不对称现象进行了规范与约束。（2）在英国，内容产业规制模式与美国类似，在数字内容方面的相关立法处于领先位置，尤其体现在涉及技术层面的法律法规。其《数据库版权与权利条例》《数据保护法》《通信法》等文件，均在技术层面规范了相关的网络商业行为，能够很好地兼顾多方的合法权益，这些文件也成为许多国家建立规范的参考依据。英国最早对用户的数据隐私进行了保护，《隐私与电子通信条例》对网络非法信息、恶意信息、数据窥探等行为进行了限定。总体来看，英国模式在核心法律体系较为坚固，但并未针对数字内容等特定行业进行规范与说明，给予的市场自由度较高。（3）德国从历史层面看就较为注重对各类版权的保护，相关立法能够积极与国际公约对接，对于国际化商业活动起到较好的促进作用。德国在20世纪90年代便通过了《数字签名法》，规范了数字签名的标准与使用框架。同时，德国还针对信息社会著作权进行了单独立法，对数字时代的作品复制、网络传播权、技术保护措施、网络服务提供商的责任等问题做了详细规定。（4）日本在核心层面的法律体系有极强的稳定性，周边法律文件经多年调整已非常完善，能够较好适用于各类型版权。日本在规范数字内容竞争的同时，会通过各类政策支持行业的发展，具有明显的日本特色。例如，2004年出台的《内容产业促进法》本身具有典型的政策特征，文件中有超过60%的内容涉及产业促进策略，包括促进知识产权及关联权利的保护、如何构建完善的交易（平台）体系、如何维护行业有效竞争、如何促进内容行业向海外市场扩展，同时还覆盖了行业技术指引及行业人才培育等主题。该法迎合了日本内容产业的国际化发展趋势，极好地支持了日本游戏、动漫、音乐等内容的输出。（5）韩国采用法律法规与政策并举的策略，在规范行业竞争行为的同时，鼓励并促进本国产业的发展。其2002年通过的《网络数字内容产业发展法》涉及了如何完善产业基础设施及条件，如何提升本国企业竞争力，以及如何参与国际化竞争等事项，并以法律形式加以保障。韩国在随后几年陆续建立的《游戏产业振兴法》《电子出版产业育成法》都具有类似特征。这些文件具有较强的产业政策属性，其中包含了对产业行为的规范，以及产业发展的指引。

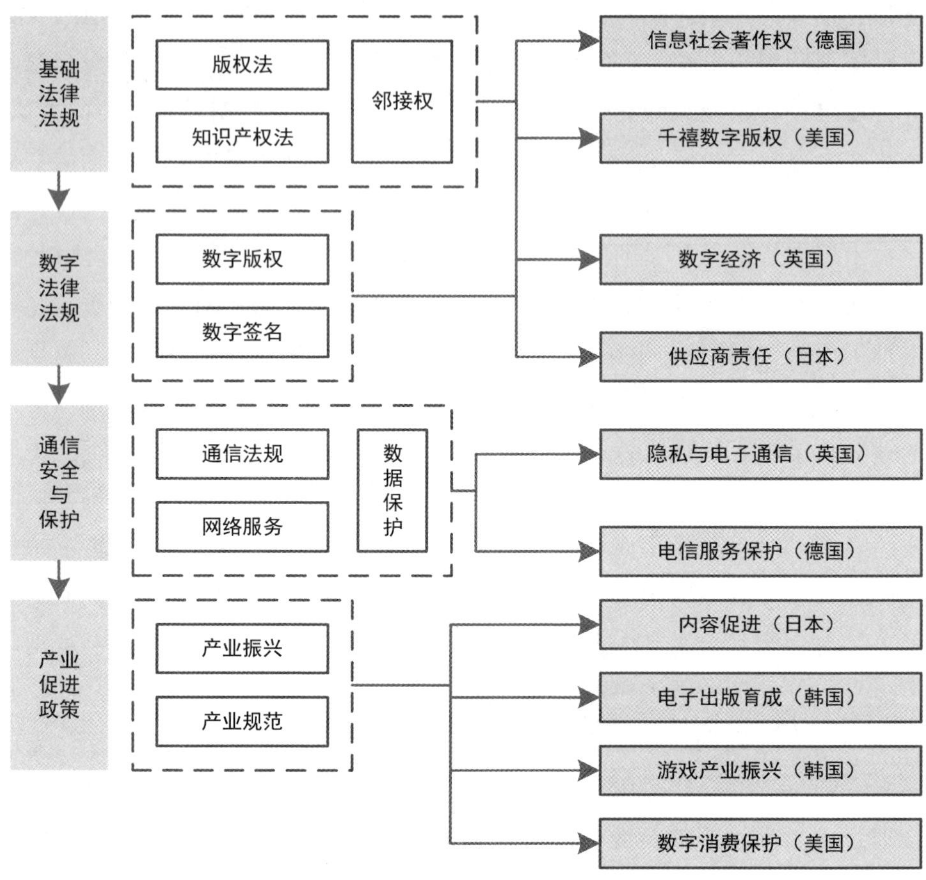

图8–6 国外内容产业法律与政策体系

国外内容产业发展战略示例

（1）日本“e–Japan”战略。日本于2003年7月推出的“e–Japan战略Ⅱ”，把数字内容产业列为优先发展领域之一。日本认可数字版权的使用适用补偿金制度，规定文化厅长官可以确定补偿金额度，明确了征收对象、收费金额，旨在促进数字版权授权模式清晰化。此外，日本实行新型数字出版内容ID促进计划，推进数字出版标准化。日本经济产业省2010年推出了《完善开放型数字出版环境》政策，其核心目标是构筑和完善数字出版市场。

（2）“创意英国”战略。2008年，英国文化与媒体部门推出了“创意五年策略”（2008—2013），试图打造更有创意的英国，内容涉及科技、文化、商业等领域，并关注了行业的数字化发展。

（3）韩国“数字出版产业振兴”政策。2010年，韩国的文化体育观光部、教育科学技术部、知识经济部、广播通信委员会等部门共同参与设立了泛政府性质的数字出版产业振兴协议会，各职能部门分别制定相关政策以推进产业发展。

（资料来源：根据www.guayunfan.com资料整理。）

从国外内容产业的发展经验看，通常还需要配以适宜的支持性措施。欧美多国在内容及电子出版物领域的金融政策极为宽松，新兴领域更容易获得投资机会，相关的股票与产权交易审查也较为快捷，利于资金的快速流动与配置。一些国家对内容产业还采取了多元化的投融资策略，如英国对于文化内容产业的资金渠道包括社会资金、彩票基金以及政策拨款等，并对外国投资持开放态度。其中，政策拨款主要起到示范与撬动作用，但对于一些盈利能力不强或处于幼稚期的内容行业，可给予适当的倾斜。韩国的一些政策性投资则通过法律形式予以确立。同时，一些国家还设置了支持内容产业的税收政策，以减少行业运行成本。例如，法国在2012年下调了电子书的增值税率；美国对营利性与非营利性电子出版施行差别税率，非营利性出版机构可享受多项税收优惠政策；韩国对一些内容产品甚至采用了“零税收”政策。总之，国外内容政策的使用有较高的弹性，通过人力资源、技术辅导、信息平台、基础设施等领域的政策组合，营造出约束与激励并存的政策生态，促进内容产业良性发展。

结 语

当前，我国内容消费市场正在蓬勃发展，书中所描述的相关资料以及内容市场的经营模式、特点等并不一定能够代表未来的趋势，内容市场如何发展还须业内外人士跟踪观察并深入研究。这正如早先电商在我国的发展，谁也不曾想到其模式与规则推陈出新的速度会如此之快。我们应以更为积极、开放的态度看待内容消费领域的变化与发展，避免被“传统”的认知与理解所禁锢。在此，提出审视内容消费发展的三个关键词：创新、融合与开放。

第一是创新。创新是内容消费发展的原动力，之所以有越来越多的制作人及受众加入该领域，正是因为创新给该市场带来了“新奇”与“活力”。内容消费的创新源自多个方面。内容供给主体提供了诸多原创的要素，他们的不断探索与尝试既充实了内容本质，又丰富了内容表现形式，从而获得了更多的受众。供给方的创新通常具有原发性与偶发性特点，这有赖于个体对于内容艺术形式的理解与判断，其创新路径与过程并不一定是线性的。同时，由于内容领域的强交互性，内容受众也成为不可忽视的创新来源。他们对于内容偏好的转移会引导内容生产方的取向，提升其创新的积极性。受众自身甚至可以直接加入内容生产的行列，把好的“点子”转化为优质内容。此外，各类居间的内容经营平台也是创新的重要保障，它们的贡献主要集中在内容的经营模式与分发业务上，机制层面的创新能够充分调动供需端的参与度。

第二是融合。融合是内容消费领域的典型特征，与内容关联的经营活动外延不断扩大，内容业务不再仅限于内容范畴，而是同诸多行业形成紧密的关联。以渠道演化为例，传统的内容消费模式是，内容供给方提供内容产品，内容受众支付并欣赏内容，属于简单直接的渠道结构。而当代的内容消费模式是多角化的，内容供给方不一定直接获得受众的支付，受众消费内容也不一定需要付费，内容平台、电商平台、广告商、运营商、赞助商等角色的加入，使内容供需渠道结构变得更为复杂，利益链条的延伸使得很多行业都可以有效融入内容消费领域。目前来看，这种融合趋势仍在加速，传统内容与现代内容、线上内容与线下内容、主流内容与非主流内容，内容与关联商品、内容与现场活动、内容与网络社群，等等，不胜枚举。在融合的环境下，内容传播方式也必然随之升级，内容供需端发布与获取信息的方式更为多样，信息传递的速度显著提升，便利的条件必将进一步推动内容同其他领域的结合。

第三是开放。开放是内容消费活动健康发展的重要保障。内容消费在本质上是一种互联网经济模式，网络经济的发展需要保持开放的状态，充分实现系统内外的信息与能量交互，这样才能保持内容生态环境的活力。从内容消费市场的发展历程来看，能够在较短的时间内取得快速发展，正是得益于开放环境下对于各类形式、模式及技术的借鉴与改进。为保持内容领域的发展活力，还应在未来保持开放的状态，持续吸纳先进的理念，不断提升自身的综合竞争能力。同时，开放环境也意味着我国内容产品有更多的机会走出去，参与国际竞争，输出我国的特色文化，以内容为纽带提升“软”要素的影响力。从已有的诸多案例中可以看出，我国内容在多国市场已取得了商业层面的成功，内容产品受到了相近文化族群及相异文化族群的认可与欢迎，我国内容消费领域的国际化值得期待。

由于研究能力及篇幅所限，本书对内容市场的考察必然有不到之处，还望同行及有兴趣的读者指正并帮助完善。同时，也希望本书相关内容与观点能够起到抛砖引玉的效果，带动内容消费的相关研究继续深化。